本书获得湖南第一师范学院外国语学院省一流本科专业建设

利玛窦西学汉译中的文化适应策略研究

——王佳娣 ◎ 著

湖南师范大学出版社

·长沙·

图书在版编目（CIP）数据

利玛窦西学汉译中的文化适应策略研究／王佳娣著. --长沙：湖南师范
大学出版社，2023.11

ISBN 978 - 7 - 5648 - 4756 - 2

Ⅰ. ①利…　Ⅱ. ①王…　Ⅲ. ①利玛窦（1552—1610）—人物事迹　Ⅳ.
①B979. 954. 6

中国版本图书馆 CIP 数据核字（2022）第 213490 号

利玛窦西学汉译中的文化适应策略研究

Limadou Xixue Hanyi zhong de Wenhua Shiying Celüe Yanjiu

王佳娣　著

◇出　版　人：吴真文
◇组稿编辑：李　阳
◇责任编辑：李永芳　李　阳
◇责任校对：李　航
◇出版发行：湖南师范大学出版社
　　　　　　地址/长沙市岳麓区　邮编/410081
　　　　　　电话/0731 - 88873071　0731 - 88873070
　　　　　　网址/https：//press. hunnu. edu. cn
◇经销：新华书店
◇印刷：长沙雅佳印刷有限公司
◇开本：710 mm × 1000 mm　1/16
◇印张：15
◇字数：280 千字
◇版次：2023 年 11 月第 1 版
◇印次：2023 年 11 月第 1 次印刷
◇书号：ISBN 978 - 7 - 5648 - 4756 - 2
◇定价：69. 00 元

凡购本书，如有缺页、倒页、脱页，由本社发行部调换。

投稿热线：0731 - 88872256　微信：ly13975805626　QQ：1349748847

目 录

绪 论

两种异质文化的沟通和交流总要经历相互吸引、发生冲突、相互适应、逐步融合的过程。其中，文化适应是关键的一步，构成异质文化融合的基础。不同文化间共同的精神、信仰、伦理、经验等构成文化适应的前提条件，消解冲突与矛盾，促进理解和共识。明末清初来华传教士利玛窦（Matteo Ricci，1552—1610）所奉行的文化适应策略影响到其在华活动的方方面面，从西学汉译作品入手分析其文化适应策略的表现和影响，有助于反思历史文化背景与翻译行为的关系，对新时代背景下异质文化间的冲突与融合具有重要的启示。

一、研究缘起

利玛窦是明末清初来华定居的首批西方传教士之一，在华期间用中文著译了大量西方作品，也首次将中国传统的"四书"译入西方，推动了明末清初的一次翻译高潮，也开启了中西文化直接对话交流的序幕。其中，利玛窦西学汉译作品内容丰富，形式多样，有全译、节译、著译、编译、独译、合译等，形成了独特的利玛窦翻译现象。本研究沿用朱维铮的观点，将上述不同类型的西学汉译作品都视为"利玛窦中文著译作品"，将其作为研究对象，以当代中国文化"走出去"背景下翻译面临的问题为出发点，以史为鉴，观照当代翻译实践，推动文化视角下的翻译研究。

（一）现实反思：翻译与翻译接受

从 20 世纪 70 年代末实行改革开放以来，中国的经济和社会经历了快速发展，文化领域也随之逐渐繁荣，表现之一就是翻译和翻译研究领域的发展。首先在翻译实践领域，大量的西方作品得以译介，以图书和影视节目为主，翻译出版的图书涵盖政治、经济、文化、科技、教育、文学等各个方面。大量的译入活动使译入和译出的比例严重失衡，版权贸易的数值变化体现了译入和译出活动的总体走势。从图0－1可以看出，20世纪90年代中期开始，版权贸易引进量是输出量的10倍以上，1999年达到峰值15.5倍，之后有所回落，但仍保持在10倍左右。2005年之后，随着一系列"走出去"项目的落地实施，比率逐步回落，到2020年差距已缩小到1.02∶1。

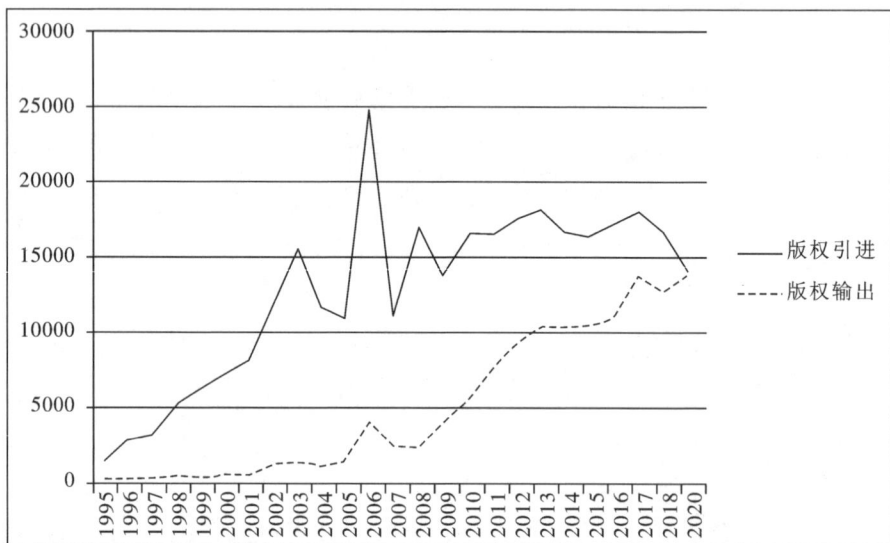

图0－1　1995—2020年中国版权贸易情况

版权贸易引进和输出的比率变化代表着对外翻译总体量的变化，而翻译的质量最终要接受读者的检验。近年来，有学者致力于中国经典作品或出版项目的接受情况研究，采取问卷调查、访问座谈、抽样分析、测量统计等实证方法，对翻译传播效果进行科学客观的分析和判断。耿强以"熊猫丛书"为个案，研究了政府主导的中国文学译介在美国两个主要传播场域（图书馆和报纸杂志）的读者接受情况。这两个场域限定了其研究的主要对象是大学学者和学生，结果表明"熊猫丛书"的传播效果并不十分理想。① 曹进

---

① 耿强. 中国文学走出去政府译介模式效果探讨——以"熊猫丛书"为个案［J］. 中国比较文学，2014（1）：65－77.

与丁瑶在对莫言《丰乳肥臀》英译本的可接受性调查中，采用完形填空测试和阅读日志记录相结合的方式，选取英译本的一个章节，调查译本在潜在目的语读者中的接受情况。被试对象既有大学学者、学生，也有当地受过良好教育的居民，数据收集的范围较广，研究结果显示不同群体的接受情况未表现出明显差异。① 从这些研究可以看出，目前中国出版已基本实现"走出去"，这是中国文化对外传播的重要一步，但文化"走出去"之路仍需要继续探索。

21 世纪以来，中国的翻译学科建设得到了全面的发展，在理论建设的同时，翻译队伍也在壮大。中国本土翻译家如许渊冲、汪榕培、王宏等都为中国经典作品的推介做出了贡献，译作质量也获得业界的认可和称赞。但翻译与翻译接受并不等同，纯粹的翻译可以不考虑外在因素，只关注语言转换本身。翻译接受则不仅是语言转换的问题，要在更大的背景中考察历史、社会、文化与翻译之间的关系。在现实中，纯粹的翻译几乎是不存在的，翻译总是受到来自外部的影响，并与这些外部因素互动，以达到接受的目的。总体上，接受是翻译的最终目的，决定着译本的选择、翻译策略的运用以及译者主体性的发挥。

（二）以史为鉴：文化与文化适应

翻译与文化密不可分。文化是翻译的基础，沟通文化是翻译的目的。翻译是一种有意识地沟通文化的行为，以译者为中心的翻译活动中，各参与者与原文、译文共同作用，完成翻译过程。译者对文化的认识和共鸣在翻译过程中起着重要的作用。一般情况下，译者都倾向于在目的语语境中寻找那些与原语语境文化有共通之处的部分，以此为桥梁和纽带，作为沟通两种文化的基础。

作为明末清初西方来华的第一批传教士，利玛窦与罗明坚（Michele Ruggieri）通过努力在中国广东定居下来，开始了近三十年的在华生活。利玛窦终其一生都致力于沟通中西文化，其努力也取得了相当的成效，为其

---

① 曹进，丁瑶.《丰乳肥臀》英译本可接受性的调查研究——以美国田纳西州读者的抽样调查为例 [J]. 中国翻译，2017（6）：33－38.

顺利在华传教打下了基础。由范礼安提出的文化适应传教策略，在利玛窦这里得到了有效的执行。利玛窦利用自身的语言天赋和知识储备，将文化适应策略具化为思想适应、语言适应、礼仪适应、生活适应等方面。在思想上，他努力学习儒家传统经典，会通中西，调和耶儒，做到"合儒""补儒"。在语言上，他精通汉语，能够用古汉语著书立说，留下了大量中文著译作品。在礼仪上，他注重道德修养，深谙与中国官员和士人的交往之道，结交了大量好友。在生活上，他着儒服、儒冠，保持"出世"之人的生活习惯，自称"西儒"，以学者的形象与士人交往。

著书立说是利玛窦文化适应策略的具体表现。在明末社会文化环境中，写作仍是传播思想、与人沟通的最有效手段。利玛窦留存下的20余种中文著译作品中，除《天主实录》《天主实义》《畸人十篇》《辩学遗牍》与《斋旨》五部宗教作品外，其余均为科技、哲学、伦理、艺术、语言等领域的著译作品，形成较大影响的有《坤舆万国全图》《交友论》《天主实义》《几何原本》等。利玛窦的著译作品并非原文的直接翻译，而是采用编译、改译等形式，或独立翻译，或与中国士人合译完成。在利玛窦的中文著译作品中，表现出明显的文化适应倾向，主要体现在对儒家思想的阐释和融合、对中国传统认知的认同、对中国人接受心理的关照以及对汉语语言的尊重等方面。在具体的翻译策略中，以意译为主，在术语翻译中除人名、地名等专有名词外，较少采用音译的方法。主要以选用已有汉字、赋予其新义的方式，照顾中国人的接受心理。

文化适应翻译策略为利玛窦中文著译作品在中国的传播带来了积极的影响。每部作品一经出版，都受到追捧，并多次再版，其中多部作品后来被收入李之藻主编的《天学初函》和清编《四库全书》。同时，随着中外交流，部分作品流传到朝鲜、越南、日本等国，产生了深远的影响。文化适应策略是利玛窦中文著译作品在中国成功传播的关键，尽管由于身份所限，其文化适应策略存在一定的局限性，但对于当下的翻译实践仍具有重要的参考意义。在新时代背景下，中国文化不仅要"走出去"，更要"走进去"，寻求中西两种文化之间的契合点就显得尤为重要。利玛窦的翻译实践可以以古鉴今，为当代实践提供参考。

二、研究综述

（一）国外研究综述

西方对利玛窦的研究主要围绕其传教士身份进行，包括在华传教经历、书信、著作、与中国的关系、对世界的影响等。影响力较大的研究著作包括意大利著名耶稣会士汾屠立（Pietro Tacchi Venturi）于 1911 年至 1913 年间整理的《耶稣会利玛窦神父历史著作集》①、法国学者裴化行（Henri Bernard）的《利玛窦司铎和当代中国社会》②、意大利汉学家德礼贤（Pasqual M. D'Elia）于 1942 年和 1949 年出版的《利玛窦全集》③、美国学者乔纳森·史景迁（Jonathan D. Spence）的《利玛窦传》④、意大利学者朱利奥（Giulio Andreotti）的《意大利传教士利玛窦在中国（1552—1610）》⑤等。法国汉学家谢和耐（Jacques Gernet）也对利玛窦进行了深入研究⑥。在亚洲，日本和韩国学者对利玛窦的研究也较积极和深入⑦。西班牙学者梅尼尔·奥莱（Manel Ollé）在研究 1582—1590 年间耶稣会士对中国的形象描述中提到利玛窦札记对儒家文化的赞美和认同。⑧ 这些文献都为利玛窦翻译活动研究提供了基础。

意大利学者米歇拉·芳塔娜（Michela Fontana）在 2005 年出版了《利玛窦：明朝的耶稣会士》一书，该书由保罗·梅特卡尔夫（Paul Metcalf）翻译成英文于 2011 年出版。⑨ 该书主要参考国外文献写作，介绍了利玛窦来华传教的经历以及利氏在华的诸多中文著译作品，重点介绍了《天主实

---

① RICCI P M, VENTURI P T. Opere storiche del P. Matteo Ricci S. I. ［C］. Macerata：F. Giogett，1911 – 1913.

② ［法］裴化行. 利玛窦司铎和当代中国社会［M］. 王昌社，译. 上海：东方学艺社，1943.

③ D'ELIA P, RICCI P M. Storia dell' introduzione del cristianesimo in Cina［M］. Rome：Libreria dello Stato，1949.

④ ［美］史景迁. 利玛窦传［M］. 王改华，译. 西安：陕西人民出版社，2011.

⑤ ANDREOTTI G. Un gesuita in Cina（1552—1610）：Matteo Ricci dall' Italia a Pechino［M］. Milano：Rizzoli，2001.

⑥ ［法］谢和耐. 中国与基督教［M］. 耿昇，译. 北京：商务印书馆，2013.

⑦ ［法］梅谦立，汪聂才.《中国哲学家孔夫子》中所谈利玛窦宣教策略译评［J］. 国际汉学，2014（1）：43 – 54，82；姚小平. 日本人眼里的第一位世界公民——《利玛窦传》略评［J］. 外语教学与研究，2000（1）：75 – 77.

⑧ OLLE M. The Jesuit portrayals of China between 1583—1590［J］. BPJS，2008，16：45 – 57.

⑨ FONTANA M. Matteo Ricci：a Jesuit in the Ming court［M］. Metcalf，Paul（tr.）. Plymouth：Rowman & Littlefield Publishers，Inc.，2011.

义》《几何原本》以及中文世界地图的刻印。

美国学者夏伯嘉（R. Po-Chia Hsia）在《利玛窦：紫禁城里的耶稣会士》一书中参考了中西方的文献资料，对利玛窦一生的生活轨迹进行了总体描述，特别梳理了利玛窦在华期间的主要传教活动和学术活动。[①] 他指出利玛窦《天主实义》拟定的读者为儒家学者，且该书的导言部分清楚地显示出利玛窦对儒家思想的兴趣。

值得注意的是，由于利玛窦绝大部分的翻译作品为中文译著，其西学汉译作品多年来一直未引起国外研究者的广泛重视。但 2015 年第二届中华文化与天人合一国际研讨会上，意大利学者阿尔瓦罗（Alvaro Etchegaray）宣读了《耶稣会与中国：重新诠释利玛窦的作品》一文，标志着利玛窦的西学汉译作品进入西方汉学家的视野，西方利玛窦研究正经历着"以中文资料为中心，以中国为中心"的转变。[②]

（二）国内研究综述

国内对利玛窦的研究始于 20 世纪初，主要集中于对利玛窦相关文献的整理，做出突出贡献的有马相伯、英敛之、陈垣、向达等人。[③] 进入 20 世纪 20 年代，利玛窦研究开始从文献整理阶段进入到实质研究阶段，在语言和地图两个研究领域取得了一系列成果。

随着中国人对汉语拼音的关注，研究者对利玛窦利用罗马字母给汉字注音的做法产生兴趣，着重对其中文著译作品《西字奇迹》进行音韵学的研究。其中，罗常培的研究较为深入。他认为，对来华耶稣会士在伦理、论理、舆地、理化、生理、农业、水利、制造等各方面的成就都有了探讨，但他们在音韵学上的关系，不大引人注意。在他看来利玛窦等人在以下三个方面展开了研究：第一，用罗马字母分析汉字的音素，使向来被人看成繁难的反切，变成简易的东西；第二，用罗马字母标注明季的字音，使现在对于当时的普通音，仍可推知大概；第三，给中国音韵学研究开出一条

---

① ［美］夏伯嘉. 利玛窦：紫禁城里的耶稣会士［M］. 向红艳，李春园，译. 上海：上海古籍出版社，2012.

② 林金水，代国庆. 利玛窦研究三十年［J］. 世界宗教研究，2010（6）：131.

③ 张西平. 百年利玛窦研究［J］. 世界宗教研究，2010（3）：70.

新路，对当时的音韵学者，如方以智、杨选杞、刘献廷等产生了很大的影响。① 所以他认为"利玛窦、金尼阁分析汉字的音素，借用罗马字母作为标音的符号，使后人对于音韵学的研究，可以执简驭繁，由浑而析，这是明末耶稣会士在中国音韵学上的第一个贡献"②。

对利玛窦中文世界地图的研究首推洪煨莲的《考利玛窦的世界地图》，他首次详尽地考证了利玛窦地图在欧洲的收藏情况，说明了梵蒂冈藏本、伦敦藏本和米兰藏本之间的关系。同时，他还根据中文文献考证了利玛窦世界地图在明末的翻译记录，包括时间、地点、人物等。③ 陈观胜的《利玛窦世界地图对中国地理学之贡献及其影响》则从地理学的角度来评价利玛窦所绘制的地图。他认为利氏的地图"对中国社会真是一件开荒介绍品，是中国人历来所未见过的东西"④。具体来说，这种贡献表现在：第一，利玛窦是近代用新科学的方法和仪器来做实地测量的第一人；第二，利玛窦首次用中文名对世界各地地名进行审定；第三，利玛窦介绍了欧洲大航海时代后的地理新知识；第四，利玛窦首次向中国人介绍了世界地图的概念；第五，利玛窦引入了五大洲的观念；第六，利玛窦介绍了地圆说；第七，利玛窦介绍了地理学上地带的分法。

20世纪后半叶的利玛窦研究可追溯到20世纪80年代。除了对西方已有研究成果和文献的译介之外，国内的研究成果也较丰硕。首先，对利玛窦中文著译作品的整理与汇编丰富了中文文献。其中，首先应肯定的是中华书局1983年版《利玛窦中国札记》，该书由何高济、王遵仲、李申翻译，何兆武校对。⑤ 尽管该书由英文版翻译而来，但其价值体现于：第一，它是用中文出版的第一个译本；第二，译本翻译质量受到学界好评；第三，该

---

① 罗常培. 耶稣会士在音韵学上的贡献 [C]// 罗常培语言学论文集. 北京：商务印书馆，2004：252-253.

② 罗常培. 耶稣会士在音韵学上的贡献 [C]// 罗常培语言学论文集. 北京：商务印书馆，2004：274.

③ 洪业. 洪业论学集 [M]. 北京：中华书局，1981：150-193.

④ 陈观胜. 利玛窦地图对中国地理学之贡献及其影响 [C]// 周康燮，编. 利玛窦研究论集. 高雄：崇文书店，1971：131.

⑤ [意] 利玛窦. 利玛窦中国札记 [M]. 何高济，王遵仲，李申，译. 北京：中华书局，1983.

书的副文本较丰富，其中所附英文本序言和 1978 年法文版序言提及了西方对这本著作研究的现状。

1986 年，台湾辅仁和光启出版社联合出版了《利玛窦全集》，这套全集有两点可圈可点之处：第一，该全集依据意大利文翻译了利玛窦的《中国传教史》（大陆版为《利玛窦中国札记》）①；第二，该全集首次翻译出版了利玛窦的书信集②。但该全集仅译介了相关外文资料，未收录中文著译作品。

朱维铮先生主编的《利玛窦中文著译集》于 2001 年由复旦大学出版社出版，2012 年再版。该书第一次将利玛窦的中文著作（除《几何原本》外）加以点校整理，如朱维铮在导言中所说，"研究应该从材料出发。利玛窦生前公开刊布的作品，主要是中文著译，现存的至少十九种，理应成为探讨利玛窦如何认识和沟通这两个世界文化的基本依据。"③

其他文献方面，1981 年王锦厚在《利玛窦和他的〈两仪玄览图〉简论》一文中首次公布了由他发现的《两仪玄览图》。该图藏于辽宁省博物馆，是李应式刻于 1603 年的版本。④ 1982 年林金水首次翻译了利玛窦的部分日记。⑤ 2001 年澳门基金会影印出版的罗明坚和利玛窦所编《葡华词典》是近二十年来出版的利玛窦最重要的原始文献之一。

其次，对利玛窦研究的角度较广泛，涵盖宗教学、历史学、地理学、地图学、文化传播学等，如黄时鉴与龚缨晏的《利玛窦世界地图研究》⑥、张西平的《百年利玛窦研究》⑦、林金水的《利玛窦研究三十年》⑧ 等。

学界对利玛窦翻译活动的研究始于 2000 年以后，散见的相关研究主要

① ［意］利玛窦. 中国传教史［M］. 刘俊余，王玉川，译. 台北：光启与辅仁大学出版社，1986.

② ［意］利玛窦. 利玛窦书信集［M］. 罗渔，译. 台北：光启与辅仁大学出版社，1986.

③ 朱维铮. 利玛窦中文著译集［M］. 上海：复旦大学出版社，2012：2.

④ 王锦厚. 利玛窦和他的《两仪玄览图》简论［C］//辽宁省博物馆学术论文集：第一辑. 沈阳：辽宁省博物馆，1981.

⑤ 林金水. 《利玛窦日记》选录［C］//明史资料丛刊：第二辑. 南京：江苏人民出版社，1982：167－176.

⑥ 黄时鉴，龚缨晏. 利玛窦世界地图研究［M］. 上海：上海古籍出版社，2004.

⑦ 张西平. 百年利玛窦研究［J］. 世界宗教研究，2010（3）：69－76.

⑧ 林金水，代国庆. 利玛窦研究三十年［J］. 世界宗教研究，2010（6）：130－143.

探讨译材的选择、译法的运用、翻译的影响以及影响翻译的因素等。在译材和译法方面，屠国元等通过个案研究，概述了利玛窦在译材选择中的主体性及具体翻译方法的选择。① 梅晓娟等从语言顺应的角度提出利玛窦西学译著的选材较为自由、翻译策略的选择以归化为主的观点。② 冯天瑜总结利玛窦的翻译方法为"意译、音译并举，意译为主"，并认为天主、上帝等术语便是意译的例证。③ 戚印平等在 Deus 一词的几种汉译形式中提到过利玛窦的译本。④ 在影响翻译的因素方面，徐宏英对利玛窦和《几何原本》的翻译进行了研究。⑤ 江慧敏以利玛窦的翻译活动为个案研究了意识形态对翻译的影响。⑥ 也有学者从跨文化传播的视角探讨利玛窦的文化适应策略⑦，主要从利玛窦等早期来华传教士易儒服、学儒典、行儒礼等方面探讨其在华传教的策略和方法，其中涉及的翻译活动较少，即使有所涉及，也以宏观描述为主，不涉及具体的文本分析。

国内利玛窦文化适应研究主要围绕其传教策略展开。文化适应传教策略首先由范礼安提出，利玛窦在华传教期间具体实施，本着"合儒""补儒"的原则，易儒服、行儒礼、习儒学，对天主教在华的顺利传播起到了积极的促进作用，因此也一直是国内利玛窦与儒学关系研究的重点。

利玛窦西学汉译作品分析为利玛窦文化适应策略研究提供了实证视角。陈戎女对利玛窦的《天主实义》进行了分析，认为利玛窦把天主教学说以

---

① 屠国元，王飞虹. 论译者的译材选择与翻译策略取向——利玛窦翻译活动个案研究 [J]. 中国翻译，2005（2）：20 - 25.

② 梅晓娟，周晓光. 利玛窦传播西学的文化适应策略——以《坤舆万国全图》为中心 [J]. 安徽师范大学学报（人文社会科学版），2007（6）：716 - 721.

③ 冯天瑜. 晚明西学译词的文化转型意义——以"脑囊""几何""地球""契丹即中国"为例 [J]. 武汉大学学报（人文科学版），2003（6）：657 - 664.

④ 戚印平，何先月. 再论利玛窦的易服与范礼安的"文化适应政策" [J]. 浙江大学学报（人文社科版），2013（3）：116 - 124.

⑤ 徐宏英. 利玛窦与《几何原本》的翻译 [J]. 青岛大学师范学院学报，2008（2）：50 - 53.

⑥ 江慧敏. 论意识形态对翻译的影响——以利玛窦的翻译实践活动为个案 [J]. 燕山大学学报（哲学社会科学版），2010（3）：105 - 108.

⑦ 张梅贞. 从文化适应理论看明朝利玛窦的跨文化传播 [J]. 理论界，2008（2）：161 - 162；常珂，邹丽云. 基于文化适应理论看利玛窦的跨文化传播策略 [J]. 今传媒，2014（3）：22 - 23.

儒生可以接受的形式重新包装，对天主教信仰做出一种调和的解释。① 疏仁华分析了利玛窦对"天主""仁"等术语的解释，认为利玛窦的儒学观表现在两个方面：在物质上"迎合"儒家文化，在精神上"会通"儒家文化。② 梅晓娟和周晓光对《坤舆万国全图》的分析发现利玛窦在传播西学过程中采用了文化适应策略，这种将西方科学知识和中国本土儒学文化融合的文化适应策略有助于知识阶层接受西学，从而间接地促进了天主教在中国的发展。③ 刘聪则以《交友论》为中心，研究利玛窦的友谊观，认为利氏在该作品中有意识地吸收了阳明学友谊观的思想资源。④ 冯天瑜⑤、宋旭红⑥、周韬等⑦均对利玛窦《天主实义》中 Deus 译为"天主""上帝"进行了溯源分析，并将其作为利玛窦适应古典儒学的佐证。王苏娜、廖峥妍考察了《天主实义》与《畸人十篇》，认为利玛窦成功地引用先秦儒学，证明了天主教的学说。⑧

通过对作品的分析，这些成果论证了利氏在西学汉译中适应儒家思想的表现，其主要目的是满足宗教立场需要，客观上促进了天主教在华的顺利传播。观点上有一定的延续性，但均未能阐明西学与儒学融合的内涵基础及利玛窦对儒学关键术语和命题的意义建构过程。利玛窦西学汉译作品涉及的儒家核心思想主要包括"天""仁""义""忠""孝""信""恕"等，但目前的文献多集中于"天""仁"的研究，利玛窦对其他核心思想的

---

① 陈戎女. 耶儒之间的文化转换——利玛窦《天主实义》分析 [J]. 中国文化研究，2001 (2)：138–142.

② 疏仁华. 略论利玛窦与儒学 [J]. 池州师专学报，2002 (2)：93–95.

③ 梅晓娟，周晓光. 利玛窦传播西学的文化适应策略——以《坤舆万国全图》为中心 [J]. 安徽师范大学学报（人文社会科学版），2007 (6)：716–721.

④ 刘聪. 明代天主教对阳明学的融摄——以利玛窦的《交友论》为中心 [J]. 求索，2011 (6)：146–148.

⑤ 冯天瑜. 晚明西学译词的文化转型意义——以"脑囊""几何""地球""契丹即中国"为例 [J]. 武汉大学学报（人文科学版），2003 (6)：657–664.

⑥ 宋旭红. 文化互视与自我镜像——利玛窦译名政策背后的中西文化互释 [J]. 黑龙江社会科学，2006 (1)：112–117.

⑦ 周韬，刘辉. 原语主义与译语主义——中日早期天主教术语翻译问题探析 [J]. 学理论，2009 (18)：166–169.

⑧ 王苏娜. 利玛窦对儒学的理解及其对儒家经典的使用——以《畸人十篇》为例 [J]. 太原师范学院学报（社会科学版），2011 (2)：12–14；廖峥妍. 利玛窦、花之安对儒家"仁""孝"思想的解读 [D]. 南京：南京大学，2013.

阐释有待进一步深入探讨，其儒学观的影响和意义也有待进一步拓展。

与利玛窦儒学观中的文化适应研究相比较，探讨西学与儒学矛盾与冲突的文献则不多见。疏仁华认为利玛窦尽管极力致力于儒学与天主教理的会通，但在人性善恶、道德与功利、今生与来世方面仍存在困惑和冲突。① 贾庆军基于对《天主实义》的分析，认为利玛窦对儒家思想本原的"太极"或"气"进行了批判。② 相关成果注意到了利玛窦处理西学与儒学关系时并非一味融合，而是对文化适应策略研究的补充和完善。但该类文献数量较少，也没有深入文本探究当西学与儒学发生矛盾冲突时，利玛窦在西学汉译时是如何对儒家思想进行改写和意义重构的。

（三）简评

从以上文献综述看，现有研究虽然涉及了利玛窦的文化适应策略和翻译活动，但缺少将二者深入结合的系统研究。一方面，对文化适应策略的研究多从宗教、历史等视角切入，较少深入到西学汉译作品的文本层面。同时，对其文化适应策略的研究主要围绕《天主实义》展开，对其他西学汉译作品鲜有关注。另一方面，对利玛窦西学汉译活动的研究主要探讨译材的选择、译法的运用、翻译的影响以及影响翻译的因素等，以微观、个案研究为主，未能将西学汉译视为整体进行系统研究。同时，对利玛窦西学汉译中文化适应策略的影响研究鲜有涉及。

因此，本研究将利玛窦西学汉译作品作为研究对象，选取的代表性作品涵盖了科技、宗教和伦理等不同主题，探讨其西学汉译中文化适应策略运用的普遍性，推动文化视角下的翻译研究。同时，本研究对利玛窦主要西学汉译作品在华的流传与接受情况进行梳理，探求文化适应策略与译作传播效果之间的关系，拟为当代中国文化"走出去"背景下的翻译传播实践提供历史参照，具有重要研究意义。

---

① 疏仁华. 利玛窦与儒学的会通和冲突 [J]. 山东科技大学学报（社会科学版），2006（2）：43 - 45，50.

② 贾庆军. 利玛窦对儒家本原思想之批判及其矛盾——以《天主实义》为例 [J]. 西南大学学报（社会科学版），2010（2）：56 - 63.

三、研究目的

翻译并非在真空中进行的，而是与外部因素之间存在着千丝万缕的联系，是译者和其他参与者在适应外部环境的前提下做出选择的结果。要深入了解翻译活动，尤其是译本的选择、文本的改写、翻译策略的运用、传播的过程及效果等，必须结合社会、文化、历史语境和译者自身的经历来进行研究。

因此本书将结合利玛窦的个人生活经历、在华传教经历以及明末社会环境，对利玛窦西学汉译代表作品进行深入的文本分析，探讨利玛窦西学汉译活动与明末社会历史文化之间的双向互动，分析其作品中文化适应策略的具体表现，探讨该策略对作品传播和接受的影响，进而为当代翻译传播实践提供参考。

具体研究目标如下：

第一，结合利玛窦来华和在华经历以及明末社会环境，深入理解文化适应策略的产生过程及其内涵；

第二，通过文本分析，挖掘利玛窦中文著译作品中文化适应策略的具体表现，探讨翻译如何成为沟通中西文化的桥梁，为文化语境下的翻译研究提供具体案例；

第三，通过史料挖掘，分析利玛窦西学汉译作品在华流传和接受情况，探讨文化适应策略对译作传播效果的影响；

第四，通过对利玛窦代表性中文著译作品的分析，总结其中运用的具体翻译策略和方法，为当代翻译实践提供参考和借鉴。

四、研究价值

利玛窦西学汉译中的文化适应策略具有较丰富的内涵，主要体现在利玛窦对儒家思想的适应与改写上。即利玛窦在西学汉译时，一方面有意识地寻找西学与儒学的契合点，选择儒学术语和命题阐释天主教义和西方伦理思想；另一方面，受传教士身份和宗教立场的影响，这种"适应"策略是有选择的适应，有对儒家思想的引申阐释，也有对其的批判和改写。对利玛窦西学汉译中的文化适应策略进行研究，特别是对文化适应策略的内涵、体现和影响的研究，能够为当代中国文化外译实践带来启示。鉴于利玛窦在明末清初中西文化交流史上的重要地位，研究其西学汉译中的文化适应策略具有重要的理论和实践价值。

（一）理论价值

第一，文化适应是利玛窦学术传教路线的重要体现，而西学汉译是学术传教的具体路径。以利玛窦的文化适应策略为出发点，以西学汉译文本为参照，探讨文化适应与西学汉译之间的内在联系，有助于深入挖掘翻译文本与历史文化背景之间的关系，为翻译理论与实践的结合研究提供新的思路。

第二，以文化适应策略为主线对利玛窦西学汉译作品的译介和传播历史进行梳理，有助于深入理解不同主题作品之间的内在联系，分析利玛窦西学汉译的深层次动机与目的，可以丰富西学汉译史、中西文化交流史等相关史料，为后续研究提供参考。

（二）实践价值

第一，文化适应策略是异质文化融合的重要基础，分析利玛窦中文著译作品中文化适应策略的具体表现，深入理解文化适应策略的内涵，探讨翻译如何成为沟通中西文化的桥梁，可为跨文化语境下的翻译研究提供具体案例参考。

第二，利玛窦西学汉译作品丰富，涉及主题多元，翻译方法包括全译、节译、著译、编译等，分析利玛窦代表性西学汉译作品中运用的具体翻译策略和方法，可为当代翻译实践提供指导和借鉴。

五、研究内容

现有关于利玛窦的研究多从宗教、历史、文化等视角展开，对其西学汉译的关注并不多见，仅有的文献以个别术语的翻译为主要研究对象，对作品整体译介和传播情况的研究尚待展开，具体文献综述在绪论中有详细介绍。本书是对利玛窦西学汉译作品中文化适应策略应用的系统研究，阐明文化适应策略的形成、内涵以及在其科技、宗教和伦理作品中的体现，进而探讨该策略对其西学汉译作品在华传播的接受情况以及对明末社会的影响。

本书由绪论、正文主体六章和结语构成。除绪论和结语外，主要内容分为三个方面，包括利玛窦生平及其西学汉译作品的介绍、利玛窦的文化适应策略以及利玛窦西学汉译代表作品的案例分析。结语总结研究发现、创新之处、对当代中西文化交流的启示、研究不足与未来研究展望。研究内容层层递进，相互映照，最终指向该研究的现实意义。

（一）利玛窦生平及其西学汉译情况介绍

第一章对利玛窦的家庭出身、教育情况、来华过程以及在华经历进行详细的介绍，为第二章分析其文化适应策略形成的内在动因做铺垫。同时根据多个文献记录，从总体上介绍利玛窦西学汉译作品，并列表统计作品名称及刻印和流传情况。最后从译本选择、翻译形式和策略等方面总结利玛窦西学汉译的总体特征。

（二）利玛窦文化适应策略的形成、内涵与表现

第二章对利玛窦文化适应策略的形成、内涵及表现进行概述，结合利玛窦的个人经历与 16 世纪末中国明末社会及西方社会的具体语境，分析利玛窦文化适应策略形成的内部和外部动因，概括性地论述了其文化适应在生活习惯、社交礼仪、对中国传统文化态度等方面的具体体现，探讨文化适应策略对其翻译活动的影响。利玛窦文化适应策略是内部动因和外部动因共同作用形成的结果，其内涵包括"合儒""补儒"策略，耶儒礼仪与习俗的会通，儒士与传教士身份的会通等，具体表现为思想适应、语言适应、礼仪适应与生活适应四个方面。作为中西文化交流的使者，利玛窦的文化适应思想深深植根于他早期接受的西方教育及在中国的生活经历。文化适应思想既是他的传教宗旨，也是他在经历两种文化的冲突与融合后的处世哲学，进而演化成翻译策略。这种思想体现在其西学汉译作品中的文化适应策略，对其作品在中国的传播产生了积极的影响。

（三）利玛窦西学汉译代表作品的案例分析

本研究选取利玛窦在华不同时期出版的四部作品进行具体案例分析，涵盖了科技、宗教和伦理主题。

第三章是利玛窦中文世界地图研究，在综述研究现状的基础上，对利玛窦中文世界地图各版本的产生过程和传播情况进行详细介绍，通过案例分析总结出其术语翻译的主要策略，从中国传统文化和语言的视角探讨利玛窦中文世界地图译介体现的文化适应倾向，最后阐述利玛窦世界地图的接受情况和产生的影响。

第四章是《交友论》研究，对现有文献进行梳理，介绍《交友论》的译介和传播过程、主要内容，分析利玛窦在该书中呈现的友谊观，以及该友谊观与明末社会思想演变之间的关系，最后对《交友论》在华的传播和接受情况进行论述。

第五章是《天主实义》研究，以国内外研究现状综述为基础，介绍《天主实义》的译介和传播过程，归纳其术语翻译策略，分析文本中表现出的耶儒调和机制和具体内容，探讨利玛窦是如何对儒家传统命题进行阐释和推理，进而作为论证宗教思想依据的，最后结合明末史料概述明末士人对《天主实义》的接受和批判情况。

第六章是《几何原本》研究，在综述现有研究的基础上，介绍《几何原本》的译介过程及其在中国的传播，通过文本分析归纳其中术语翻译的文化适应策略，分析其对汉语词汇构成方式和语义演变产生的影响，以及对中国数学发展的影响。

利玛窦科技术语翻译的主要策略是给已有汉字赋予新义，或借用已有汉字创译新词，较少采用直接的音译法。在人名和地名翻译中，也常采用意译、音译与意译相结合的方式。这种翻译方法基于利玛窦对中国语言文字的灵活运用，也得益于他对中国传统文化的深刻理解，有助于科技术语在中国的传播和接受。文化适应策略在利玛窦的宗教和伦理作品中主要体现在对儒家文化的理解、阐释和推理之中。利玛窦借用儒家思想中普遍被人接受的观点，加以新的阐释，赋予更深层次的内涵，使其与明末社会儒家思想的演变找到契合点，推进其作品的传播和接受。利玛窦的术语翻译对汉语语音和词汇发展都产生了影响，推动了汉语多音节词以及词缀化的发展，促进了汉语词义具体与抽象、泛指与特指、实指与虚指之间的相互转化。

六、研究方法

主要采用文献研究法、案例分析法、文本分析法、归纳研究法等对利玛窦西学汉译作品中的文化适应策略进行分析和探讨。

（一）文献研究法

文献研究法是本研究运用的主要方法，主要体现为学术文献和历史文献的运用。学术文献主要用于梳理利玛窦及其作品相关研究的现状，历史文献主要包括利玛窦的生平经历、书信、札记以及明末社会相关文献等，用来分析利玛窦文化适应策略形成的动因、西学汉译作品的译介和传播过程以及相关历史文化背景等。

（二）案例分析法

案例分析法主要指在研究中选取利玛窦代表性西学汉译作品，包括中文世界地图、《交友论》《天主实义》和《几何原本》，通过具体案例分析利玛窦科技、宗教和伦理等不同主题作品中所体现的文化适应策略，进而探讨文化适应策略对利玛窦翻译行为的影响。

（三）文本分析法

文本分析法主要运用于利玛窦代表性作品的分析，通过文本细读，发现其中的语言现象、翻译策略和方法以及对文化的沟通形式，得出典型问题或对其影响作出一般性结论，并对其进行论证，为利玛窦文化适应策略提供文本佐证。

（四）归纳研究法

本研究多处统计分析了利玛窦西学汉译作品的刻印、出版、流传和收录情况，通过图表等统计手法，可以直观地呈现作品的传播过程和路径，为分析其接受和影响情况提供数据参考。

第一章
利玛窦及其西学汉译活动

　　在中西文化交流史上，有两个人的名字不可忽视，其一是马可波罗（Marco Polo），其二便是利玛窦。作为欧洲首批来华耶稣会士，利玛窦的后半生都在中国度过，深受中国文化熏陶的同时也给明末社会思潮带来影响。他的西学汉译作品给明末暗潮涌动的学术氛围带来了新的气息，为中国人打开了"观世界"的大门，也为其在中国的工作和生活铺平了道路。30 年的在华经历，20 余种中文著译作品，奠定了利玛窦在中西文化交流史上的重要地位。

第一节　利玛窦其人

　　从意大利马切拉塔（Marcerata）到中国的边境城市肇庆，利玛窦用了 30 年，从肇庆到北京，利玛窦又用了近 20 年。在北京居住期间，他几乎忘记了如何用意大利文写作，却能用流畅的中文交谈，用典雅的中文写作。他的一生都在寻求中西文化会通融合之路。

一、意大利马切拉塔——初到人间

　　1552 年 10 月 6 日，利玛窦出生于意大利马尔凯区首府马切拉塔城，父母分别是乔万尼·巴蒂斯塔（Giovanni Battista Ricci）和乔万娜·安洁莱丽（Giovanna Angiolelli）。利玛窦在家中九个孩子中排行老大，从小学习拉丁文，7 岁开始在家里接受教育。

1561 年，父亲将 9 岁的利玛窦送到耶稣会士在马切拉塔创办的学院，与其他来自本地上流家族的男孩一起在此学习。该院不收学费，以优秀的人文学术训练和严格的纪律著名。在该学院学习的七年时间对利玛窦一生的思想和情感都产生了极其深远的影响，神父们的教导在幼小的利玛窦心里种下了爱和自律的种子。

在马切拉塔耶稣会学院（Society of Jesus）的 7 年里，利玛窦掌握了拉丁文和希腊文，大量地阅读古希腊和古罗马时期的文学作品，能够用拉丁文进行日常交流和书面写作。同时，耶稣会学院还非常重视学生把道德与智慧融汇为一体，通过兄弟会、学会等形式倡导互帮互助的情谊，树立榜样，灌输基督教的道德价值。

二、意大利罗马——离开故土

1568 年，16 岁的利玛窦来到了罗马，进入罗马大学学习法律。父亲对他寄予厚望，希望他能成为一名优秀的律师。但利玛窦却没能坚持完成学业，转而对神学产生兴趣。独自生活在异乡的利玛窦与耶稣会士产生了密切的联系，他向罗马耶稣会学院的神父忏悔，并于 1571 年申请加入耶稣会。① 在罗马的见习修道院，利玛窦遇见了两位对其一生影响极大的人。第一位是范礼安（Alessandro Valignano），当时在修道院主管见习生。另一位是范礼安的继任者法比奥·德·法比（Fabio da Fabi）。② 两位牧师对新来的利玛窦非常关心，也与其结下了终生的情谊。在利玛窦留下的书信中，有多封是写给这两位神父的，他们后来都在耶稣会中担任了要职。

1572 年，利玛窦正式开始在罗马学院（Roman College）的学习，在这里掌握的科技知识和人文知识为其日后在中国学术传教活动的开展奠定了基础。利玛窦的修辞学老师是巴都阿德·马丁诺·德·富尔纳里（P. Martino de Fornari, Padua）和奥拉奇奥·托尔塞利尼（Olachio Tolsalini），数学教授是德意志人克里斯托弗·克拉维乌斯（Christopher

---

① ［日］平川祐弘. 利玛窦传 [M]. 刘岸伟，徐一平，译. 北京：光明日报出版社，1999.
② ［法］裴化行. 利玛窦司铎和当代中国社会 [M]. 王昌社，译. 上海：东方学艺社，1943.

Clavius）。利玛窦和他的几位学术导师马塞利、德·富尔纳里（P. Maselli de Fernali）、克拉维乌斯以及精神导师法比奥·德·法比保持了终生联系。①

　　在罗马学院开设的课程里，利玛窦对数学最感兴趣。当时克拉维乌斯教授欧几里得的几何学，后来利玛窦在中国与徐光启合译的《几何原本》前六卷，所选原本就是其在罗马学院时的讲义。这位数学教授除了讲授古代的阐释文本，还介绍自己有关天文观察和地理测算的作品，以激发学生的学习热情。在文本和理论之外，学生还要学习象限仪、浑天仪、地球仪、星盘、六分仪等的使用方法，要学习测算日食以及通过测量太阳方位来计算经纬度。②

　　利玛窦在罗马学院期间还接触了大量的地理学和绘图学知识。在几何学发展的推动下，当时的欧洲正处于地图学进步最为迅速的时代。葡萄牙人与西班牙人在航海探险中进行的陆地勘测和航海图的积累，在 16 世纪出现了地图制作的革命。16 世纪 60 年代，制图学家、数学家佛兰芒人杰拉德·麦卡托（Geraldus Marcato）制作了天球和地球，他的投影法利用数学公式把经度和纬度转化为间距相等的直线，所显示的航海路线更加准确。其好友亚伯拉罕·奥特琉斯（Abraham Ortelius）编纂了第一部近代世界地图集。1564 年奥特琉斯完成了一幅八页的世界地图，1570 年在安特卫普出版了他的《世界舞台》，这是第一部近代世界地图集，共有 53 幅地图，在欧洲产生了巨大的影响。该集后来经过多个版本的修订，在安特卫普和罗马都出版了精装本，在当时是非常了不起的成就。这些数学、天文、地理、测算、绘图学的知识和技能为后来利玛窦在中国绘制世界地图奠定了基础，而利玛窦绘制的中文世界地图是其在华传教的重要敲门砖。

三、葡萄牙里斯本——接受挑战

　　早在 1573 年，范礼安就离开了罗马前往葡萄牙的里斯本，作为葡萄牙耶稣会布道团中的总会长代表，前往印度就任耶稣会东印度巡阅使。1576

---

① FONTANA M. Matteo Ricci: a Jesuit in the Ming court [M]. Metcalf, Paul (tr.). Plymouth: Rowman & Littlefield Publishers, Inc., 2011.

② ［美］夏伯嘉. 利玛窦：紫禁城里的耶稣会士 [M]. 向红艳，李春园，译. 上海：上海古籍出版社，2012：16.

年底葡萄牙耶稣会士再次来到罗马挑选新的传教士。1577年初，有八位新传教士加入了印度布教团，其中有六名是意大利人，就包括罗马学院学生——25岁的利玛窦。

利玛窦跟随印度传教团首先来到了葡萄牙的里斯本，随后到达科英布拉大学（Universidade de Coimbra）学习葡萄牙语、神学、哲学等课程。1578年，利玛窦随其他13位耶稣会士从里斯本港登船，乘坐圣路易斯号前往印度。与利玛窦乘坐同一条船的就有其日后在中国的伙伴、意大利人罗明坚。①

四、印度果阿——时刻准备

海上航行了六个月，在经历了海上风暴、海盗侵袭、疾病困扰等重重困难后，利玛窦和他的伙伴们到达了印度的果阿。初到果阿，利玛窦开始在圣保罗学院学习，继续在葡萄牙未完成的学业。利用学习和调养身体的间隙，利玛窦给罗马总会的师友们写了多封书信，汇报自己的情况、介绍天主教在印度和日本的工作进展，② 甚至还探讨了葡属印度传教区内种族歧视的问题，提出自己批判性的看法和见解。③

1581年冬，29岁的利玛窦在果阿已经度过了四年的时光。很快，利玛窦的命运发生了重大改变。继1579年罗明坚到达澳门后，利玛窦也于1582年8月来到澳门，在中国开始了他毕生为之努力的事业。

五、中国澳门——摩拳擦掌

来到澳门后的利玛窦向罗明坚学习，刻苦地学习中文，为能进入中国内陆传教做准备。在他写给巴都阿德·富而纳里神父和总会长阿桂委瓦（Claudio Acquaviva）的两封信中，可以看出利玛窦的思想兴趣和深刻的洞察力。到达澳门仅五个月，利玛窦便对中文的特点有了较深的认识。他认为中文比希腊文和德文都难学，尤其是汉字的发音和多义，且中文又分为

---

① ［美］夏伯嘉. 利玛窦：紫禁城里的耶稣会士［M］. 向红艳，李春园，译. 上海：上海古籍出版社，2012：31.

② ［意］利玛窦. 利玛窦书信集［M］. 罗渔，译. 台北：光启与辅仁大学出版社，1986：7.

③ ［意］利玛窦. 利玛窦书信集［M］. 罗渔，译. 台北：光启与辅仁大学出版社，1986：21.

口语和书面语，二者相去甚远，这些都给利玛窦学习中文带来了难题。

利玛窦对中国文化也提出了自己的见解。"在中国谁识字越多便是最有学问的人，只有这些人才能担任官职，在社会中才有地位。这就是为什么科学在中国不发达的原因。因为他们的看法，凡念所有书籍的人，便知书中所有的学问。"利玛窦也对中国的传教工作表达出了乐观的心态："因为不少中国人对他们的偶像不再信仰，因此如有人对他们介绍我们的教理，相信他们是很容易接受的。"①

正当利玛窦潜心于学习中国语言、了解中国文化时，借助葡萄牙与广东省每年一度的贸易季的机会，罗明坚多次往返于澳门和广东。通过赠送礼物、亲自拜见等方式，结交了一批广东省政府的要员。在与中国官员接触中，罗明坚流畅的中文口语表达、得体的谈吐举止、渊博的知识阅历都给中国人留下了深刻的印象。受其影响，利玛窦对汉语学习的热情持续高涨，且他天资聪慧，又有罗明坚和中国翻译人员的帮助，其汉语水平迅速提高。

六、中国肇庆——初入内陆

尽管从澳门到肇庆并不遥远，但这条路利玛窦等人却走得非常艰难曲折，曾经如此接近目的地，却被迫原路折返，终于抓住了新的机会定居肇庆。

1583 年初，几经波折的罗明坚和巴范济（Francesco Psio）终于获得了两广总督陈瑞的信任，允许他们来肇庆定居，并承诺为他们提供一处舒服的房屋供居住。中国官员还允许利玛窦也从澳门到肇庆来。但很快，陈瑞因朝廷的政治斗争牵连而被罢免的消息传来，虽然陈瑞在退位前做出了遣返罗明坚和巴范济的决定，但他出于人情，还是给广州海道修书一封，请他为神父们在广州安置一处住所。

罗明坚和巴范济再次回到了澳门。其后巴范济神父去了日本，后来在日本传教区担任会长。罗明坚神父不甘就此放弃，试图携利玛窦进入广州，但遭到了海道的拒绝。就在进入中国内陆定居无望的时候，命运因机缘巧

---

① ［意］利玛窦. 利玛窦书信集［M］. 罗渔，译. 台北：光启与辅仁大学出版社，1986：32.

合再一次发生了改变。肇庆的东门有一个守卫，曾经是罗明坚的信徒，他以神父翻译的身份向新上任的两广总督郭应聘提交了一份请愿书，请求他允许罗明坚和利玛窦来肇庆居住。请愿书辗转交到了肇庆知府王泮的手上，王泮出乎意料地答应了这个请求。

在肇庆，利玛窦一待就是五年，其间伙伴由罗明坚换成了郭居静，又换成了黄鸣沙，但利玛窦一直都在，当时的他也许并没有意识到自己的行动正开创着一段新的历史。

第一次面见肇庆知府王泮时，罗明坚和利玛窦剃了须发，穿戴得与中国和尚一样，并介绍自己为"天竺国僧"。天竺是中国人对印度的称呼，罗明坚主张这样做，是想让中国人相信他们来自那个曾经把神圣的佛教传入中国的地方。通过翻译，罗明坚向王泮介绍说他们从遥远的西方经过三年的旅程来到中国，被大明的盛世所吸引，有意定居于此，希望知府能给他们一处安静之地，供建立居所和礼拜堂所用。王泮是一个非常虔诚的佛教徒，他表示一定会给予传教士们宽厚的支持，并给一块属于政府的地皮来帮助这些西方来的和尚实现愿望。

王泮信守承诺，批给他们的土地位置佳，靠近河岸，紧邻肇庆标志性公共建筑崇禧塔，距离东城约一公里，有树木、鲜花、青草包围着。耶稣会士们喜出望外，抓紧时间筹备修建新居。在临时住所里，罗明坚和利玛窦设置了圣坛来进行弥撒仪式，挂出圣母玛利亚的画像，这是罗马圣母大教堂中玛利亚画像的复制品，还放置了一面威尼斯水晶棱镜、西方书籍和其他新奇的物品。这些来自西方的新奇物品吸引了大量中国人前来观看，就连两位传教士本身也成了新奇的看点，因为在中国内陆还是第一次看到有外国人定居。

很快，由于建房和安顿所需，传教士的财务出现了危机，罗明坚不得不返回澳门寻求支持，筹集钱款。罗明坚走后，利玛窦一人带着几位仆人留守在肇庆的居所，危机开始显现。为感谢知府王泮的慷慨相助，传教士决定为其制造一个西式钟，于是从澳门请来了一位钟表匠，这位肤色黝黑的印度果阿人的到来引起了周围邻居的担忧。因为当时的肇庆居民仍然无法接受"洋鬼子"的存在，而且对"黑人"的鄙视比对"白人"更加强烈。于是关于黑人绑架孩子卖到澳门的传言开始不胫而走，传教士开始受到仇视。邻里的一群淘气的男孩往耶稣会宅院里扔石头，有些砸在房子上，有些落在院子里，以此挑衅取乐。耶稣会士的仆人们当场抓住了一个男孩并把他拉到了院子里，狠狠地教训了一顿。很快，这些外国人受到了控告，好在，他们留下了石头作为证据，并通过翻译进行了申辩，才避免这次诬告，但利玛窦已经深深地感受到了这里的排外情绪。

与知府王泮的相处进一步奠定了传教士们在肇庆定居并传教的地位。王泮是浙江绍兴人，他的家乡有着信仰佛教的传统，且在晚明时期当地的精英阶层多对佛教寺院予以经费支持。罗明坚和利玛窦自称"西僧"，再加上他们表现出渊博的知识、绅士般优雅的谈吐和逐步提高的汉语表达能力，自然得到了知府王泮的赏识，进而获得他对传教事业的支持。据夏伯嘉考证，王泮是一位虔诚的佛教徒，他对传教士的帮助符合士绅官员支持寺院发展建设的模式。① 他曾写过多首带有佛教意向和表达对佛教情感的诗歌。在罗明坚和利玛窦的新居落成后，王泮赠送的两块匾额挂在前门和大厅之门的上面，由他亲自书写，一块为"仙花寺"，另一块为"西来净土"。这两块牌匾明显地带有佛教的意义所指。因此，在王泮看来，支持西方的天主教和支持中国的佛教似乎没有什么区别。

有一个插曲似乎更验证了王泮对于两个宗教的模糊认识。罗明坚和利玛窦初到肇庆时，居所内挂有一幅圣母玛利亚抱圣婴画像，王泮见后赞叹不已，立即叫他的妻子来向画像朝拜，因为当时他们只生有一个女儿。神奇的是，没过多久，他的妻子就怀孕了，且生下了一个男孩。王泮把生子的功劳归于圣母抱圣婴图，在他看来，这就是来自西方的送子观音。当王泮的第二个儿子出生时，他立刻让他受了洗。没过多久，王泮又升为领西道，仍住在肇庆。官运的亨通，得子的欣喜使得这位接受传统思想教育的中国官员深信西方传教士的到来给他带来了好运。

在肇庆，罗明坚和利玛窦完成了两件重要的作品。罗明坚历时四年写作的第一本汉语基督教教理问答《天主实录》在来到肇庆的一个月后就完成了。事实上，他在澳门时就开始了写作。1584 年 1 月，罗明坚提交了一

① ［美］夏伯嘉. 利玛窦：紫禁城里的耶稣会士［M］. 向红艳，李春园，译. 上海：上海古籍出版社，2012：96.

份拉丁文摘要以寻求出版许可，最终，这本著作在 11 月下旬得以出版。这本教理问答是一部只有四十三对折页的薄书，罗明坚在此书中用自己的汉语名字署名，并称自己为"天竺国僧"，采用一个僧人与一个中国人对话的形式，意在向中国士人解释基督教教义，以弥补传教士初入中国内陆时口头表达不流利的不足。据罗明坚称，他们把此书展示给王泮后，王泮非常高兴，当即表示对该书的印制予以资助，但拒绝了为该书作序的请求。

利玛窦在肇庆期间绘制了他的第一幅中文世界地图《山海舆地图》。在神父们的住所里，墙上悬挂了一幅世界地图，这幅地图用当时世界上最先进的制图学技术绘制而成，吸引了众多来访者的目光。他们的反应非常强烈，要么是震撼和不相信，要么是惊讶和钦佩。知府王泮建议利玛窦把这幅世界地图制作成中文版。随后，利玛窦制作了中文版的世界地图，把所有的拉丁文注释翻译成了汉语，并增添了一些解释各地风俗和历史的文字。利玛窦考虑到中国人的习惯，巧妙地把中国绘在新地图的中心位置。第一幅中文世界地图于 1584 年底完成，王泮非常高兴，出资印制，并免费散发给他的官员朋友和熟人。

在肇庆生活的五年时间里，传教士们虽然在传教事业上并未取得实质性的进展，但语言的进步、《天主实录》和世界地图的出版，提高了他们在中国官员中的声望，与许多官员和士人都结下了深厚的友谊，为日后在中国传教活动的发展奠定了基础。罗明坚在肇庆期间，还获得允许到过浙江、湖北和广西等地，试图在广东之外的中国土地上建立新的传教点，但都没有获得成功。罗明坚的能力开始受到耶稣会的怀疑，最终于 1588 年被派回欧洲。

1588 年成为利玛窦肇庆生活的转折点。罗明坚的离去使利玛窦失去了最信任的伙伴，王泮的升迁则意味着最可靠的支持者的远离。好在有麦安东神父到来与其作伴。据利玛窦回忆，新任两广总督刘节斋为了在崇禧塔旁建立自己的生祠，想要以 60 两银子的价格来收购传教士的居所，但遭到拒绝。刘恼羞成怒，命令下属官员调查这些在肇庆的外国和尚与澳门的关系，最终决定将他们遣送到澳门或者广东最大的佛寺南华寺。利玛窦征求了在澳门的范礼安的意见，但性情暴躁的范礼安要利玛窦和麦安东抵制这个驱逐令。然而，与总督对抗是徒劳的，最终利玛窦获得了范礼安的准许：

把住所搬到中国的另一个地点要比完全失去立足之地好。最终，在利玛窦的努力下，总督刘节斋同意利玛窦居住在南华寺或附近的韶州城。1589 年秋天，利玛窦和麦安东离开了肇庆，离开了他们在中国广东的第一个家。①

七、中国韶州——被迫转移

此时，他们首先面临的难题便是从肇庆迁往了相对偏远毫无名气的韶州，所有的一切都需要重建。根据总督刘节斋的安排，利玛窦首先来到了南华寺，但拒绝在此居住，很快便前往了韶州城。他向同知吕良佐解释了拒绝住在南华寺的原因：作为受过教育的西方僧人，他们喜欢城市生活和同文人们交往；不仅如此，他们信的教与佛教不同，这一点在南华寺和尚们那得到了印证，因为这些外国和尚对他们的六祖遗迹没有表现出一点兴趣。最后，吕良佐同意给利玛窦和麦安东一块处在武江边的属于光孝寺的土地来建造住所。

其次，利玛窦的传教伙伴也发生了重大变化。一来到韶州，恶劣的气候条件便击垮了利玛窦和麦安东（Antonio d'Almeida）两位传教士。很快，应利玛窦的要求，澳门方面派来了两位年轻人——黄明沙（Francesco Martines）和钟鸣仁（Sebastiano Fernandes）——跟随利玛窦学习文言文和拉丁文，为之后的传教工作做准备。一年之后，麦安东的病情越发严重，不得不于1590 年底回到澳门治疗。但是转年他的病情刚刚好转，因放心不下中国的传教事务，麦安东再次回到韶州。这一次却没有那么幸运，身体虚弱的麦安东再次病倒，却再也没有醒来。

除了居所的重建，所有的人际关系也要从零开始。与瞿太素（1549—1612）的相识是利玛窦整个中国传教事业的转折点。瞿太素，字汝夔，姑苏人，明末礼部尚书瞿景淳之子。二人相识于肇庆，他在 1599 年为利玛窦的《交友论》所作的序《大西域利公友论序》一文中记录了两人初次见面的情景："万历己丑（1589 年），不佞南游罗浮，因访司马节斋刘公，与利公遇于端州，目击之顷，已洒然异之矣。及司马公徙公于韶，予适过曹溪，

① 林金水. 利玛窦与中国 ［M］. 北京：中国社会科学出版社，1996.

又与公遇。于是从公讲象数之学,凡两年而别。"①

从这段记录可以看出,二人因两广总督刘节斋而相识,当时利玛窦等还在肇庆。后来迁居到韶州后,又与瞿汝夔偶遇,这一次两人长达十余年的交集正式开始了。瞿拜利玛窦为师,跟随他学习天文和数学知识,这种亦师亦友的关系一直持续到利玛窦去世。

这里有必要交代一下瞿汝夔的身世,因为他是对利玛窦的传教策略有着深远影响的人。瞿出生于江苏常熟的一个著名的士大夫家庭。其父在南京曾任高官,声望极高。瞿汝夔的几个兄弟也多仕途通达,谋得官职。唯有这位最小的儿子对谋官毫无兴趣,且生活放荡。在经历了家财挥霍殆尽和与家人交恶断绝关系之后,他唯有靠老父留下的关系网来生活。他不断地到各地拜访与他父亲有交情的官员,寻求他们的支持,很多时候是为别人办事。就在他来肇庆拜访刘节斋和黄时雨(时作岭西道)时,初遇了在此定居的利玛窦。

在韶州,当二人再次相遇时,瞿被利玛窦的魅力所吸引,也为西方的数学和天文学着迷,于是拜利玛窦为师。实际上,当年利玛窦37岁,而瞿汝夔已经40岁。瞿跟随利玛窦上了一些简单的西方算术课之后,成为最早接触和学习欧洲宇宙学和希腊几何学的中国人。利玛窦采用的是欧几里得的《几何原本》来教授瞿几何。据考证,瞿还曾与利玛窦合作试译过《几何原本》,但因各种原因最终放弃。直到1610年,利玛窦才与徐光启合译了该书的前六卷。随着交往的深入,二人之间的共鸣也从数学和科学发展到伦理和宗教。利玛窦也为瞿讲解基督教的基本教义,瞿的领悟力很高,很快就能理解,并提出触及教义核心的问题。利玛窦的讲解使瞿信服,终于在生下儿子之后,父子两人同时接受了洗礼。

收瞿汝夔为徒大大地增加了利玛窦在当地官员、文人、精英中的声望。在瞿汝夔的帮助下,利玛窦结交了一大批掌握着权势的官员,这些人在后来利玛窦的传教事业中都扮演了重要的角色。也正是在瞿汝夔的建议下,利玛窦脱下僧袍,学习儒家经典,开始了"合儒""补儒"的文化适应传教

---

① 朱维铮. 利玛窦中文著译集 [M]. 上海:复旦大学出版社,2012:117.

策略。①

从定居肇庆到迁居韶州，受罗明坚的影响，所有耶稣会士都以光头、剃须、长袍的形象出现在中国人面前，自称为"天竺国僧"或"西僧"，他们在很大程度上过着和中国佛教僧人相似的生活，保持单身，在教堂里祷告，遵守清规戒律。但这一切都在1592年利玛窦到访南雄之后发生了改变。在南雄，利玛窦在拜访知县时所经历的宏大的礼仪、隆重的仪式、丰盛的宴会和精致的服饰都令他印象深刻。利玛窦越来越深刻地认识到僧人的身份对他开展传教事业的限制。他所期望的是能融入上流社会，与精英阶层共同论道讲义，而僧人的身份无疑是个制约因素，因为在中国社会，和尚的地位很低下。于是在瞿汝夔的建议下，利玛窦果断地完成了从"僧人"到"儒者"的蜕变，以"西儒"的身份重新进入人们的视野。

传教思路上的改变主要体现在两个方面：一方面利玛窦开始努力学习儒家经典，并在布道时引用儒家经典论证自己的观点；另一方面着手写作一本新的教理问答，试图摆脱罗明坚《天主实录》的影响。1593年起，利玛窦聘请了一位儒学老师，一年后，他便可以用文言文写作，其儒家经典知识储备远远超过了罗明坚的水平。整个1593年，他都在努力学习儒家经典，他还根据范礼安的要求，把"四书"译成拉丁文。1593年，在给阿桂委瓦会长的信中，他写道：

> 今年我们都在研究中文，是我念给目前已去世的石方西神父听，即四书，是一本良好的伦理集成，今天视察员神父要我把四书译为拉丁文，此外再编一本新的要理问答。这应当用中文撰写；我们原有一本（指罗明坚神父所编译的），但成绩不如理想。此外翻译四书，必须加写短短的注释，以便所言更加清楚。托天主的帮忙，我已译妥三本，第四本正在翻译中。这些翻译以我的看法在中国与日本对我们的传教士十分有用，尤其在中国为然。四书所述的伦理犹如第二位塞尼加的作品，不次于古代罗马任何著名作家的作品。在翻译妥后，我将寄给

① ［法］裴化行. 利玛窦司铎和当代中国社会［M］. 王昌社，译. 上海：东方学艺社，1943.

视察员神父，如不错，明年就会寄给您。①

然而，利玛窦所提及的拉丁文《四书》译本至今尚未发现，其下落也一直是学术界的未解之谜。如该译本能重现于世，对于了解利玛窦的儒学观，以及他的"合儒""补儒"策略均有重要的意义。

利玛窦还利用儒家的道德学说来批判"算命"这种在当时极其流行的行为。他常引用中国古代经典，并举来自西方生动有趣的例子来说服信众，这些例子主要来自他所阅读过的从古希腊到中世纪的各种人文著作。这些往事在他的著作《畸人十篇》中有所体现。利玛窦此时准备撰写一部新的汉语教理问答来代替罗明坚"没有达到预期成效的"《天主实录》。

1594 年 11 月，利玛窦去澳门拜访了范礼安，获得正式许可改变耶稣会士在中国的身份，事实上利玛窦为此已做了很久的准备。回来后利玛窦开始蓄发留须，穿上丝绸质地的儒袍，戴上高高的四方帽子，就像中国的知识分子阶层一样，出入乘坐轿子，有时不是因为路程远或劳累，而是因为身份需要。到 1595 年，他们去拜访中国官员或接待中国官员时，已开始行儒生的礼仪。

从 1589 年至 1595 年，利玛窦在韶州的六年多时间是其传教事业中的转折点。在这里利玛窦完成与佛教的彻底切割，实现了从"西僧"到"西儒"的转变。这种转变从踏上韶州的土地便开始了，从利玛窦到达南华寺时拒绝向六祖行礼，也拒绝与和尚一起居住便足以证明。这几年里，利玛窦的中文水平突飞猛进，不仅能应付日常交流，还能够用文言文进行写作。通过对中国古代典籍的学习，利玛窦在传教中常常能够引经据典，尤其是对儒家经典的引用和合理使用，使他在传播教义时更有说服力，且更像位文人雅士。

身份的改变意味着传教思路的变革，在南昌，文化适应的传教策略对利玛窦翻译策略的影响也开始显现。

---

① ［意］利玛窦. 利玛窦书信集［M］. 罗渔，译. 台北：光启与辅仁大学出版社，1986：134–135.

八、中国南昌——机缘巧合

来到江西南昌是机缘巧合之下的决定。1595 年利玛窦跟随兵部侍郎孙矿离开韶州，前往南雄，此行的目的是医治患了忧郁症的孙侍郎的儿子。孙矿此行的目的地是北京，利玛窦想跟随他到北京，即明朝的权力中心，但被孙拒绝了。通过结交孙的管家，利玛窦得以从水路到达南京，在此作短暂的停留。南京这个大明王朝昔日的权力中心似乎并不欢迎这位外国传教士的到来，无奈的利玛窦在瞿汝夔的建议下返回南昌。在这里，他发现了江西省与广东省的不同，在南昌，商业活动很少，当地人都非常谦虚友好，知识分子更多。在当地名医黄继楼的引荐下，利玛窦很快结交了南昌的大量权贵，获得他们的信任，在南昌得以安顿下来。

在南昌的三年多时间里，是利玛窦中国传教事业的上升期和发展期。首先，他的人际关系拓展顺利，比起在广州结交的官员，这里的官员等级更高，权力更大，能给传教士们更多的支持与帮助。另外，与南昌一些知识分子的交往也使利玛窦在精英的圈子中声望不断提升，如名医黄继楼、名士章潢、两位亲王乐安王和建安王等人。其次，在南昌利玛窦完成了三部著作，《交友论》（1595 年）、《西国记法》（1595 年）和《天主实义》（1595 年），尤其是《交友论》和《天主实义》的完成，标志着利玛窦文化适应策略逐渐成熟。最后，在南昌形成的良好人际关系网络，传教事业取得的发展，都给利玛窦带来了无比的信心，也使利玛窦逐步体会西方文化的优越感，为下一阶段传教事业的迅速发展埋下伏笔。

广东痛苦而漫长的 12 年已使利玛窦深知在中国的生存之道，即必须取得当地官员的信任和支持，没有官方的许可，任何的辛劳和努力可能都将白费。初到南昌的利玛窦急于建立人际关系网，他决定亲自拜访的第一位名士便是名医黄继楼。当衣儒服、行儒礼的利玛窦出现在黄的面前时，黄立即被他的气质吸引了。利玛窦赠送的西方礼物、交谈中提及的西方事务以及他谈吐中对中国著作的了解都给黄继楼留下了深刻的印象。身为南昌权贵者的医生，黄医生为利玛窦提供了极其宝贵的关系网。利玛窦在他的信件中也提及了这件事："由于与这位医生等人有友谊的关系，我的名声就传遍全城，一传十，十传百，不仅引起文人的注意，而且考进士的人也一样知道了我……人们对我们都另眼看待，因此，我感到此地真是值得致力传教的好地方。"① 很快，利玛窦开始接待身份显赫的客人来访，他向这些人介绍西方的数学和天文学。来访的客人们也惊异于利玛窦对儒学经典的熟悉程度，他可以大段地背诵，甚至可以倒着背诵儒学经典。短短几个月内，利玛窦已成功跻身于南昌这个城市的精英圈。

精英圈中的两位重要人物是大明王朝的两位亲王，乐安王朱多㷅和建安王朱多㸅。神通广大的黄医生介绍利玛窦认识两位贵族，其中一位亲王与利玛窦的好友瞿汝夔还结有姻亲关系。这样，通过宴会和互赠礼物，良好的关系很快便建立起来。利玛窦赠送了非常贵重的礼物，显然他抱有较大的期待，正如他在信中所说"这位亲王（建安王）愿意信天主教，这是我最大的希望"②。利玛窦还应建安王的请求，撰写了一本关于友谊的小册子，命名为《交友论》，其中收集了西方关于友谊的格言或警句。利玛窦的这本小册子在中国至少印刷了五次，随着利玛窦朋友圈的逐渐扩大，有知名学者和官员为此书作了序。在儒家思想中，友谊一直是备受重视的五种关系之一，与君臣、父子、兄弟和夫妻并称五伦，儒家学者也认为美德是真正友谊的基础，而利玛窦所选的格言和警句刚好与儒家教义相契合，成为他与其他儒者沟通的基础。

利玛窦结识的另一位精英是儒家学者章潢（1527—1608）。章潢是王阳明的第三代弟子，一生潜心学术研究，不追求官职、荣誉和地位，后受聘为白鹿洞书院的主讲。在南昌，章潢建有一座供他主持学术聚会的"此洗堂"，在南昌的学术圈中享有盛誉。作为利玛窦好友瞿汝夔的老师，章潢通过黄医生的介绍认识了利玛窦。两人在几次长谈之后发现彼此志趣相投，章潢不仅赏识利玛窦的风度和学识，还对他能熟悉儒家经典大加赞叹。因为利玛窦对儒家经典的熟悉，常常在谈话中加以引用，因此与章潢的交谈便常常变成了学术上的探讨，使章潢认为利玛窦是个能够与其对话的人。在章潢的"此洗堂"，利玛窦开展了以西方天文学和数学为内容的讲座。利玛窦惊讶于中国人数学和自然科学知识的匮乏，因为他们只关心道德哲学

① ［意］利玛窦. 利玛窦书信集［M］. 罗渔，译. 台北：光启与辅仁大学出版社，1986：162.
② ［意］利玛窦. 利玛窦书信集［M］. 罗渔，译. 台北：光启与辅仁大学出版社，1986：189.

和言谈写作的优雅。虽然利玛窦和章潢在很多问题上都无法达成共识：比如关于宇宙的起源、一个万能的神的存在（上帝）、通过天堂和地狱来实现奖惩等，但这些分歧最后都被一个基本信条所化解——道德。因为基督教的教义和儒教的基本信条都是提倡个人道德的修养，他们都承认道德对社会的规范作用和受过教育的精英阶层在道德上的领导角色。

利玛窦与章潢之间的对话可以看作是耶稣会士"合儒""补儒"策略的关键。之前的许多年里，利玛窦一直努力学习儒家经典，从熟悉到背诵到引用。而至此，他已完成了对儒家经典的语言层面的掌握，开始过渡到利用儒家思想解释基督教教义的阶段，即从儒家思想中找到那些与基督教教义相对应的观点，以此来包装基督教的教义。正如利玛窦所着的儒袍和所行的儒礼一样，基督教的教义由此披上了儒学的外衣。

考察利玛窦与章潢的关系，我们不难总结出二人观点中的共同之处：第一，二人都试图对儒学的古代经典进行引用和解释，以反对晚明儒学与佛教和道教相依附的现象；第二，二人都提倡在自然学习和自我修养中寻找和谐，提倡一个将自我反省、自我约束、经典和自然学习统一起来的方式，反对以追逐官职、名誉和地位为目标的学习；最后，以学术团体和座谈会为模式，在日常生活中恪守道德。① 这些观点都可以在利玛窦的《天主实义》中得以验证。

利玛窦在韶州时便已开始着手《天主实义》的写作，但被江西之旅打断。1595 年定居于南昌后，利玛窦便继续了这本教理问答手册的写作，到该年年底时，已完成了初稿。这本《天主实义》是应范礼安的要求写成的，以取代罗明坚所著的教理问答《天主实录》，罗的著作因为过多地使用了佛教术语而被范礼安和孟三德所批评，此书的木版被下令毁掉。在《天主实义》中，利玛窦和罗明坚一样对佛教进行批判，但在论述时更多地引用儒家思想中的观点，"合儒""补儒"的倾向更加明显。② 由此可见，利玛窦文化适应的传教策略已获得了澳门方面的支持。

---

① ［美］夏伯嘉. 利玛窦与章潢［C］// 田浩. 文化与历史的追索：余英时教授八秩寿庆论文集. 台北：联经出版社，2009：727 - 749.

② 张西平. 跟随利玛窦到中国［M］. 北京：五洲传播出版社，2006.

在南昌的三年，利玛窦对未来充满了信心。他的声望也在与日俱增，很多人来拜访他，有的是想学习天文和数学，有的是想学习记忆术，还有些人想得到炼金术，还有一部分人是出于宗教的目的，所有的人都称呼他为老师。虽然利玛窦仍认为收获的时机尚未成熟，但仍然充满希望。利玛窦仍然非常清楚，如果想要正大光明地传教，必须获得官方的允许。在没有取得官方的支持之前，所有的传教活动必须隐藏在学术的面具之后。他已不如在广东时那样焦虑，对前途感到渺茫，变得更有耐心，仔细地观察着这个发生着变革的晚明社会，过着中国精英阶层一样的生活。

通过与中国精英阶层往来，利玛窦越来越感受到中西方文化沟通的重要性。他在南昌写过的几封信中分析了取得成功的原因，认为最主要的是他的儒家经典知识，其次是惊人的记忆力，还有就是西方先进的数学和天文学知识。利玛窦也认识到西方在一些方面比当时的中国优越，如绘画、织锦、书籍、演讲、科学和数学工具、武器、乐器等。所有的优越感都来自传教策略的改变，利玛窦在写给孟三德的信中详细叙述了他从"僧服"易"儒服"的经过："我们已经决定放弃为僧侣的名称，而取文人的姿态，因为僧人在中国人眼中身份很低而卑贱，这样才符合视察员神父给我们的许可，我们蓄须留发，我们也穿文人们在访客时特有的服装。……以我们的观察来讲，我们应该作这种改变。……穿上与他们相似的服装……给人说明我们从事文人的工作，并为天主献身服务，我们学有专长。"[①] 在取得了范礼安的支持之后，利玛窦于1597年被聘为中国教区的总领导。

九、中国南京——更进一步

正当中国教区的工作取得一定进展时，日本教区传来了好消息。由于得到皈依天主教的封建领主的保护和支持，日本传教团取得了巨大的成功。日本教务的成功使范礼安想起了罗明坚曾提出的"为脆弱的中国教务取得最高政治保护"的建议。此时罗明坚已经回到了罗马，且总会没有打算再把他派来中国，这个艰巨的任务便落到了利玛窦身上。虽然利玛窦在南昌

---

① ［意］利玛窦. 利玛窦书信集［M］. 罗渔，译. 台北：光启与辅仁大学出版社，1986：153.

期间已经建立了很好的关系网络，但仍然无法在接近权力核心上取得突破。

利玛窦首先求助的对象是与其交往较多的建安王，但遭到了果断的拒绝，因为明朝律法明确禁止所有的宗室成员在未经许可的情况下到北京去，任何被看作干预政治的行为只会给他们带来怀疑甚至是灾难。这时，利玛窦遇见了一位在韶州时见过的旧友王忠铭，他现在已经是南京的礼部尚书。王忠铭答应利玛窦把他带到南京和北京，因为他正准备到北京去。利玛窦为得到这个机会做了匆忙的准备后，便于 1598 年随王的团队从南昌启程乘船到达了南京。几经周折后，利玛窦等一行人终于在 9 月到达了北京。这是利玛窦第一次到达北京，但北京还没有准备好向这位来自西方的传教士敞开大门。

到达北京后，利玛窦也试图通过王忠铭与宫内的太监建立联系，以取得面见皇帝或向皇帝进奉贡品的机会，但都没有成功。因为此时的大明王朝正在边境与日本来犯的军队进行战争，官员们与任何外国人的交往都变得敏感，都可能成为被怀疑的对象。显然，此时来北京并不是最佳时机。耶稣会士们于 11 月初离开了北京。利玛窦留下几位同伴在山东等待春季大运河开航，他自己则急着从陆路返回南方，他急于到苏州瞿汝夔那里寻求帮助。

第一次的北京之行使利玛窦身心俱疲。长途的跋涉已使他疲惫不堪，北京如城墙壁垒般森严的人际关系让他没有找到任何机会，更让他心力交瘁。失败的打击并没有让这位坚定的信仰者放弃努力，相反，利玛窦更加深刻地认识到权力中心的重要性，这也是为什么在短短的两年后他再次北上的原因。

来到苏州的利玛窦得到了瞿汝夔的精心照料，二人回忆着过去，讨论着不确定的未来。在瞿的建议下，利玛窦产生了在苏州开辟一个新据点的想法。二人到南京，试图从王忠铭那里谋求一封写给苏州官员的推荐信。但在南京利玛窦却获得了更多的回报。

王忠铭敦促利玛窦到南京定居，这个建议还得到了很多官员朋友的支持，包括好友瞿汝夔，大家都认为南京是比苏州更好的选择。虽然自朝廷北迁后，南京作为明朝权力中心的地位已不复存在，但作为千年古都和大量皇亲国戚、旧部大员的居住地，南京仍然是南部地区的中心，所有江南的物产和财富都流向这个城市，所有的人才都聚集于此，舒服的自然气候也使南京成为一个宜居的城市。

1599 年 2 月利玛窦正式定居南京。在南昌时积累的声望使利玛窦很快便在南京的官员和文人中享有盛誉。在南昌出版的《舆地山海图》《交友论》《西国记法》等都帮助利玛窦在南京这个巨大的社会关系网中确立了自己的地位和声望。在《利玛窦中国札记》中，他记录了在南京时交往的许多贵族、官员、知识分子、文人、科学家和皈依者。虽然他在南京只待了短短的 15 个月，但所接触到的各类人士都是他之前没有遇过的，不管是论级别还是论才华都是当时晚明社会中的佼佼者。

这些人大致可分为三类：第一类多为官员和文人，主要因为利玛窦的文学才华和其对儒学的研究，以及他与瞿汝夔的友谊；第二类多为科学家或对自然科学感兴趣之人，主要是由于利玛窦的数学和天文学知识；第三类是对佛教有强烈感情的儒家文人，这些人与利玛窦展开了多次哲学和宗教上的争论。不管是面对朋友，还是"敌人"，利玛窦在这个精英圈中的表现一向镇定自若，坚持用儒家古代经典来论证基督教的教义，有时表现得"八面玲珑"，这是李贽对他的尖锐评价。

李贽（1527—1602）是晚明知识分子中的异类，有人奉他为天才，也有人把他称为叛逆的思想家甚至是骗子。李贽在与利玛窦的交往中，对这个西方来客有着深入细致的观察和一针见血的评价"中极玲珑，外极朴实"①。李贽也曾见证过利玛窦在宴会上面对众多持异见者的挑衅所表现的从容和淡定。这场著名的辩论发生在利玛窦与佛教名僧雪浪洪恩法师之间。二者针对天地万物的创造者、人类意识的主体性、人类本性的善与恶等话题进行了针锋相对的辩论。从利玛窦单方面的记载来看，他占了上风，把洪恩气得七窍生烟，虽然这只是关于这场佛教和基督教之间交锋的片面记录，但我们仍可以意识到，这场辩论在南京的文人中间引起了轩然大波，这次辩论也开启了耶稣会士传教士与佛教徒之间的论战。与洪恩辩论中的

---

① 李贽. 李贽文集·焚书·续焚书 [M]. 北京：燕山出版社，1998：378.

观点后来被利玛窦写进了《天主实义》第七章中。

随着日益增长的声望，越来越多的官员和文人慕名而来拜访利玛窦，但他似乎始终保持着清醒的头脑，在 1599 年于南京写给昔日马切拉塔的朋友、耶稣会兄弟高斯塔（P. Costa）的信中，他描写了在中国传教事业发展的缓慢，认为这里"不但不是收获的季节，而且连播种的时期也不是"，由此可以看出在中国进行开拓性传教事业的艰辛，但同时利玛窦也充满乐观的情绪，他认为"中国与其他地方民族有很大的区别，他们是一个聪慧的民族，喜爱文艺，不喜战争，富有天才，目前对他们固有的宗教或迷信等，较以往更持怀疑的态度。因此我以为在很短的时间，可以归化千千万万的中国人"①。他同时也对中国的传教情况有较理性的分析："因此为安全计，应慢慢来，逐渐同中国社会交往，消除他们对我们的疑心，而后再说大批归化之事。"②

在南京的生活使利玛窦备受鼓舞，他再次想到了北京。

十、中国北京——接近核心

在来到中国 17 年后，已经 48 岁的利玛窦于 1600 年开启了第二次进京之旅，希望大展宏图。旅程开始时都比较顺利，得到宦官刘成和漕运总督刘东星的照顾。但很快，利玛窦一行落入了宦官马堂之手。马堂一向以贪婪苛刻而著名，但对声称进京给皇帝贡奉礼物的西方传教士们没有过多刁难，只是对这一行人严加监视。利玛窦一行人于 7 月底 8 月初到达了天津，按惯例，他们必须在此等候皇帝的召见才能进京。圣旨到了，不是接见，而是要求提供一份礼品的清单。清单呈送上去之后，皇帝却没有很快召见这些西方人。此举招致到马堂的猜疑，他开始担心把这些西方人带到天津来是一个错误的决定。在马堂的重重阻挠和干扰之下，利玛窦仍坚持留在天津等待皇帝的进一步命令，他不想放弃任何一线希望。同时，利玛窦也在联络在京任职的昔日友人，可惜没有什么结果。正当失望再次笼罩这位上

---

① ［意］利玛窦. 利玛窦书信集［M］. 罗渔，译. 台北：光启与辅仁大学出版社，1986：256.
② ［意］利玛窦. 利玛窦书信集［M］. 罗渔，译. 台北：光启与辅仁大学出版社，1986：257.

了年纪的传教士时，转机出现了。1601 年 1 月，一份圣旨突然到了，指示这些西方人带着他们的礼物启程前往北京。

利玛窦一行人快马加鞭，连日赶路在 1 月底到达了北京。礼品被郑重地送进了宫里，贡品包括：

时画天主圣像一幅

古典天主圣母像一幅

时画天主圣母像一幅

天主经一册

圣人遗物及各色玻璃、珍珠镶嵌十字圣架一座

万国舆图一幅

自鸣钟大小各一座

三棱镜二方

大西洋琴一张

沙刻漏二具

乾罗经一册

大西洋各色腰带计四条

大西洋布与葛布共五匹

大西洋国行使大银币四枚

犀牛角一支

玻璃镜及玻璃瓶大小共八件①

我们可以想象当这些精致的西方器物出现在万历皇帝面前，他的反应该当如何。否则，利玛窦和庞迪我就不会进入紫禁城外的皇城，在那里指导四个懂数学的太监正确使用和维护钟表；庞迪我也就不会有机会成为四个宫廷太监乐师的老师；利玛窦就不会写作《西琴八曲》。万历皇帝命令两个宫廷画师给利玛窦和庞迪我画像，带进宫里呈给他看。当皇帝看到这些画时，把他们认成回回人。

再没有人敢轻视这位连皇帝都想见一见的西方人。礼部的干预使利玛

---

① 朱维铮. 利玛窦中文著译集 [M]. 上海：复旦大学出版社，2012：234.

窦等人脱离了太监马堂的监视。利玛窦一行人被临时安置在四夷馆居住，并和其他国家来访的使者一起被带到朝廷上拜见皇帝，实际上拜见的只是皇帝的座位，万历皇帝的习惯并没有因为外国人的到来而发生改变。但这些已经足够了，皇帝虽然没有正式下旨留利玛窦等人在京城居住，但口头答应他们以外国使节的身份可以在京城找一处合适的住所定居。朝廷还按月给他们发放生活津贴，相当于明朝官员的俸禄。每四个月发一次，钱数虽然不多，但皇帝的这一举动给了传教士们最大的支持，利玛窦将这视为一个信号，即皇帝已批准他们在北京居住。

有了这一身份的利玛窦如鱼得水，人际交往很快取得了成功。这是他一贯的工作模式，每到一处，先拓展人际关系，结交精英朋友，学习谈话技巧和著书立说。到 1601 年下半年，利玛窦的住所已经是高朋满座了，这些生活在京城的高官不断地前来拜访。利玛窦与他们谈论西方的风俗和法律，只在适当的时机介绍基督教教义；他制作日晷、地球仪、四分仪以及其他天文仪器作为礼物送给来访的朋友们；他四处参加宴会，参与更多的哲学和宗教的讨论和拓展人际关系的活动；他也要经常穿上丝绸袍子回访来客，并奉上礼物。这样的生活模式一直持续到他在北京离世。

在京城不到一年的时间里，利玛窦已经与六卿中的三位建立了关系，此外还有两位内阁大学士。在京城，利玛窦的人际交往达到了新的高度，已经直接与权力核心相接触。但值得注意的是，虽然这些高级官员通常也是传统的学者，被利玛窦所宣传的基督教的社会伦理与儒学的结合而吸引，但是在宗教信仰面前似乎并未表现出足够的兴趣。

但也有些人是被利玛窦的科学知识所吸引，李之藻便是其中之一。当他看到利玛窦的中文版世界地图时，立即被它所吸引，意识到地图中大量的天文和地理知识正是当时的明朝社会所缺乏的。在北京见面后，利玛窦与李之藻相互欣赏很快成了朋友。利玛窦很欣赏李之藻灵敏的头脑，认为李是他在数学上最优秀的两个学生之一。在随后的九年里，利与李合作把不少西方科学著作翻译成了汉语。李之藻成为 17 世纪早期中国最重要的西方科学知识的传播者之一，他也为利玛窦出版和再版的多部作品作序。在当时，作品的名声与发行量随着序跋作者的声名而增加。在利玛窦"以书传道"的过程中，他也从与北京官员的交往中获益。

另一位被利玛窦的科学知识所吸引的是徐光启（1562—1633）。徐光启，字子先，上海吴淞人，1604 年中进士，之后便留在了北京，随后结识了利玛窦。与李之藻不同的是，徐光启来京见利玛窦时已经是一位基督徒了。在此之前，与利玛窦有一面之缘。徐的科举之路走得曲折又艰难，直到 1604 年，以 58 岁的高龄参加殿试考中进士，而徐把这归结于神的奖赏。徐光启是利玛窦最忠实的追随者，他搬到耶稣会士住宅的隔壁，成为耶稣会教堂的常客，且参加基督徒的每个仪式。徐每天都会与利玛窦交谈，向他学习逻辑学和几何学。他催促利玛窦出版更多的著作，"这是唯一使基督教在中国稳定和扩大的方法。"他被利玛窦视为一个有才华的学者、一个模范的基督徒和一个值得信赖的朋友。

从利玛窦那里，徐光启不仅学习了西方历史和文学，还有西方科技。继李之藻后，徐光启是与利玛窦合作传播西方科技著作的另一人。利玛窦与徐光启合作翻译了欧几里得的《几何原本》前六卷。利玛窦在此之前曾三次试图与人合译该书，包括他的好友瞿汝夔，但都没有完成。这个任务在遇到徐光启后才完成，该书于 1607 年得以出版，主要在于徐的不断督促。徐光启还与利玛窦合作完成了《测量法义》（1608），以及为《同文算指》作序。他们的合作由于徐光启父亲的去世而中断。按照大明律法，徐必须辞职三年为父守丧，他们的合作也就此中断。

基督教对明末知识分子有极大吸引力的原因在于基督徒与儒者的结合，而利玛窦与徐光启便是典型的代表。徐光启后来复出任职，而且升迁到礼部尚书和内阁大学士之位，成为进入天主教会职位最高的官员。上海的徐家汇，即当年徐家所在地，不久发展成了中国天主教的一个主要据点。

1601 年利玛窦与中国官员冯应京（1555—1606）的第一次相见是在监狱里，尽管二人之前已有过交集但未曾谋面。冯是京城里的名人，来自凤阳，即明朝建立者朱元璋的故乡，曾任湖广省的武昌御史。冯为人正直、诚实且坚持原则，代表着理想的儒家官员的形象。但由于明朝末年，宦官专政，到处横征暴敛，冯在不停上奏之后，被诬入狱。利玛窦在第一次拜访了狱中的冯应京后，便建立起了亲密的友谊，在此后的三年里，利玛窦定期探访这位狱中官员，并把自己的著作送给他，同时向他宣讲教义，直到冯于 1604 年被释放。

1604 年，利玛窦出版了介绍古希腊斯多葛派哲学的《二十五言》，该书是由埃皮克提图（Epictetus）的拉丁文著作《手册》（*Enchiridion*）翻译过来，利玛窦将其基督化了。埃皮克提图是古希腊的斯多葛派哲学家，他宣扬说所有外在的事件都是由命运决定的，个人是无法控制的，个人只能冷静地接受发生的任何事情，一个人只有通过自我反省才能检讨，只有通过自律才能控制自己的行为，痛苦来自试图控制无法控制的事情，或者忽略在我们能力范围内的事情。该书的出版得到了冯应京的资助。冯在狱中便读了此书的手稿，还为其作序，在此基础上徐光启作了跋文。该书因为没有对任何宗教派别进行攻击而获得了很大的成功。

1608 年利玛窦重刻了《畸人十篇》，该书以利玛窦来华多年的经历为基础，以十个对话为内容，在这些对话中能够看到与利玛窦交往的各位社会名流的影子，如前文提到的章潢、雪浪洪恩大师等。该书出版的年份正值明朝三年一度的地方官员赴京接受考核的时间，随着官员们的返回，包括该书在内的利玛窦的一系列中文著译作品被带到全国各地，基督教的教义也随之远播。

在利玛窦所有中文作品中，最受欢迎且影响最大的就是他的世界地图。来到北京之后，利玛窦再次对地图进行修订，绘制也更加精美，尤其是 1602 年献给万历皇帝的《坤舆万国全图》，代表着利玛窦世界地图的影响达到了巅峰。1608 年，万历皇帝又命令宫中的太监按照利玛窦的原图临摹了两份，存于宫中。现存于南京博物院的《坤舆万国全图》就是 1608 年的复制品之一。献给朝廷的世界地图再一次巩固了耶稣会在北京的地位，以至于在当时的罗马有这样的传言"连中国皇帝也成了基督徒！"显然这种说法是言过其实的，但也不难发现，在利玛窦的带领下，耶稣会中国传教团所取得的成绩是令人欢欣鼓舞的，他们已经在明朝的权力中心——北京站稳了脚跟。

在生命结束前几年，利玛窦似乎已经对自己的将来有了预感。他在抓紧回忆在中国所经历的一切，把这些写进了《基督教远征中国史》一书中。这本书的手稿在利玛窦去世后被金尼阁（Nicolas Trigault）发现，金尼阁对其手稿进行了整理和补充后，于 1615 年在罗马出版，为耶稣会中国传教团的历史作了翔实的注解。

1610 年又是一个外地官员进京接受考核的年份，利玛窦依旧每天接待来自全国各地的官员，与他们聊天，谈西方的历史、政治、哲学以及所有他们感兴趣的话题，偶尔也对教义进行解释。这样的工作对于已经 57 岁的利玛窦来说是超负荷的，每天工作结束时，他都感到筋疲力尽。终于，利玛窦病倒了，他自己也意识到剩下的时日不多。在安排好身后之事后，利玛窦于 1610 年 5 月 11 日逝世，享年 58 岁。

利玛窦去世后，耶稣会的伙伴们听从中国官员的建议，请求朝廷赐一块墓地安葬这位远道而来的西方儒士。出乎意料地，请求获得了批准，还另拨一笔安葬费用。这是明朝首次允许外国人埋葬在他的土地上，更彰显了利玛窦的特殊地位。利玛窦墓位于北京西郊的阜成门外，现在位于北京市委党校（北京行政学院）内的滕公栅栏墓地（Chala）。经历了 400 多年的岁月洗礼，在刻有汉语和拉丁语墓志铭的大理石下，利玛窦仍然安静地躺在这片他付出了近三十年光阴的土地上。陪伴他左右的分别是汤若望（Johann Adam Schall von Bell，1592—1666）和南怀仁（Ferdinand Verbiest，1623—1688）的墓碑。他的名字仍然被很多人记起和纪念，他的一切仍然吸引着学者的关注和研究。

第二节　利玛窦西学汉译作品概览

一、利玛窦西学汉译作品的主要分类

根据费赖之（Louis Pfister）的《在华耶稣会士列传及书目》的统计，利玛窦生前所著译的中文作品共 29 种，其中包含正式出版的中文著译作品、

非公开发表的信札、奏疏以及由金尼阁整理发表的《基督教远征中国史》
等。① 在《利玛窦中文著译集》中，朱维铮表示利玛窦生前公开发表的作
品，主要是中文著译，现存的至少有 19 种，涉及的范围包括神学、哲学、
数学、天文学、舆地学、音乐学、语言学和文学等多个方面。②

综合现有文献，可考的利玛窦西学汉译作品（含合作）主要有 23 种，
分类如下：

科技作品：《山海舆地（全）图》《世界图志》《舆地山海全图》《坤舆
万国全图》《两仪玄览图》《乾坤体义》《浑盖通宪图说》《几何原本（六
卷）》《测量法义》《同文算指》《圜容较义》《理法器撮要》

宗教作品：《天主实录》《天主实义》《畸人十篇》《辩学遗牍》《斋旨》

语言文字作品：《葡华字典》《西国记法》《西字奇迹》

伦理作品：《交友论》《二十五言》

其他：《上大明皇帝贡献土物奏》（奏疏）

由以上分类可见，利玛窦的西学汉译作品以科技类为主，共计 12 部，
除《理法器撮要》在其生前未正式出版外，其余正式出版的有 11 部。其次
是宗教作品，共计 5 部，其中影响力最大的是《天主实义》。他是采用拉丁
字母为汉语注音的第一人，并与罗明坚合作编写了第一部《葡华字典》。③
他还首创了中西译者合作翻译介绍西方科技文献的历史，与李之藻和徐光
启有过紧密合作。他是把儒家思想译介入西方的首位译者，曾把《四书》
译成拉丁文（1593 年），开了将中国典籍介绍到西方的先河。

二、利玛窦西学汉译作品的刻印信息

现根据《在华耶稣会士列传及书目》《利玛窦中文著译集》以及《利玛
窦书信集》中提及的中文著译作品，列表如下：

---

① ［法］费赖之. 在华耶稣会士列传及书目（上、下）［M］. 冯承钧，译. 北京：中华书局，
1995.

② 朱维铮. 利玛窦中文著译集［M］. 上海：复旦大学出版社，2012：2.

③ 马祖毅. 中国翻译简史——五四以前部分［M］. 北京：中国对外翻译出版公司，1997：
263.

表 1-1 史料可考利玛窦中文著译作品列表

序号	作品名称	印制时间	印制地点	备注
1	《葡华字典》	1583—1588 年	肇庆	与罗明坚合作完成
2	《山海舆地（全）图》	1584 年初刻	肇庆	
		1596—1598 年重刻	苏州	
		1600 年重刻	南京	
		1604 年缩刻	贵州	
3	《畸人十篇》	1584 年初刻	肇庆	
		1608 年重刻	北京	《西琴八曲》（《西琴曲意》）一卷，附于《畸人十篇》之后。
		1609 年重刻	南京	
		1609 年重刻	南昌	
4	《天主实录》	1585 年	肇庆	与罗明坚合作完成。
5	《西国记法》	1595 年	南昌	
6	《世界图志》	1595 年	南昌	
7	《交友论》	1595 年初刻	南昌/凤阳	利玛窦本人曾将此本译为意大利文，1885 年有新刻本，在马切拉塔城出版。
		1599 年重刻	南京	
		1603 年重刻	北京	
8	《舆地山海全图》	1596 年初刻	南昌	
		1598 年重刻	杭州	
9	《乾坤体义》	1599 年初刻	南京	本书的下卷与《圜容较义》内容相同。
		1601 年重刻	北京	
10	《上大明皇帝贡献土物奏（奏疏）》	1601 年	北京	利玛窦入京进呈贡物请许留居北京之表文。
11	《浑盖通宪图说》	1601 年	北京	由李之藻笔述。
12	《坤舆万国全图》	1602 年	北京	由李之藻刻。

序号	作品名称	印制时间	印制地点	备注
13	《天主实义》	1603 年初刻	北京	多个刻本有李之藻、徐光启、冯应京等撰序。
		1604 年重刻	北京	
		1605 年重刻	杭州	
14	《两仪玄览图》	1603 年	北京	
15	《二十五言》	1604 年	北京	前有冯应京、徐光启序。
16	《西字奇迹》	1605 年	北京	用拉丁文给汉字注音的著作。
17	《几何原本（六卷）》	1607 年	北京	与徐光启合译。
18	《测量法义》	1607 年之后	北京	与徐光启合译。
19	《辩学遗牍》	1609 年	北京	主要是对杭州僧人袾宏之攻击做出的回应，有李之藻跋。后人证实该卷中仅有部分为利玛窦所作。
20	《斋旨》	1609 年	北京	
21	《同文算指》	1614 年	北京	与李之藻合译。
22	《圜容较义》	1614 年	北京	与李之藻合译。
23	《理法器撮要》	刻印时间不详	地点不详	该书收录进朱维铮的《利玛窦中文著译集》，并对其渊源进行了推测，认为该书可能是利玛窦的未刊稿，或后人所作利玛窦已刊译著摘要，在明末传抄过程中后人又对其内容进行了添补。

第三节　利玛窦西学汉译活动的总体特征

　　利玛窦西学汉译作品主题丰富，形式多样，现从译介内容、译本选择、译作形式及译介方式等方面对其总体特征进行描述。

一、译介内容

根据法国学者费赖之的《在华耶稣会士列传及书目》的统计，明末清初来华的传教士中，知名的共有70名以上，由西文译成中文的著作多达300多种，其中涉及宗教和科技的译著各占一半左右。比较有代表性的传教士有利玛窦、汤若望、罗雅各和南怀仁，仅此四人的译著就达到75部之多，内容涉及宗教、天文学、数学、物理、军事技术、医学、生理学、生物学、舆地学、语言学和文学等多个领域。① 如此可见明末清初来华传教士翻译的规模之大和主要译介内容之广。他们不仅将西方宗教和科技著作翻译成中文，还将中国典籍译入西方，形成了翻译活动和文化交流的双向性。

利玛窦的西学汉译作品以科技为主，如《山海舆地（全）图》《舆地山海全图》《坤舆万国全图》《两仪玄览图》《几何原本》《浑盖通宪图说》《同文指算》《乾坤体义》《测量法义》《圜容较义》《理法器撮要》等，涉及地理、数学、天文、几何、物理等领域。涉及宗教主题的作品有五部，分别是与罗明坚合作的《天主实录》以及独立完成的《天主实义》《斋旨》《辩学遗牍》与《畸人十篇》。其他作品如《交友论》和《二十五言》属于伦理学，《西国记法》和《西字奇迹》属于语言文字学，《畸人十篇》所附《西琴八曲》则为音乐作品，属于艺术领域。

二、译本选择

在译本选择的问题上，利玛窦的译者主体性经历了一个由隐性到显性的过程。在早期的翻译活动中，利玛窦的翻译活动常受人之邀而进行，比如在广东肇庆译介世界地图是受王泮之请，在南昌编译《交友论》是受建安王之请，在南昌写作《西国记法》是受陆万垓之请。因此早期利玛窦的著译作品主题并非以宗教为主，而是涉及各种世俗主题。利玛窦最重要的宗教著译作品《天主实义》则经过了漫长的写作和修改过程才正式在中国出版。但在后期的译介活动中，利玛窦的译者主体性逐渐得以凸显。利玛

---

① ［法］费赖之. 在华耶稣会士列传及书目（上、下）［M］. 冯承钧，译. 北京：中华书局，1995.

窦与徐光启合译《几何原本》一书，只完成了该书的前六卷，尽管徐光启希望能够全部译完，但遭到了利玛窦的拒绝，理由是"先传此，使同志者习之，果以为用也，而后徐计其余"①。而根据《利玛窦中国札记》所述："利玛窦神父认为就适合他们的目的而言，有这六卷就已经足够了。"② 由此可见，后期利玛窦在选择译本时具有较强的目的性。在此学术传教路线的影响下，在北京定居后，利玛窦与徐光启、李之藻等合作翻译了大量数学、天文和物理作品。

三、译作形式

利玛窦西学汉译的形式以节译、编译、著译（译写）为主。节译主要指节取某部作品的部分进行翻译，如利玛窦与徐光启合译的《几何原本》前六卷就属于节译。编译主要指从不同源语作品中摘录部分内容编译成新作品的形式，如《交友论》就是从西方著述中摘取关于友谊的格言和警句，译成中文后编辑而成的小册子。《西琴八曲》也属于编译的作品，收录了八首西琴乐曲，供宫廷乐师演奏。由利玛窦和李之藻合译的《同文算指》，据考证是根据德国数学家克拉维乌斯的《实用算术概论》与程大位的《算法统宗》等书编译，包括前编二卷、通编八卷和别编一卷。利玛窦大部分西学汉译作品属于著译，因此朱维铮将其作品集命名为《利玛窦中文著译集》。从译介世界地图到《西国记法》，从《天主实义》到《畸人十篇》，常常融入了利玛窦对中国的观察、理解和思考，充分体现了利玛窦的西学基础和中文写作能力。

四、译介方式

除独立著译作品外，在西学汉译的过程中，利玛窦与中国士大夫的合作翻译形成了大量的翻译成果，也产生了深远的影响。徐光启是明末著名的科学家和思想家，他也是利玛窦在华友人中关系最亲密、成就最杰出的

---

① 朱维铮. 利玛窦中文著译集 [M]. 上海：复旦大学出版社，2012：2.

② ［意］利玛窦. 利玛窦中国札记 [M]. 何高济，王遵仲，李申，译. 北京：中华书局，1983：517－518.

一位，在吸收西方文化成果方面做出了创造性的贡献。在数学方面，利玛窦与徐光启合译了《几何原本》（前六卷）及《测量法义》一卷。利徐二人也确实如《交友论》所说的那样，彼此各以对方为"第二我"，彼此"视友如己"。虽然他们的目标不同，但彼此之间的需求关系，使他们的合作达到了一种具有文化交流示范意义的水准，他们谱写了中西文明交流史上不可逾越的一章。① 李之藻是另一位与利玛窦合作密切的中国学者，他与利玛窦合译的《圜容较义》，对圆的内接和外接进行了专门的论述。笔算重新开始在中国普及始自利、李二人合作编译的《同文算指》。李之藻在去世的前一年（1629 年，崇祯二年），编刻了我国第一部西学译著丛书《天学初函》。该丛书收集了明末西学译著文献 20 种，52 卷，宗教、科学各 10 种，有力地推动了西学在华的传播。

利玛窦带着传教的愿景来到中国，在此定居近三十年之久，先后居住在肇庆、韶关、南雄、南京和北京等城市，最终埋葬在中国的土地上。尽管其传教事业"筚路蓝缕""披荆斩棘"，但留下的中文著译作品却成为中西文化交流史上的宝贵财富，历时四百余年，仍吸引着众多研究者的关注。

---

① 孙尚扬. 利玛窦与徐光启 ［M］. 北京：中国国际广播出版社，2009：3.

第二章
利玛窦文化适应策略

文化适应的传教策略由时任耶稣会亚洲区巡视员的范礼安神父提出，在当时的耶稣会是创新之举，他认为传教士应该学习所在国家的语言及生活方式，适应当地习俗，尊重当地传统。汉学家德礼贤（Pasquale D'Elia）将其文化适应策略描述为：

> 很明显他的目的不是把远东人民"欧洲化"，而是在遵守耶稣会教义和规范的前提下，让传教士们在印度成为印度人，在中国成为中国人，在日本成为日本人，即适应本地的衣食习惯和社会习俗。简而言之，只要不违反教规，一切皆可适应。①

利玛窦继承了范礼安的文化适应策略，将其应用于中国的传教工作中，并创造性地提出学术传教的路线，将文化适应策略具化为思想适应、语言适应、礼仪适应和生活适应等方面，为西学在中国的传播带来重要影响。

---

① D'ELIA P，RICCI P M. Storia dell' introduzione del cristianesimo in Cina［M］. Rome：Libreria dello Stato，1949：introduction XCIII.

第一节　文化适应策略的形成

一、文化适应策略形成的过程

关于初入华耶稣会士着僧服有来自中国和西方的史料描述①。从现有的文献和研究看，罗明坚和利玛窦着僧服入华有其传统渊源和现实策略需要。大部分耶稣会士均出身贵族，走上层路线是他们的主要传教策略。在当时的亚洲传教区，僧侣在印度和日本均享有较高的社会地位，特别是在日本，僧侣常是社会精英阶层的代表，因此在日本的耶稣会士通过着僧服迅速地融入了当地的主流阶层。范礼安指示即将入华的中国传教团着僧服、刮去发须，以最直接的方式表现耶稣会的宗教性质。他的策划与中国官员的要求不谋而合。罗明坚在写给澳门传教团的信中提到中国官员希望他和利玛窦能够穿僧侣的衣服，当时他们以为中国的僧侣和日本一样享有较高的社会地位，便没有提出异议。② 利玛窦在澳门写给总会长阿桂委瓦的信中也介绍了罗明坚和巴范济初入中国内地的情形：

> 他们被中国官吏接见多次，知府对他们非常怀疑，而且不可获得在那里居留；但知府的上司，即两广总督会给他们提出一些问题，他们答应说"是"之后，便准许他们在那里居住，并提供食宿；尤其神父们声明愿作中国皇帝的顺民时为然，他们应该更换衣服，神父们以为这样很好，于是他把北京和尚的服装赐给他们，这是他所能恩赐最体面的服饰了。③

---

① 张尔歧. 蒿庵闲话［M］. 台北：商务印书馆，1976：9；［意］利玛窦. 利玛窦中国书信集［M］. 罗渔，译. 台北：光启与辅仁大学出版社，1986：124.

② ［法］裴化行. 利玛窦评传［M］. 管震湖，译. 北京：商务印书馆，1993：82.

③ ［意］利玛窦. 利玛窦中国书信集［M］. 罗渔，译. 台北：光启与辅仁大学出版社，1986：40.

　　由此，在内外两种因素的综合作用下，西方的耶稣会士换上僧袍，以"西僧"的身份走进中国，在广东肇庆定居下来，开始了未知的传教之旅。

（一）身份困惑

　　从 1583 年到 1595 年的 12 年间，以罗明坚和利玛窦为代表的早期来华耶稣会士一直以"西僧"的身份在华生活。虽然利玛窦在晚年的回忆录（《利玛窦中国传教史》）中对此几乎略而不提，但不可否认的是，这是初入华的耶稣会士们探索天主教与明末中国文化相结合的一个重要阶段。但"西僧"身份的确立显然是从外表服饰的改变开始的，耶佛两种文化在由外而内的接触中所产生的冲突与碰撞，也许是早期来华耶稣会士所未料及的。

　　定居在肇庆的罗明坚和利玛窦很快取得知府王泮的信任，新建的别院获得王泮题的两块匾，一是"仙花寺"，二是"西来净土"。初入华的传教士受到官员的如此礼遇，沉浸于初战告捷的喜悦之中，便默认了"寺"和"净土"的称谓。而后的中文教理著作更加强化了他们"西僧"的身份。《天主实录》是在利玛窦的协助下，由罗明坚写成的第一部中文护教著作，初版刻于 1584 年。其中，罗明坚自称"西僧"来自"天竺"，并大量借用佛教术语解释天主教教义，如用"出家者""入道之僧"等指耶稣会士，用"得道之人"指圣人，另有"轮回""投胎"等佛教术语。方豪认为传教士使用"僧"字并不代表依附佛教之义，但也不排斥佛教。① 显然"不排斥佛教"的说法有待商榷，罗明坚《天主实录》的最初版本中就已对佛教的天堂地狱说和轮回说加以了批判。在《利玛窦中国传教史》中提到该书"驳斥了偶像崇拜者的错误"②。这里提到的就是《天主实录》的初版，"偶像崇拜者"指的就是佛教徒。早期来华耶稣会士对佛教的批判是基于对佛教教义的理解之上的。据张西平的考证，现存中国国家图书馆的《天主教教义》一文实为早期来华传教士在华期间抄写的一篇佛教经文，属于《佛顶尊胜陀罗尼经》，但内容更简单，抄写者并非罗明坚和利玛窦，疑为麦安

---

　　① 方豪. 中西交通史［M］. 台北：文化大学出版社，1983：993；李新德. 从西僧到西儒——从《天主实录》看早期耶稣会士在华身份的困境［J］. 上海师范大学学报（哲社科版），2005（1）：89.

　　② ［意］利玛窦. 利玛窦中国传教史［M］. 刘俊余，王玉川，译. 台北：光启与辅仁大学出版社，1986：139.

东或孟三德神父。该文献是耶稣会士入华不久，仍以"西僧"名义展开活动时期的文献，是他们学习中文的一个读本，同时也是他们学习佛教教义的见证。① 由此可见，耶稣会传教士并非一入华便与佛教划清了界限，而是在不断适错的过程中发现僧侣在中国的地位和名声，并逐渐形成"补儒易佛"策略的。②

一方面他们对外自称"西僧"，来自"天竺"，并以和尚的面目示人，其所恪守的清规也与和尚并无二致，且借用佛教术语论证天主教义；另一方面又对佛教的教义加以批判，宣称"我们的教义与规律正是与他们完全不同"③，试图与佛教划清界限，这种内外的不一致构成了早期来华耶稣会士的身份困惑。身份不明直接导致传教效果不佳，在最初的几年里，肇庆的官员和百姓均把他们视为"洋和尚"，受到了各种挑衅和诬陷，生存尚且艰难，何谈传教。但从另一个角度来看，"洋和尚"的身份对早期入华耶稣会士们又何尝不是一种保护，以"僧"的身份掩盖了"洋"和"耶稣会士"的真实身份，才在晚明的广东得以居留下来，为后来传教事业的发展奠定了基础。

（二）自我反思

事实上，早在 1584 年利玛窦等人入华后不久，便意识到"儒教"在中国社会的地位。他在写给西班牙税务司司长罗曼先生的信中介绍：

> 中国共有三个教派，一为"释教"，一是"道教"和"儒"教，而以后者最出名，他们不信灵魂不死，而且讥笑其他两派的教义以及鬼神，他们只感谢"天"与"地"，因为他们由此而获得了不少恩惠，但并不向"天""地"要求天堂的福乐。④

① 张西平. 利玛窦的《天主教教义》初探 [J]. 中国文化研究，2005（夏卷）：127.

② 李新德. 从西僧到西儒——从《天主实录》看早期耶稣会士在华身份的困境 [J]. 上海师范大学学报（哲社科版），2005（1）：91.

③ ［意］利玛窦. 利玛窦中国书信集 [M]. 罗渔，译. 台北：光启与辅仁大学出版社，1986：153.

④ ［意］利玛窦. 利玛窦中国书信集 [M]. 罗渔，译. 台北：光启与辅仁大学出版社，1986：56.

自我反思主要表现在利玛窦对佛教教义的批判上。1584 年，由罗明坚主要编写的《天主实录》正式出版印刷，他在向总会长阿桂委瓦神父报告时，强调该书得到了中国官员的褒奖。① 利玛窦也在多封信中提到该中文著作在中国很受欢迎，认为其条理分明，文词相当优美。② 但同时也介绍该书驳斥了中国主要的宗教思想（佛教），也对中国所有的种种恶行与罪愆（迷信）加以斥责。③

1589 年传教士被迫由肇庆迁往韶州，利玛窦在写给范礼安的信中详细描述了他们被安顿在南华寺，但拒绝向偶像行礼，并与和尚保持距离的细节，由此表明他们与中国和尚的信仰格格不入。④ 虽然利玛窦正式着儒服是在 1595 年，但在 1592 年的一封信中已流露出对"西僧"身份的不满。"洋人、和尚和道士在中国并不受尊重，因此我们不能以和尚、道士之流出现"。⑤

张晓林对利玛窦反对佛教的理由进行了归纳，认为佛教一直构成中国文化阶层精神生活的另一向度，是天主教进入中国的一个直接的竞争对手，利氏希望通过排佛，最终以天主教取代佛教和道教在中国文化中的地位。⑥ 无论动因如何，利玛窦对佛教越来越严厉的批判是不争的事实。从最初《天主实录》刚出版时的赞美之词与成功的自信，到后来考虑撰写传教著作的替代品《天主实义》，再到全面销毁《天主实录》的刻版，利玛窦在不断加快与佛教划清界限的步伐。这种自我反思很大程度上来源于对传教效果的不满，用利玛窦的话来说，传教事业还在"拔除毒草"的开荒阶段，⑦ 于

---

① ［意］利玛窦. 利玛窦中国书信集［M］. 罗渔，译. 台北：光启与辅仁大学出版社，1986：59.

② ［意］利玛窦. 利玛窦中国书信集［M］. 罗渔，译. 台北：光启与辅仁大学出版社，1986：59.

③ ［意］利玛窦. 利玛窦中国书信集［M］. 罗渔，译. 台北：光启与辅仁大学出版社，1986：64.

④ ［意］利玛窦. 利玛窦中国书信集［M］. 罗渔，译. 台北：光启与辅仁大学出版社，1986：95.

⑤ ［意］利玛窦. 利玛窦中国书信集［M］. 罗渔，译. 台北：光启与辅仁大学出版社，1986：124.

⑥ 张晓林.《天主实义》的天佛（道）对话［J］. 西北师范大学学报（哲社科版），2002（4）：7 - 8.

⑦ ［意］利玛窦. 利玛窦中国书信集［M］. 罗渔，译. 台北：光启与辅仁大学出版社，1986：256.

是传播路径亟待调整。

如果说从"耶稣会士"到"西僧"的转化是由外而内的文化适应，那么由"西僧"向"西儒"的转化则是由内而外的文化自觉。根据费孝通的观点，文化自觉是指生活在一定文化中的人对其文化有"自知之明"，即人要对自身所处的特殊文化语境有一定的认知能力，理解其历史、现状及未来，用客观的眼光来看待该文化的一切。① 张冉进一步将文化自觉解释为民族集体对文化认同、比较、反思、批评和创新的实践活动。② 从文化自觉的视角来看待早期来华耶稣会士的活动，不难发现，在晚明社会儒学仍是主流文化，正确认识儒学的地位及要义对于耶稣会士来说是理解中国文化的关键。在华传教，直接传播天主教教义或者比附佛教术语都不是最佳的选择，找到与儒学的融合之道才能为传教事业打开新的局面。因此，耶稣会士的文化自觉是建立在对儒学的认知、认同、思考、比较和重建的基础之上，二次易服便成为必然的结果。

（三）自我觉醒

自我觉醒源于对儒学经典的深入理解。从认识到儒学在中国社会中的重要地位到阅读和翻译"四书"，再到撰写《天主实义》中引用儒家经典论证天主教教义，是来华耶稣会士对儒家教义的认知不断深化的过程。

利玛窦在入华不久后便对儒学在中国社会的地位有了认识。1584 年 9 月 13 日他在广东肇庆写给西班牙税务司司长罗曼先生的信中谈到中国的宗教与教派时，已认识到儒教在中国最为出名，但他们不信灵魂不死之说，与释、道的观点也不同。③ 虽入华仅一年，利玛窦已经清楚了儒学与佛教和道教之间的差异，同时也深知儒学的"不信灵魂不死"成为其与天主教融合的鸿沟。

利玛窦等人在逐渐意识到"西僧"身份局限的同时，对儒学的认知也在不断加深。应视察员范礼安神父的要求，利玛窦着手将"四书"译成拉丁文，在谈到翻译的进程和感受时，利玛窦认为该翻译对中国和日本的传

---

① 费孝通. 反思·对话·文化自觉 [J]. 北京大学学报（哲社科版），1997（3）：22.

② 张冉. 文化自觉论 [D]. 武汉：华中科技大学，2010：I.

③ [意]利玛窦. 利玛窦中国书信集 [M]. 罗渔，译. 台北：光启与辅仁大学出版社，1986：56.

教士非常有用。① 显然，利玛窦所谓的"有用"定是发现了儒学与天主教教义相契合之处。对"四书"的阅读和翻译为利玛窦后来撰写《天主实义》打下了理论的基础。随即，他便开始用中文撰写《天主实义》，试图用"自然推理证明教义为真"②。

利玛窦在晚年回忆录中也意识到其实儒教只是一种学派，其主要目的是齐家治国，在伦理方面与天主教有着许多共通之处。③ 事实上，利玛窦清楚地认识到耶儒之别，但他仍然从儒学的伦理道德中找到了与天主教教义的共鸣之处，从而走上"合儒""补儒"的道路。尽管这种耶儒融合可能是特定时空中的"自说自话""从未实现真正的交流"④，但"补儒易佛"仍然是利玛窦等人在深入了解中国文化结构后做出的主动选择。与进入"西僧"身份时的仓促、妥协与被动相比，"西儒"身份的确立经历了由内而外的主观自觉。

（四）身份重构

当认识到"我们从事文人的工作，我们学有专长"之后，利玛窦等人遵从内在的变化，通过第二次易服实现了由"西僧"到"西儒"身份的转变。

利玛窦正式着儒服的记载见于 1595 年 8 月 29 日写给澳门孟三德神父的信中："我们已决定放弃僧侣的名称，而取文人的姿态，因为'僧人'在中国人眼中身份很低而卑贱。"⑤ 这是利玛窦明确地记述蓄须留发、着儒服的记录，他在信中还详细地描述了晚明儒服的式样以及第一次着儒服拜访在江西的广东官员的情景。利玛窦利用宴会的时机，向官员说明自己学有专长，表明真正身份，解释天主教与佛教教义的差异。

---

① ［意］利玛窦. 利玛窦中国书信集［M］. 罗渔，译. 台北：光启与辅仁大学出版社，1986：135.

② ［意］利玛窦. 利玛窦中国书信集［M］. 罗渔，译. 台北：光启与辅仁大学出版社，1986：139.

③ ［意］利玛窦. 利玛窦中国传教史［M］. 刘俊余，王玉川，译. 台北：光启与辅仁大学出版社，1986：86 - 87.

④ 刘耘华.《"明末清初中西文化对话论"质疑》［N］. 光明日报，2005 - 07 - 19 (8).

⑤ ［意］利玛窦. 利玛窦中国书信集［M］. 罗渔，译. 台北：光启与辅仁大学出版社，1986：153.

利玛窦"西儒"的身份重构对于以"规矩严明、绝对服从"为宗旨的耶稣会的影响是较为深远的。儒者的身份提高了耶稣会士们的社会地位，交友更加广泛，为后来以德传教、以礼传教、以器传教、以文传教等策略的实施奠定了基础。以"西儒"的身份进入中国传教也成为耶稣会的传统，著书立说，从事翻译，促进双方的科技和文化交流，成为明末清初中西文化交流史上浓墨重彩的一笔。

以罗明坚、利玛窦为代表的晚明入华耶稣会士经历了从"耶稣会士"到"西僧"再到"西儒"的身份转变，其背后的文化意义值得深入思考。在罗明坚时代，"西僧"的身份既是一种保护，又因其内外的不一致造成身份不明，导致猜疑与误解。利玛窦一方面严格划清与佛教的界限，另一方面加深对儒学的认知，寻找耶儒融合的路径。从最初面对陌生文化的妥协适应，到深入理解中国社会后的文化自觉，耶稣会士们经历了身份困惑、自我反思、自我觉醒与身份重构四个阶段后，开启了中西文化交流史上的第一个高潮时期。

从以上的转变，我们可以清晰地看到，明末来华耶稣会士的传教策略发生了重大的改变，由最初的"反对佛教"，逐渐演变为"反对佛教，融合儒教"，到最后的"反对佛教、反对新儒教、融合古儒教"。尽管有评论说传教士采用"合儒""补儒"的策略是一种文化上的屈服，并非心甘情愿的结果，或许有牵强附会、自说自话的嫌疑，但不可否认的是，这种策略上的变化体现了传教士对儒家教义理解的逐步深入，而且基督教和儒教中对于道德、礼仪、规范等认识的共同点也构成了"合儒""补儒"的文化适应传教策略的基础。

利玛窦在中国的传教策略是随着传教士们对自身身份的认知不断清晰而变化和发展的，同时这也是对中国社会文化深入了解的结果。在来华传教的初期，罗明坚和利玛窦以"西僧"自居，试图以"僧人"的宗教身份来拉近与中国民众的距离，移除外国人身份带来的陌生感。然而"西僧"的身份并没有给传教带来便利，相反，因为对佛教教义的猛烈抨击，传教士们的身份变得矛盾又尴尬。一方面，他们着僧服、净发、剃须、遵守清规戒律，看起来跟佛教中的僧人无异；但另一方面，他们坚称基督教义与佛教有着本质的不同，佛教号召偶像崇拜，而基督教只信奉宇宙唯一的神

——耶稣。传教士们为了阐明自己的教义，还出版了教理问答书《天主实录》，但其中充斥着的佛教词汇，如"天堂""地狱""轮回"等，往往又使读者将其与佛教教义联系起来。

身份的认知不清导致耶稣会士在中国的传教工作迟迟难以取得较大的进展。这种困难的局面随着传教士由"西僧"向"西儒"的身份转变而得以改善。易僧袍，换儒服，蓄发，留须，学习"四书""五经"，遵循儒生礼仪，广泛与儒家名士交际，这些为进一步明确身份而做的努力很快就得到了回报。利玛窦在新编教理问答本《天主实义》中摒弃了大量的佛教术语，并试图从古代儒家经典中寻找观点对基督教的教义进行解释，寻求基督教教义与儒教教义的统一和融合，取得了很大的成功。至此，"合儒""补儒"的文化适应传教策略已经形成，这成为利玛窦时代和后利玛窦时代很长一段时间里传教士在华传教的主要策略。

二、文化适应策略形成的原因

(一) 主观认知

最初来华传教士的个人智慧与语言天分为他们传教提供了便利条件。为顺利在华传教，罗明坚与利玛窦两位先驱均努力地学习过汉语。利玛窦凭借其良好的中文水平，以及对中国古代典籍的深入研究，从而确立"合儒""补儒"的传教手段。当时的西班牙耶稣会士桑切斯在提到利玛窦时这样写道：

> 利玛窦是意大利人，但在各方面与中国人极为相似。他有聪明的才智，有中国人极为注重的性灵、温顺与文雅，尤其有广博的见识和极佳的记忆力，他就是一个中国人。作为一位优秀的神学家和天文学家，利玛窦令他们（中国人）非常敬重。[①]

利玛窦在 1583 年写给罗马巴都阿德·富而纳里神父的信中，就提到了

---

① 转引自 ［美］夏伯嘉. 利玛窦：紫禁城里的耶稣会士 ［M］. 向红艳，李春园，译. 上海：上海古籍出版社，2012：76.

他学习中文的经历及对中文的认识。信中写道:

> （刚一到澳门），我立刻学习中文，您要知道中国语文较希腊文、德文都难；在发音上有很多同音而义异之字，许多话有近千个意义，除掉无数的发音外，尚有平上去入四声；在中国人之间，有时还须借笔写以表达他们的思想，但文字在他们之间并无分别。不过中国文字的构造实难以形容，除非亲眼见、亲手去写，就如我们今天正学习的，真不知从何说起。有多少话、多少事，便有多少字，好像七万左右，彼此都不一样，非常复杂……所有的话都是单音的，他们的书法几乎等于绘画。因此他们用刷子（指毛笔）写字，正如我们用它画画一样。虽然如此，不少国家使用它，虽然说话大不一样，也没有我们所有的字母，但在书写上或在书籍上，不少使用它，如日本、越南与中国，彼此国籍不一，语言也不大相同，但在文字方面却相同。①

利玛窦还很快认识到文人在中国的社会地位，只有知识分子才能在中国谋取官职，获取较高的社会地位。他也因此而推论"这就是为什么科学在中国不发达的原因"②。

至 1585 年下半年，利玛窦已经可以不用翻译，直接和任何中国人交谈，用中文写书和诵读也"差强人意"。即使这样，利玛窦仍然感慨中文之难:

> 中国字完全是象形的，即每一个东西都有自己的名字，所以都有不同的字去表达，因此中国字可谓多得不可计。单字不会少于六万，尚有新字增加，这些字非常难学，每一字也都复杂得很。中国十五行省都用同一的文字，但每省发音不全一样，各地都有方言；这里较多用的语言，称作"官话"，即官场所用的话之意。我们目前所学习的，正是这"官话"。③

---

① ［意］利玛窦. 利玛窦中国书信集［M］. 罗渔，译. 台北：光启与辅仁大学出版社，1986：31－32.

② ［意］利玛窦. 利玛窦中国书信集［M］. 罗渔，译. 台北：光启与辅仁大学出版社，1986：32.

③ ［意］利玛窦. 利玛窦中国书信集［M］. 罗渔，译. 台北：光启与辅仁大学出版社，1986：109.

利玛窦的个人魅力随着传教事业在南昌的顺利发展而不断传播。人们对他惊人的记忆力感到敬佩。他通过复述事先按照杂乱顺序展示给他的汉字而让其中国拜访者印象深刻。南昌的文人也对这个外国人整段背诵儒学经典的能力感到佩服，为利玛窦可以倒着背诵任何段落的壮举所震撼。在利玛窦写回国的信中，我们可以看到这样的叙述："对我感到满意的是白鹿书院的读书人，他们待我十分客气与景仰，对人生与身后重大问题常和我辩论，但最后他们常是认输。"①

学者章潢在其重要著作的汇编集《图书编》中摘录了利玛窦的作品，并写道："近接瞿太素，谓曾游广南，见一僧，自称胡洛巴人，最精历数，行大海中，惟观其日轨，不特知时、知方，且知距东西南北远近几何。"②让章潢更为惊讶的是这个了不起的天文学家还是个道德高尚的人。有一次利玛窦向章潢抱怨拜访的人太多，以至于自己没有时间用来学习和修身养性。这位著名的儒家学者建议他在自己不想被打扰时让仆人宣称主子不在家。利玛窦回答说这是撒谎，章潢反对说这不算撒谎。但是利玛窦说，作为一个致力于为上帝服务的人，他必须总是说实话，不管在什么场合。这些自我宣传的话语在章潢的圈子里迅速传开，利玛窦从此被尊为一个从来不撒谎的人。

利玛窦所处的 16 世纪正是托马斯·阿奎那（Thomas Aquinas）神学思想复兴的时代，阿奎那的神学思想再度成为天主教神学的正统思想，因此利玛窦将其自然理性思想运用于中国的传教事业中。他没有生硬地宣讲天主教的教义，而是重点介绍那些"在某种程度上能用自然理性证实和通过自然知识本身理解的原理"③，也就是那些他认为能够与中国传统儒家思想中诉诸自然理性的部分相容、相通的原理。这一传教策略就是利玛窦开创的"合儒""补儒"策略，即用中国传统儒家思想来印证天主教原理，用天

---

① ［意］利玛窦. 利玛窦中国书信集［M］. 罗渔，译. 台北：光启与辅仁大学出版社，1986：211.

② 章潢. 图书编［M］// 永瑢，纪昀，等. 文渊阁四库全书（第 972 册）. 上海：上海古籍出版社，2003：850 – 862.

③ 转引自张晓林. 天主实义与中国学统：文化互动与诠释［M］. 上海：学林出版社，2005：115.

主教原理补充完善中国传统思想。

此外，利玛窦的教育经历和背景为其"合儒""补儒"策略提供了严密的论证方法，尤其体现在他对亚里士多德逻辑学和辩证法的运用。

关于利玛窦的教育经历和背景，来自意大利的学者米歇拉·芳塔娜在《利玛窦：明朝的耶稣会士》一书中有较详细的描述。利玛窦于1552年出生于意大利的马切拉塔，16岁时遵从父愿离开家乡赴罗马学习法律。在罗马求学期间，他转而对神学感兴趣，退学并加入了耶稣会。1572年9月进入罗马学院学习。其间，利玛窦广泛涉猎各领域的知识，从诗学到修辞学，从逻辑到自然和道德哲学，从形而上学到数学……在哲学方面主要是学习和接受亚里士多德的观点。① 他深入学习了亚里士多德的逻辑学、伦理学、修辞学及形而上学。为了提升自己的口才和辩论能力，他还参与了辩论小组，经常进行哲学命题的辩论练习。② 芳塔娜对此的评论是"尽管利玛窦的哲学训练遵循的是亚里士多德的逻辑学，且以理性的名义进行，其结果都是为神学辩护。耶稣会士将知识视为一把利剑，小心翼翼地握在手里，用以维护教会的利益"③。

既然利玛窦在罗马求学期间已经深入学习了亚里士多德的逻辑学和辩证法，就不难理解这种西学传统对其中文著译作品的影响。利玛窦在1594年10月写给罗马求学时的同学及好友高斯塔神父的信中写道："准备写本有关教义的书，用自然推理证明教义为真。"④ 此处"有关教义的书"指的就是《天主实义》。在《利玛窦中国札记》中也有类似的表述："（《天主实义》）全是从理性的自然光明而引出的观点，倒不是根据圣书的权威。"⑤ 这里的"自然推理"和"理性"虽表述方式不同，其内涵是一致的，即

---

① FONTANA M. Matteo Ricci: a Jesuit in the Ming court [M]. Metcalf, Paul (tr.). Plymouth: Rowman & Littlefield Publishers, Inc., 2011: 6.

② FONTANA M. Matteo Ricci: a Jesuit in the Ming court [M]. Metcalf, Paul (tr.). Plymouth: Rowman & Littlefield Publishers, Inc., 2011: 7-8.

③ FONTANA M. Matteo Ricci: a Jesuit in the Ming court [M]. Metcalf, Paul (tr.). Plymouth: Rowman & Littlefield Publishers, Inc., 2011: 8.

④ [意] 利玛窦. 利玛窦中国书信集 [M]. 罗渔, 译. 台北: 光启与辅仁大学出版社, 1986: 139.

⑤ [意] 利玛窦. 利玛窦中国札记 [M]. 何高济, 王遵仲, 李申, 译. 北京: 中华书局, 1983: 485.

"逻辑推理"。

亚里士多德被公认为是传统逻辑学的创始人，其关于逻辑推理的相关论述至今仍有深远影响。在其《工具论·前分析篇》中，亚里士多德提出著名的三段论，即"证明的推理"。三段论由大前提、小前提和结论构成，同时包括大项、中项、小项三个词项。三段论又发展出三个格、四种形式。三段论的成立必须满足两个条件：前提真实、形式正确。根据亚里士多德的观点，只要前提真实且遵循推理规则，任何事物之间的关系，都可以借助于这一推理形式来探求，而这种推理形式本身则可用于辩证和争论。①

柏拉图在《高尔吉亚》中以一问一答的形式展示了智者苏格拉底与人的对话，这种对话就是探寻真理的过程，即"辩证法"。亚里士多德继承了柏拉图的辩证法观点，同时发展出自己的观点。他认为："从有名望的意见进行推理，它就是一种论辩式演绎。"② 在亚里士多德看来，"那些有名望的意见受到每一个人或者大部分人或者智者们的认可——即受到所有人或大部分人或他们中最有名望的显要人士的认可"。③

将亚里士多德逻辑和辩证的观点投射到《天主实义》的文本中，不难发现利玛窦正是以儒家学说中一些"广为接受的观点"作为出发点，运用逻辑推理加以论证，得出有说服力的结论。利玛窦初入华时曾评价中国道德哲学"没有逻辑规则的概念，因而处理伦理学的某些教诫时毫不考虑这一课题各个分支相互的内在联系"，也"由于他们的错误，非但没有把事情弄明白，反倒弄糊涂了"。④ 因此在《天主实义》的写作中，利玛窦强调"以自然推理证明教义为真"，这一点在其对儒家命题的阐释和推理中尤为凸显。

（二）外部情境

利玛窦来华传教的大背景是欧洲的社会发展。14 至 16 世纪欧洲的文艺

---

① ［希］亚里士多德. 工具论［M］. 刘叶涛，等，译. 上海：上海人民出版社，2018：60 - 73.

② ［希］亚里士多德. 工具论［M］. 刘叶涛，等，译. 上海：上海人民出版社，2018：268.

③ ［希］亚里士多德. 工具论［M］. 刘叶涛，等，译. 上海：上海人民出版社，2018：269.

④ ［意］利玛窦. 利玛窦中国札记［M］. 何高济，王遵仲，李申，译. 北京：中华书局，1983：31.

复兴运动波及西方社会各个角落，形成了一场民族民主运动和一场科学主义运动。脱离了中世纪的黑暗束缚后，"16 世纪，欧洲的一部分国家已进入资本主义原始积累时期。作为资产阶级先遣队的殖民主义者已经开始了海外掠夺"。① 资本主义关系形成，殖民主义开始向东方扩张。随着航海技术和军事力量的提高，"到 17 世纪，欧洲殖民主义统治已经遍布世界各地，他们之间展开了激烈的争夺。……重视科学成为新兴资产阶级的利用所在和社会风尚"。②

此时的欧洲国家正处于由封建社会向资本主义社会过渡的时期。各国纷纷发动资产阶级革命，政治体制的变革促进经济的发展，经济的发展推动科学的变革。哥白尼的日心说、伽利略的自由落体和钟摆运动、牛顿的运动三大定律等都是科学革命的代表。17、18 世纪之交，大批科学成果产生，自然科学研究在欧洲掀起一片热潮。西方传教士的来华，带来了世界地图、钟表、指南针、棱镜等新奇器物，迎合了中国民众、士大夫乃至宫廷的喜好。

在宗教领域，以马丁·路德为代表的欧洲宗教改革使新教发展迅速，先后占领了旧教在西欧、北欧的大部分"势力范围"，并发展到北美。感到巨大压力的天主教会遂成立了耶稣会，试图到东方扩展自己的势力，描绘新的蓝图。耶稣会由西班牙贵族伊纳爵·罗耀拉（Ignace de Loyola）创立，于 1540 年经教皇保罗三世批准，旨在发动一场宗教"反改革运动"，向其他地区发展，夺回已经失去的地盘，争取新教徒，维护天主教的威信和影响。耶稣会在成立之初就确定了上层传教路线，耶稣会士都具有广博的科学知识，为在其他地区传播宗教与科学设下了伏笔。

晚明社会政治、经济环境也为西方传教士来华提供了机遇。明末时期，尽管中国的经济在很多领域仍处于世界领先的水平，但中国社会正经历着封建社会由盛转衰的过程，旧有的农耕文化受到冲击，资本主义开始萌芽，出现了新兴的工商业者，市民阶层代表着新生力量，要求表达自我，渴望

---

① 马祖毅. 中国翻译简史——五四以前部分 [M]. 北京：中国对外翻译出版公司，1997：261.

② 王吉会. 特殊历史条件下开启的明末清初科技翻译高潮 [J]. 中国科技翻译，2013（3）：49.

改革。经济的发展极大地促进了物质文明的繁荣。大批精美的中国瓷器和手工制品被运往欧洲，使得西方的学者和民众对中国充满了想象和好奇。此时，来华传教士们翻译了一批中国哲学典籍，并编译了大量有关中国社会的作品，这些译著传回国内，带来了关于中国政治结构、伦理道德等方面的信息，正好满足了西方民众对于来自中国的信息需求。

晚明相对自由的人文环境为利玛窦传教提供了土壤。"明末是继宋代的伟大'复兴'之后的第二次'复兴'，这是一个文化沸腾、创新、高度好奇和思想自由的时代。"① 资本主义的萌芽使一部分知识分子开始对传统文化进行反思，渴望了解外部世界。在思想领域，由于程朱理学和王阳明心学均止于玄谈，无法真正解决当时复杂的社会矛盾，受到有识之士的批判。中国知识分子中逐渐掀起了实学思潮，"明清实学既包括经世之学，实测之学，也包括明经致用论、史学经世论和考据实学，较之宋元时期的范围更为宽泛。"②

朱维铮先生在《利玛窦中文著译集》的导言中便指出，晚明相对自由的人文环境和思想传统为其谈论"异说"或宗教信仰提供了条件。晚明王学宗派林立，竞相标新立异，无疑与陈白沙到王阳明都宣扬学术贵"自得"是一脉相承的。所谓自得，强调过度，势必如章太炎在清末所讥，讳言读书，乃至自我作古，割断历史传统。朱先生指出，利玛窦入华，正逢王学解禁，正值"东海西海心同理同"理论风行一时，因而他传播的欧洲学说，被王学思潮最旺的南昌学者士人当作来自西海古圣前修发现的新道理，是不奇怪的。③

———————

① 王吉会. 特殊历史条件下开启的明末清初科技翻译高潮 ［J］. 中国科技翻译，2013 （3）：50.

② 王吉会. 特殊历史条件下开启的明末清初科技翻译高潮 ［J］. 中国科技翻译，2013 （3）：50.

③ 朱维铮. 利玛窦中文著译集 ［M］. 上海：复旦大学出版社，2012：17.

第二节 文化适应策略的内涵

一、天主教义与儒学的会通

利玛窦文化适应的核心是对儒家文化的适应，即"合儒""补儒"。在入华后，利氏通过观察，发现儒学是中国的"显学"，是中国人，尤其是上层社会普遍接受并用来支配自己行为的思想。他通过研习儒家经典，认为："儒教是中国所固有的，并且是国内最古老的一种。中国人以儒教治国有大量的文献，远比其他教派更加著名。……孔子是他们的先师，据他们说发现了哲学这门学问的乃是孔子。"[①] 中国人信儒教，"上至皇帝下至最低阶层"[②]。利玛窦还认为"儒家这一教派的最终目的和总的意图是国内的太平和秩序。他们也期待家庭的经济安全和个人的道德修养。他们所阐述的箴言确实都是指导人们达到这些目的的，完全符合良心的光明与基督教的真理"[③]。

利玛窦认为利用儒学传教是天主教与中国传统文化相结合的一种巧妙方式，具体体现在三个方面：一是利用儒家经典解释或附会天主教教义；二是遵从中国传统习俗，模糊耶儒差异；三是以科学知识使自身"儒士"化，隐藏传教士的身份。

利玛窦将儒学划分为古儒和新儒，并加以区分。他认为古儒承认和崇拜一位最高的天神，并以"天帝""上帝"为尊号。他认为古儒本质上是一种宗教，其理念与天主教没有任何冲突。他从中国典籍中引用了出现过

---

① ［意］利玛窦. 利玛窦中国札记［M］. 何高济，王遵仲，李申，译. 北京：中华书局，1983：100－101.

② ［意］利玛窦. 利玛窦中国札记［M］. 何高济，王遵仲，李申，译. 北京：中华书局，1983：103.

③ ［意］利玛窦. 利玛窦中国札记［M］. 何高济，王遵仲，李申，译. 北京：中华书局，1983：104.

"上帝"的 11 段文字，并说"历观古书，而知上帝与天主特异以名也"①。因此认为中国古儒所言之"上帝"就是天主教之"天主"。他曾对万历皇帝说："上帝就是你们所指的天，他曾启示过你们的孔丘、孟轲和许多古昔君王。我们的到来，不是否定你们的圣经贤传，只是提出一些补充而已。"②

二、儒士与传教士身份的会通

利玛窦等来华传教士经过两次易服，最终以"儒士"的面貌出现在中国人面前，继而传教事业发生了重大的转折，这是"儒士"与"传教士"身份成功会通的结果。利玛窦等利用知识武装自己，通过研读儒家经典，利用自身优势，能够与中国士人平等对话，甚至能够征服他们，并获取士大夫阶层的支持，为其在华传教创造了有利的条件。中国统治阶层官吏均来自饱读儒家经典的知识分子，利玛窦也认识到"传道先必获华人之尊敬，以为最善之法，莫若以学术收揽人心，人心既妥，信仰必定随之"③。

思想的会通最终要体现在人的身份和行为上。而人的身份则体现在服饰、行为、举止等各个方面，因此身份的会通是思想会通的延续和直接结果。

三、耶儒礼仪与习俗的会通

中国的天主教教徒面临的首要问题就是如何处理传统礼仪中祭孔祭祖活动与天主教禁止偶像崇拜，不得膜拜异教神祇的教义之关系。利玛窦认为中国人的祭孔祭祖活动不是异教的宗教仪式，不算偶像崇拜。他认为中国人祭祖这种"最隆重的事"是为了：

> 向已故的祖先表示崇敬，正如在祖先生前要受崇敬一样。他们并不真正相信死者确实需要摆在他们墓前的供品，但是他们依然遵守这个习俗，是因为这似乎是对他们已故亲人表示自己深情的最好方式。

① 朱维铮.利玛窦中文著译集［M］.上海：复旦大学出版社，2012：21.
② ［法］费赖之.在华耶稣会士列传及书目（上、下）［M］.冯承钧，译.北京：中华书局，1995：156.
③ ［法］费赖之.在华耶稣会士列传及书目（上、下）［M］.冯承钧，译.北京：中华书局，1995：42.

许多人都断言这种礼仪的最初创立与其说是为了死者，倒不如说是为了生者的好处。他们这样做是希望孩子们以及没有读过书的成年人，看到受过教育的名流对于死去的父母都如此崇敬，就能学会也尊敬和供养自己在世的父母。这种在死者墓前上供的做法似乎不能指责为渎神，而且也许并不带有迷信的色彩，因为他们在任何方面都不把自己的祖先当作神，也并不向祖先祈求什么，或希望得到什么。①

利玛窦把中国人的祭祖看作是维系孝道这一伦理原则的习俗，即所谓"事死如事生，事亡如事存，孝之至也"。对于祭孔的活动，他认为中国官员或士人到孔庙行礼和献供是为了"表明他们对他著作中所包含的学说的感激。他们这样做是因为正是靠着这些学说他们才得到了功名和官职。他们并不向孔子祷告，也不请求他降福或希望他帮助。他们崇敬他的那种方式，正如前述的祭祖一样。"② 利玛窦的这种解释尊重了中国的传统习俗，使得中国的天主教徒特别是具有一定政治、社会地位的天主教徒，在需要参加祭孔祭祖活动时不会产生宗教上的障碍。利玛窦在华传教期间，一直允许中国的天主教徒进行祭孔祭祖活动，直到清朝中期"礼仪之争"出现。对中国传统习俗的尊重是利玛窦文化适应的重要举措，也是耶稣会入华初期争取获得民众支持的重要举动。礼仪与习俗的会通，实际上是思想上的和解，即天主教义与儒学会通后的产物和行为结果。

第三节　文化适应策略的表现

利玛窦文化适应的传教策略又是如何实现的呢？就其具体方法来说，可分为四个方面：以物传道、以德传道、以智传道和以文传道。

———————————

① ［意］利玛窦．利玛窦中国札记［M］．何高济，王遵仲，李申，译．北京：中华书局，1983：103．

② ［意］利玛窦．利玛窦中国札记［M］．何高济，王遵仲，李申，译．北京：中华书局，1983：104．

一、以物传道

"物"在此指"器物",主要分为三类:第一类是从西方带来的书、画等,主要与宗教相关,用来吸引中国人对基督教的关注,并对圣母、耶稣等产生敬仰之意;第二类是从西方带来的器物类,如钟表、地球仪、日晷、西琴、棱镜、玻璃器皿等,这些器物因新颖奇特而对中国人来说非常新奇,尤其是对知识分子阶层充满吸引力;第三类是在华期间传教士自己制作的器物,如钟表、地球仪、日晷、星盘等,一方面作为礼物送给结交的文人和官员,另一方面传教士的才能和知识也随着这些器物得以传扬。在传教士在华开拓教区、奠定基础时期这些器物起到了非常重要的作用。

初到广东肇庆时,肇庆知府王泮是耶稣会士的主要保护者。王泮与耶稣会士交情的深入与一幅画有着紧密的联系。在临时住所内,罗明坚和利玛窦挂了一幅圣母玛利亚和圣子的画像。王泮被这幅圣母圣子像深深地吸引,甚至把该画带回到自己的府中供妻妾跪拜和进贡。对于年近五十膝下尚无子的王泮来说,这幅画的意义相当于送子观音。很快,王泮的第一个儿子出生了,王把他带到耶稣会士的礼拜堂,为圣母和圣子像进贡。后来,他又生了第二个儿子,王泮让他受了洗。王泮将二子的出生归功于圣母的保佑,进而对耶稣会士心存感恩,对他们给予了不遗余力的保护,从而奠定和巩固了耶稣会士在肇庆的传教地位,帮助耶稣会士在中国建立第一个根据地,为之后的传教事业发展打下了基础。

利玛窦在写给罗马前初学院院长德·法比神父的信中写道:

> 在肇庆,我们开始为信仰作传布的工作,准备扩展到全中国,因为很多地方的官员拜访两广总督,往往也趁机来看望我们……。我们会院中的陈列物像如三棱镜、大小钟表都非常巧妙,是总会长神父寄来的,非常吸引人前来参观,此外尚有精致的圣像和其他东西,在中国都算奇景了。因为中国人过去总以为天下没有其他国家能与中国相比,而今看见我们的陈列品,又觉得他们的东西不能和我们相比。①

---

① [意]利玛窦. 利玛窦中国书信集 [M]. 罗渔,译. 台北:光启与辅仁大学出版社,1986:109 – 110.

利玛窦深知与中国人交往，赠送礼物是不可或缺的礼仪。在《利玛窦中国札记》的第一卷中，利玛窦对中国的一些习俗礼仪进行了介绍，其中便提到"送礼是他们的普遍习惯，一般都要回赠价值相等的礼物"①。因此，西洋器物成为利玛窦等传教士与中国官员、知识分子等交往的纽带。利玛窦会根据交往对象官职、地位、威望的大小以及个人喜好来谨慎地选择合适的礼物相赠，通常这样的馈赠是有回报的，利玛窦也会收到来自中国友人的银两、丝绸、瓷器、扇子等实在的物品回赠，也会得到诸如一篇序文、一封推荐信、一次引荐的机会等鼓励和支持。相比前者，利玛窦更看重后者，因为这样的机会不是每次馈赠都能换取得到的。深谙中国社会交际之道的利玛窦是"以物传道"的成功实践者，几乎在每一个重要的城市，面对每一个重要的人物，都少不了西洋器物的隆重登场。

在南昌，利玛窦与名医黄继楼的交往也是从赠送礼物开始。借助黄继楼在南昌的人际关系网，利玛窦结识了大量权贵，其中最为显贵的要数建安王和乐安王两位皇室贵族。利玛窦送给乐安王的礼物包括一本画有基督教圣徒的欧洲出版的书，送给建安王的礼物则更加贵重，包括一个用黑色大理石雕刻出的日晷，上面标明了中国日历中的二十四个节气以及日出和日落的时刻，一个地球仪、一张世界地图、图画和玻璃，两本用日本纸张印刷的书。利玛窦还送给建安王一幅名为《祈祷中的圣士提》的画，因为建安王对"神圣的信仰"产生了浓厚的兴趣。虽然利玛窦通过二人引荐进入北京的想法没有实现，但两位皇亲用实际行动对南昌的传教事业给予了最大的支持。

传教士的第一次入京得益于南京礼部尚书王忠铭的帮助。利玛窦与王相识于韶州，再次拜访这位高官时，利玛窦表达了想入京给皇帝进贡的强烈愿望，并把他从澳门收到的珍贵礼物送给了王，一只欧洲钟表和一面威尼斯棱镜。在第一次入京受挫后，王忠铭邀请利玛窦定居南京，从而开拓了一个新的传教区，并大大推动了传教事业的发展，为二次进京做好准备。

几经周折，利玛窦终于迎来了第二次进京的机会，在用礼物收买了宦

---

① ［意］利玛窦．利玛窦中国札记［M］．何高济，王遵仲，李申，译．北京：中华书局，1983：66.

官马堂之后，面圣的进展又变得缓慢。终于在进入中国 28 年之后，利玛窦进京向皇帝进贡。献给皇帝的礼物当然囊括了传教士们所能收集到的最精美的西洋物品，包括画作、书籍、十字架、钟表、棱镜、玻璃花瓶、翼琴等。利玛窦在中国的传教事业也随着进贡给皇帝的礼物达到了巅峰。

二、以德传道

"德"指道德，在基督教教义与儒家教义中都占有重要的地位。利玛窦在其回忆录中介绍到"中国所熟悉的唯一较高深的哲理科学就是道德科学"，其中"最著名的是孔子，这位博学的伟大人物以著作和授徒，也以自己的身教来激励他的人民追求道德"。利玛窦还介绍说孔子的"四书""五经"是其道德的集中体现，凡是希望成为或被认为是学者的人，都必须从这几部书里导引出自己的基本学说，所有的儒者都能够熟记"四书""五经"。①

利玛窦在儒家学说中找到了与基督教教义最为契合的一点，即道德。在他的整个传教生涯中，他的高尚道德与其广博知识是齐名的。

初到肇庆时，由于知府王泮表达想要一个欧式钟，利玛窦便从澳门请来了一位印度果阿的工匠利用本地的材料制作。皮肤黝黑的印度人引起了邻里的恐慌，于是绑架孩子的流言开始传播，有人说这些黑人是专门来把中国小孩卖去澳门的。邻里的一些淘气男孩往耶稣会住宅的房顶和院子里扔石头，以此取乐。仆人们抓住了其中的一个把他拉到院子里狠狠地教训了一顿才放了他。对耶稣会充满敌意的两个邻居向知府提交控告，指责这些外国人扣留了这个男孩三天三夜，并请人作伪证。好在有石头作为证据，并有心地善良的邻居证明男孩只是被教训了几分钟，绑架的诬告才被解释清楚。当知府王泮命令鞭打作伪证的罪魁祸首时，利玛窦为罪犯求情，请王泮开恩免去惩罚。利玛窦在写给阿桂委瓦神父的信中也描述了这段经历，把广东当地人不喜欢他们的原因归为"他们不理解我们的生活方式"。在此我们不知利玛窦在信中是否淡化了传教士们在异国的土地上所受到的委屈

---

① ［意］利玛窦. 利玛窦中国札记［M］. 何高济，王遵仲，李申，译. 北京：中华书局，1983：31.

和诬告，但对于一个心怀抱负，刚刚在中国这块土地上安顿下来的耶稣会士来说，没有什么比和谐更重要的了，因为任何一件事情引起的风吹草动都可能动摇肇庆的传教事业。

这样的忍辱负重、以德报怨的事情远不止一件。在韶州，耶稣会士的住所再次受到袭击。一个夏天的午夜，一群手持菜刀、火棒和其他武器的人冲进耶稣会院，将两位仆人打成重伤，石方西神父的头也被砍伤，利玛窦在试图跳出窗子时伤了脚。在耶稣会士们大喊大叫后，这些惊慌的入侵者迅速地逃跑了。第二天早晨，耶稣会士们向官府报告了这次袭击。后经官府查证，这些入侵者是邻里的不良少年，因为赌博中输了钱，想抢劫耶稣会住宅以获得钱财。知县把犯罪头目判了死刑，判处其他成员入狱服刑或受笞刑。利玛窦相信袭击不会再发生，但他担心判决过于严厉，一旦有人被判了死刑，那仇恨就无法化解了。利玛窦为这些罪犯求情，最后察院把死刑和入狱改判为每个罪犯二十下笞刑。然而，耶稣会士的敌人们并没有被利玛窦的容忍所感动，就在囚犯被释放的第二天，两百多人前去见察院，要求驱逐耶稣会士，而察院拒绝见这些人。对于邻居们无情的敌视，利玛窦说，"他们的忘恩负义"是他人生中最不愉快的经历之一。

来华初期"忘恩负义"的苦痛经历随着传教事业的深入发展越来越少，在与儒士们交往时，高尚的道德已成为利玛窦的一个标签。在南昌，利玛窦与儒家名士章潢交往。章潢为利玛窦的博学所吸引，因为利不仅能背诵儒家经典，并参与讨论，还对天文学和数学知识非常精通。不仅如此，利玛窦从不撒谎的名声也给章潢留下深刻印象，因此称其为道德高尚的人。

在南京，就连特立独行且与利玛窦持不同观点的李贽也对他做出了如此的评价："中极玲珑，外极朴实。数十人群聚喧杂，仇对各得，旁不得以其间半之使乱。我所见人未有其比，非过亢则过谄，非露聪明则太闷闷聩聩者，皆让（逊）之矣。"①

利玛窦一生交友甚广，初识时有人是被他的学识吸引，有的是被天主教义吸引，但最终都会被利玛窦的道德所折服。利玛窦的很多朋友都与他保持了长期的友谊，如瞿汝夔、冯应京、徐光启、李之藻等。友人们在为

---

① 李贽. 李贽文集·焚书·续焚书 [M]. 北京：燕山出版社，1998：378.

其著作所作的序或跋中不止一次提到利玛窦的道德修养。

冯应京在《刻交友论序》中对利玛窦的介绍是"西泰子间关八万里，东游于中国，为交友也。其悟交道也深，故其相求也切，相与也笃，而论交道独详"①，其"相与也笃"是对利玛窦朋友情义的真实评价。瞿汝夔也为《交友论》作序，在《大西域利公友论序》一文中写道：

> 洪惟我大明中天，冠绝百代，神圣继起，德覆无疆，以致遐方硕德如利公者，慕化来款，匪希闻达，愿列编氓，育圣谟，遵王度，受冠带，祠春秋，躬守身之行，以践真修，申敬事天之旨，以裨正学。②

李之藻在《畸人十篇》序言中写道：

> 西泰子浮槎九万里而来，所历沉沙狂飓，与夫啖人、略人之国，不知几许？而不菑不害，孜孜求友，酬应颇繁，一介不取，又不致乏绝。始不肖以为异人也。睹其不婚不宦，寡饮行，日惟是潜心修德，以昭事乎上主，以为是独行人也。复徐叩之，其持议崇正辟邪，居恒手不释卷……，则以为博闻有道术之人。③

道德是基督教教义与儒教教义相融合的基础，也是利玛窦与儒士展开交际的基础。随着利玛窦声望的不断提高，其传教事业所获得的支持也越来越广泛，因而"以德传道"成为其传教的重要手段之一。

三、以智传道

利玛窦在中国知识分子阶层受到欢迎的主要原因除了道德外，就是智慧了。利玛窦的智慧主要体现在他的语言能力、记忆力、广博知识以及交际能力几个方面。

---

① 朱维铮．利玛窦中文著译集［M］．上海：复旦大学出版社，2012：116．
② 朱维铮．利玛窦中文著译集［M］．上海：复旦大学出版社，2012：117．
③ 朱维铮．利玛窦中文著译集［M］．上海：复旦大学出版社，2012：501．

早在澳门期间，利玛窦便开始学习中文，为进入中国内地传教做准备。在罗明坚和中文教师的帮助下，利玛窦的语言能力进步很快。重视中文语言的学习是罗明坚的主张。他认为要想进入中国内地传教，就必须提高中文语言能力。他的观点也在其他传教区的失败教训中得到验证。要想进入中国，想要被中国人接受，并且不被视作野蛮、粗俗或不懂汉字的愚笨之人，就必须掌握他们的汉字和语言，并且不是随便某一种语言，而是那种本地人也得从婴孩开始、花费极大精力来学习的优美而精致的语言——官话。

初入肇庆时，耶稣会士们请了翻译帮助日常事务的处理，但始终没有放弃语言的学习。在肇庆吃了一场官司的利玛窦，在当时还无法用中文来为自己辩解，好在有孟加拉人的帮忙才得以澄清诬告。这更坚定了利玛窦学好中文的决心。但学习中文对于西方传教士来说无异于一个大难题，正如利玛窦在写给富尔纳里神父的信中所写的那样："要知道中国语文较希腊文和德文都难；在发音上有很多同音而义异之字……中国文字的构造实难形容……有多少话，多少事，便有多少字，好像七万左右，彼此都不一样，非常复杂……"① 在《利玛窦中国札记》中，我们也发现了利玛窦对汉语的描述：

> 他们的书面语言与日常谈话中所用的语言差别很大，没有一本书是用口语写成的。一个作家用接近口语的体裁写书，将被认为是把他自己和他的书置于普通百姓的水平。然而，说起来很奇怪，尽管在写作时所用的文言和日常生活中的白话很不相同，但所用的字词却是通用的。所有中国的字词无一例外都是单音字。我从未遇到过双音或多音字，虽然有些字可能包含两个甚至三个元音，其中有些是双元音。……一个人掌握了大约一万个汉字，他所受的教育就达到了可以开始写作的阶段。在整个国家或许没有一个人掌握了所有的汉字，或者可以说对于中国语文有了完全的文字知识。有很多汉字发音相同，写出

---

① ［意］利玛窦. 利玛窦中国书信集［M］. 罗渔，译. 台北：光启与辅仁大学出版社，1986：31－32.

来却很不一样，意思也很不同，所以结果是，中文或许是所有语言中
最模棱两可的了。

常发生这样的事情：几个人在一起谈话，即使说得很清楚、很简
洁，彼此也不能全部准确地理解对方的意思。有时候不得不把所说过
的话重复一次或几次，或甚至得把它写出来才行。这样的情况更经常
地发生在有文化的上流阶级谈话的时候，因为他们说的话更纯正、更
文绉绉并且更接近于文言。

人们运用重音和声调来解决我称之为含意不清或模棱两可的困难
问题。一共有五种不同的声调或变音，非常难于掌握，区别很小而不
易领会。他们用这些不同的声调和变音来弥补他们缺乏清晰的声音或
语调；因而在我们只具有一种明确含义的一个单音节，在他们就至少
具有五个不同的意义，并且彼此由于发音时的声调不同而可能相去有
如南极和北极。①

在肇庆期间，利玛窦用了大量的精力学习中文。一年后，已经可以用
中文进行日常对话交谈。随着与中国知识分子阶层的接触和中文水平的日
益提高，利玛窦逐渐把学习汉语的兴趣转移到学习儒家经典中来。我们很
难确定利玛窦是从何时开始学习"四书""五经"的，但与瞿汝夔的交往应
该是促使他学习儒学经典的主要原因。前面已经多次提到瞿汝夔与利玛窦
之间的友谊，在利玛窦践行文化适应传教之路上，瞿更像是一位引领者，
引导利玛窦将基督教的教义与儒家经典结合起来。二人相识于 1591 年底，
之后瞿拜利玛窦为师，跟随他学习数学。同时，利玛窦利用瞿庞大的人际
网络结识了许多权贵。1592 年 2 月，二人一同到访南雄，正是南雄之旅使
利玛窦决定放弃"西僧"，改以"西儒"的身份开始新的生活。

与在南雄结识的一位郭姓商人之间的插曲似乎能印证我们的判断。郭
是南雄的一位商人，一直是忠诚的佛教徒，然而心灵的慰藉始终让他困惑。
他来韶州找利玛窦同住了一个月后受了洗。一天，郭找利玛窦倾诉，称算

---

① ［意］利玛窦. 利玛窦中国札记［M］. 何高济，王遵仲，李申，译. 北京：中华书局，
1983：27－31.

命先生预言他命不久矣,利玛窦愤怒地驳斥了占星、算命和看风水等行为,然后他引用儒家的道德学说来强化他的观点:忠诚的官员和孝子们在服务于危机中的国家和家庭时,会不会因为怕死亡和危险而先去咨询一下占星家呢?利还调用儒家经典的权威,引用来自《春秋》《易经》和《诗经》中的句子说明占卜在古代被作为最后的手段,在治国方略的两个选择中作出决定,它与算命没有任何关系。这段插曲后来被他记录在《畸人十篇》一书中。

在此事中,我们可以得知,1592 年时,利玛窦已经对儒家经典非常熟悉,并且能够在日常交往或讲解教义时引用其中的内容。1593 年,利玛窦请了一位儒学老师,"在我老年期又做了小学生"。① 同时,根据范礼安的命令,利玛窦开始把儒家的"四书"翻译成拉丁文,到 12 月时,他已经完成了四部中的三部。

初到南昌时,利玛窦试图寻找在广东时的旧友未果,他决定亲自去拜访当地名医黄继楼。为此,利玛窦从服饰到礼物做了充足的准备。黄继楼礼貌地接待了他,并且被利玛窦赠送的礼物、介绍的西方事物和他优雅的谈吐所吸引,更加为利玛窦对中国古代经典的熟知而惊讶不已。在黄的引荐下,利玛窦很快在南昌建立了自己的关系网。利玛窦在接待身份显赫的来访客人时,他总是向他们介绍西方数学和天文学知识,有时还在客人面前展现他惊人的记忆力。他曾在白纸上根据记忆写下客人事先展示给他的杂乱无章的汉字,他照相机似的记忆力让人感到惊叹。人们以为利玛窦这惊人的记忆力一定有着神奇的方法,几乎每天都有人来请求拜利玛窦为师学习记忆之术,他们以为这可以成为科举考试的捷径。后来,在江西巡抚陆万垓的请求下,利玛窦用汉语写成了《西国记法》一书,在书中总结了西方的记忆术,即一种空间记忆法,被称作所谓的"记忆之宫"。虽然这种方法后来被证实并不适用于母语为汉语的人使用,但人们仍然对这位西方传教士的中文水平和记忆力赞不绝口。

如果说语言能力和对儒学的认知使利玛窦得以在中国知识分子阶层中

---

① [意]利玛窦. 利玛窦中国书信集 [M]. 罗渔,译. 台北:光启与辅仁大学出版社,1986:135.

打开人际交往的局面，那么真正使友谊继续下去的除了前面提到的道德，就是知识了。利玛窦精通数学和天文学知识，对地理、机械、哲学、文学都有深入的了解，这得益于他在意大利耶稣会院学习时的积累。显然，这些知识在中国派上了大用场。在晚明的学术氛围中，实际上已经产生了微妙的变化，以王阳明为代表的"心学派"已经走向极端，其"空谈"不解决社会实际问题的趋势受到很多人的反对。而此时以王夫之、黄宗羲、顾炎武等人提出的"经世致用"之说受到欢迎。能够解决社会问题、对治理国家有益的"实用之学"开始受到人们的重视。在这种背景之下，就不难理解，利玛窦带来的西方数学和天文学知识对于当时的中国人来说是何等新奇与宝贵。瞿汝夔、徐光启、李之藻等都亲自跟随利玛窦学习，还有一些官员无法亲自学习时会派弟子跟随利玛窦学习，如冯应京等。利玛窦还与中国学者一道，将西方的数学、天文学、地理学知识译成中文正式出版，促进了西方科技知识在华的传播，客观上也大大地提高了利玛窦的声望，利玛窦也因此成为知识分子关注的焦点。在北京时，拜访利玛窦已成为京城社交圈中的时尚。

四、以文传道

在与中国文人交往的过程中，用中文著书立说无疑是利玛窦较为成功的策略之一。我们暂且抛开利玛窦的文字和话语所传递的内容和信息，单就这种形式而言，是易于为中国士大夫阶层所接受的。中国古代的儒生彼此间爱以诗文相赠，一方面以增进友谊，另一方面以显示高雅。随着对中国社会了解的深入，利玛窦深知学术是通往荣誉、尊贵和权力的道路，依靠更高的学识和礼仪、演讲以及象征独特身份的服饰，塑造出高于普通群众的文化精英层。

利玛窦定居肇庆后不久便应知府王泮的要求，复制了一张世界地图，并将其拉丁文注解翻译成了汉语，并解释各个地理区域的风俗和历史。王泮把印刷后的地图分发给他的朋友、熟人和同事，从此西学在华的影响力逐步扩大。

与中文世界地图几乎同时编写的，还有《天主实录》一书。据利玛窦自述，该书由罗明坚和利玛窦共同编写，在中国印制后免费分发给信众，至少发出 1000 本。他在写给罗马会长阿桂委瓦的信里提到了当时的情形：

> 希望这本《天主实录》能使天主的圣教在这块土地上传播。在其中我们曾辩驳中国主要的宗教思想，也对中国所有的种种恶行与罪愆加以斥责。对此我们原非常害怕，曾把它分散给百姓，尤其读书人与官吏，直到今天尚未听闻有人批其中有不妥处。当领西道尹来会院拜访我们时，也往往带别人一块来，参观我们的房舍与其中的器物、书籍，会要几本《天主实录》回去。他和同行的人一进门，先向我们的小圣堂的救主像行礼……很多人来要这册《天主实录》，对其中的道理也多明白了。①

利玛窦的第一本中文著作是《交友论》，是在南昌应皇室亲王建安王要求辑译的西方格言集。那时利玛窦已相当熟悉中国的传统经传，既知宾礼意味着主客相对平等，也知朋友乃传统的五伦之一。他当然要充分利用建安王提供的这次机会，宣传西方固有的"友道"。这本著作至少被印刷了五次，在利玛窦的朋友圈中传播，有多位知名学者和官员都为此书做了序。在朱维铮的《利玛窦中文著译集》中收录了冯应京的《刻交友论序》、瞿汝夔的《大西域利公友论序》、陈继儒的《友论小叙》、朱廷策的《友论题词》以及《四库全书总目子部难家显存目提要》。② 由此可见其在当时的影响力。

利玛窦在京的十年间，是其著书立说的高峰时期，绝大部分中文著译作品均出自此。利玛窦与李之藻合作把不少西方科学著作翻译成了中文，李之藻也从另外一个重要方面帮助了利玛窦，他为耶稣会士的新版和再版的作品作序。在明朝的文学界，作品的名声和发行量随着序跋作者的名声而增加。在利玛窦"以书传道"的过程中，他屡次从自己与北京官员们的亲密关系中受益。

---

① ［意］利玛窦. 利玛窦中国书信集［M］. 罗渔，译. 台北：光启与辅仁大学出版社，1986：64－66.

② 朱维铮. 利玛窦中文著译集［M］. 上海：复旦大学出版社，2012：116－121.

　　《天主实义》是利玛窦唯一一部独立完成的关于天主教教义的中文著作，其成书前后经历了十余年。《天主实义》全书分为八章，以一个西方人和一个中国学者对话的形式写成。这是当时文艺复兴的欧洲和明代中国都很喜欢的一种写作形式。书中的对话在某些方面反映了当时学术讨论会和学者聚会上的谈话。对利玛窦来说，这些对话文本是他与中国文人之间无数次谈话的有次序的摘要。正是《天主实义》的出版，使中国人对天主教的认识更加深刻，并将其与佛教等其他宗教区分开来，并奠定了利玛窦儒学与天主教相融合的传教策略的理论基础。

　　利玛窦与徐光启合译的《几何原本》在中国数学史或科学史上的意义，已有众多论著予以讨论。从明末到清初，几何学已成数学家研究的重要课题，不论采用的基本概念或专门术语，还是构造的演绎系统或解题方法，都把利、徐合译本当作原创的出发点和基础。此书更是受到了康熙皇帝的关注。康熙帝初亲政，跟随传教士南怀仁（Ferdinand Verbiest）学数学，教材就是南怀仁用满文转译的《几何原本》。

　　利玛窦的文化适应策略是特殊历史条件下的产物，其形成的过程有历史必然性，是西方资本主义发展与中国明末社会现状双重作用的结果。其本质是实现天主教义与儒学的会通，进而影响到儒士与传教士身份的会通以及耶儒礼仪与习俗的会通。具体表现为以物传道、以德传道、以智传道和以文传道。利玛窦的文化适应策略不仅影响其在华传教活动的开展，为其在华的所有活动作了注脚，更与其学术传教、西学汉译等存在必然的联系。

第三章
利玛窦世界地图译介中的文化适应策略研究

利玛窦的中文世界地图是其在华西学汉译的开端，也是被反复翻刻、广泛流传并带来深远影响的作品。它第一次将"世界"展示在中国人面前，改变了中国传统的"天下观"，打破了"天圆地方"的观念，使中国人第一次有了"地球"的概念。利玛窦的中文世界地图还带来了地圆说、宇宙说、经纬度、气候带、大洲和大洋说以及地图绘制方法等新知，给明末士人阶层带来思想上的冲击。

第一节　利玛窦中文世界地图研究综述

对利玛窦世界地图的研究，始于 20 世纪初《坤舆万国全图》的发现。各国学者依据本国所掌握的原始文献及新发掘的资料，在全世界范围内对利玛窦的世界地图进行研究，其中意大利、英国、法国、美国、日本、韩国和中国的学者均有不同贡献。黄时鉴与龚缨晏的《利玛窦世界地图研究》一书的导言中对此有较翔实的综述①，本节内容在其基础上进行了补充。

一、刻本考据与比较

1904 年，马格纳基（Alberto Magnaghi）在《意大利地理杂志》发表

---

① 黄时鉴，龚缨晏. 利玛窦世界地图研究［M］. 上海：上海古籍出版社，2004.

《利玛窦神父在中国的地理事业》一文，此文的发表被认为是利玛窦地图近代学术研究的开端。① 就在同一年，日本京都帝国大学（今京都大学）从一位商人手中购得利玛窦《坤舆万国全图》展示给公众。1905 年，青枫生在《历史地理》杂志上连续发表两篇文章，对该图进行解说。② 随着不同版本中文世界地图的出现，刻本考据与比较研究开始展开。

　　1910 年，意大利米兰的安布洛兹图书馆（Ambrosiana Library）发现了一幅中文《万国全图》，当时被误认为是利玛窦 1584 年所作，后来才被确认为是艾儒略（Julio Aleni）的作品。1911 年，意大利学者汾屠立（Pietro Tacchi Venturi）刊布了梵蒂冈教廷图书馆所藏的《坤舆万国全图》的一部分。1917 年，英国学者巴德雷（J. F. Baddeley）在英国皇家地理学会发现一件利玛窦《坤舆万国全图》，随后他发表文章《利玛窦神父的中文世界地图（1584—1603）》，将其与之前发现的安布洛兹图书馆、梵蒂冈教廷图书馆发现的中文世界地图进行比较研究，并初步陈述了利玛窦在中国绘制世界地图的过程及其所运用的西方资料来源等。这是对利玛窦世界地图学术研究的一大推进，在此之前，西方对利玛窦世界地图的研究仅限于意大利，之后便引起了整个西方的关注。巴德雷在文章中通过比较，指出安布洛兹图书馆所藏《万国全图》并非利玛窦 1584 年所绘的地图，但认为这是依据利玛窦世界地图绘成的。事实证明，这样的推论是缺乏依据的。他同时认为英国皇家地理学会发现的地图与梵蒂冈教廷图书馆的地图是同一版本。③ 在巴德雷发表的文章之后，还附有希伍德（E. Heawood）撰写的文章《利玛窦世界地图的关系》，从制图学史的角度探讨了利玛窦世界地图的西方资料来源。④ 在该文发表后的第二年，日本的和田清撰文介绍了巴德雷和希伍德的这两篇文章，东西方对利玛窦世界地图的研究开始互通。

① MAGNAGHI A. Il P. Matteo Ricci e la sua opera geografica sulla Cina [J]. Rivista geografica Italiana, 1904, 12（2/3）: 136 - 146.

② ［日］青楓生. 簡略說明（關於坤輿萬國全圖）[J]. 歷史地理, 1905, 7（1）;［日］青楓生. 說明補遺（關於坤輿萬國全圖）[J]. 歷史地理, 1905, 7（2）.

③ BADDELEY J F. Father Matteo Ricci's Chinese world maps, 1584—1603 [J]. Geographical journal, 1917, 50: 255 - 270.

④ HEAWOOD E. The relationships of the Ricci maps [J]. Geographical journal, 1917, 50: 271 - 276.

1918 年，英国汉学家翟林奈（Lionel Giles）在《地理学报》（*Geographical Journal*）发表文章《利玛窦中文地图英译》，首次将英国皇家学会所藏《坤舆万国全图》上的主要文字译成英文，并将其与梵蒂冈教廷图书馆和安布洛兹图书馆所藏地图进行了比较。翟林奈指出了该藏本中"总论横度里分"表上的四处错误，同时该藏本上的"明"字被改为"清"字，可能该图印于清初，与梵蒂冈教廷图书馆藏本不属于同一版本，该观点与巴德雷的观点正好相反。他还指出安布洛兹图书馆藏的《万国全图》与《坤舆万国全图》有诸多不同之处，否定了巴德雷关于前者的作者是利玛窦的观点。① 该文以多维度的比较对巴德雷一文中的观点提出了质疑，并提出自己的观点，是推动利玛窦世界地图研究的重要文献。

在利玛窦中文世界地图传播最早的亚洲，相关研究相对起步较晚。1936年，中国禹贡学会出版的《禹贡》第五卷第三、四期合刊为"利玛窦世界地图专号"。在该专号中刊布了保存在《方舆胜略》中的利玛窦世界地图摹本，发表了洪煨莲（洪业）、陈观胜、顾颉刚、童书业、贺昌群、朱士嘉等人的文章，使国际学术界终于听到中国学者发出的强有力的声音。在该专号中，洪煨莲所撰《考利玛窦的世界地图》一文最具开拓意义。② 此文全面介绍了之前国外的研究成果，并详细陈述了当前的研究进展。该文指出安布洛兹图书馆所藏《万国全图》实际上是艾儒略的作品。他还将意大利文《利玛窦全集》中的相关内容译成中文，又将大量中文史料开掘出来，做了基本史实的考订工作。利玛窦的回忆录和书集中提到的许多中国人名均是用意大利文或拉丁文拼写，该文对这些人名一一复原，考察了他们的生平、著述及与利玛窦世界地图之间的关系。该文还列举了多种保存在中国文献中的利玛窦世界地图摹本。在同期专号上，陈观胜的《利玛窦对中国地理学之贡献及其影响》一文就此文的主题做了较全面的概述。该文在 1939 年译成英文发表后，常被西方研究者征引。③

---

① GILES L. Translations from the Chinese world map of Father Ricci [J]. Geographical journal, 1919, 53: 19 – 30.

② 洪煨莲. 考利玛窦的世界地图 [M] // 洪业. 洪业论学集. 北京：中华书局，1981.

③ 陈观胜. 利玛窦对中国地理学之贡献及其影响 [C] // 周康燮，编. 利玛窦研究论集. 香港：香港崇文书店，1971：131.

同样在 1936 年的日本，鲇泽信太郎从朝鲜留日学生黄炳仁处见到《两仪玄览图》，撰写《关于利玛窦的世界地图》一文，向公众公开此信息。①鲇泽信太郎后来发表系列论述，进一步研究《两仪玄览图》及利玛窦其他世界地图之间的关系，其中《关于利玛窦世界地图的历史研究》一文较深入地考察了利玛窦中文世界地图在日本的流传和影响。②

之后，随着利玛窦中文世界地图再无新版本出现，相关考据与比较研究陷入沉寂。20 世纪 80 年代随着辽宁省博物馆《两仪玄览图》的发现和刊布，国内学者再次关注利玛窦世界地图的译介，利玛窦世界地图研究也发生了"以中文资料为中心、以中国为中心"③ 的转变。1981 年王锦厚发表《利玛窦和他的〈两仪玄览图〉简论》一文，首次介绍收藏于辽宁省博物馆中的《两仪玄览图》④。此后，他又发表《利玛窦〈坤舆万国全图〉和〈两仪玄览图〉的比较研究》⑤ 等多篇介绍和研究文章。1983 年，曹婉如等在《中国现存利玛窦世界地图的研究》中对保存在中国的利玛窦世界地图进行了综合论述。⑥ 1983 年正值利玛窦入华 400 周年，利玛窦世界地图研究也进入了新的历史阶段。

韩国崇实大学基督教博物馆创始人金良善堪称是韩国研究利玛窦世界地图的拓荒者。其 1972 年发表的《明末清初耶稣会宣教师制作的世界地图》是一篇全面论述利氏地图的文章，而且首次刊布了《两仪玄览图》上的中文序跋题识。1988 年，该馆所收藏的《两仪玄览图》的完整印本首次刊布于该馆藏品图册。

在 1995 年出版的《中国古代地图集（明代）》中，除了收入了南京博物院所藏彩色摹绘本《坤舆万国全图》，还首次刊布了辽宁省博物馆所藏的

---

① ［日］鲇泽信太郎. 关于利玛窦的世界地图［J］. 地球，1936，26（4）.

② ［日］鲇泽信太郎. 关于利玛窦世界地图的历史研究［J］. 横滨市立大学纪要，1953，第 18 号.

③ 林金水，代国庆. 利玛窦研究三十年［J］. 世界宗教研究，2010（6）：131.

④ 王锦厚. 利玛窦和他的《两仪玄览图》简论［C］// 辽宁省博物馆学术论文集：第一辑. 沈阳：辽宁省博物馆，1981.

⑤ 王锦厚. 利玛窦《坤舆万国全图》和《两仪玄览图》的比较研究［J］. 辽海文物学刊，1995（1）：214 - 222.

⑥ 曹婉如，等. 中国现存利玛窦世界地图的研究［J］. 文物，1983（12）：57 - 70，30.

《两仪玄览图》及图上的序跋题识文字，尽管未加系统整理，且原件不清导致辨识有误，仍然是利玛窦世界地图研究的重要文献。① 1996 年，中国学者李孝聪的《欧洲收藏部分中文古地图叙录》一书出版，刊布了他在欧洲搜集的中国古地图，书中对梵蒂冈教廷图书馆两个藏本、维也纳奥地利国家图书馆藏本、伦敦皇家地理学会藏本和原克莱芒学院耶稣会图书馆藏本，均一一做了记述。②

在对利玛窦中文世界地图各刻本进行比较研究中，有学者对利玛窦中文世界地图的所属表达质疑。宋黎明在 2013 年发表了《中国地图：罗明坚和利玛窦》一文，指出罗明坚在不同时期绘制了多种中国地图集，最早的为 1583 年绘制，最迟的为 1606 年绘制。另一方面，利玛窦曾自称在 1583 年绘制过中国地图集并寄给范礼安，作者怀疑利玛窦可能将罗明坚的作品视为己有。该文认为罗明坚是用西文绘制中国地图集的第一人，该观点为利玛窦世界地图研究提供了更复杂的比较视角。③

对地图创作者表达质疑的还有美国学者李兆良。2016 年，美国学者李兆良在《明代中国人环球测绘〈坤舆万国全图〉》中通过对详细的地理地名考析，认为《坤舆万国全图》并非意大利传教士利玛窦根据欧洲世界地图翻译绘制。该地图的地理测绘不是 1602 年完成，而是在 1430 年左右，即郑和第六次大航海之后，进一步证明该地图的欧洲部分是 1400 年以前的地理，中国部分为 1430 年左右，部分美洲却是 1800 年以后欧洲人才知道的，与西方公认的地理大发现历史严重冲突。此外，作者还引用其他明代文化文物在美洲遗存等作为旁证，证明明代中国人比哥伦布先抵美洲，《坤舆万国全图》是中国文献，用现代地图学技术测绘，明代中国人是 15 世纪世界地理大发现和现代地图学的真正先驱。④ 该文主要以地理学文献为依据，而忽视与地图息息相关的主体利玛窦留下的回忆录、书信等文献，结论缺乏一定的说服力。

---

① 曹婉如，等. 中国古代地图集（明代）［M］. 北京：文物出版社，1995.

② 李孝聪. 欧洲收藏部分中文古地图叙录［M］. 北京：国际文化出版公司，1996.

③ 宋黎明. 中国地图：罗明坚和利玛窦［J］. 北京行政学院学报，2013（3）：112 - 119.

④ 李兆良. 明代中国人环球测绘《坤舆万国全图》——兼论《坤舆万国全图》的作者不是利玛窦［J］. 测绘科学，2016（7）：59 - 66.

随着地图新版本的出现，相关研究再次掀起热浪。2016 年 10 月 1 日，位于美国波士顿的卡明斯基拍卖行（Kaminski Auctions）举办了一场收藏品拍卖会。拍卖会上推出了一件编号为 6084 的藏品，是一幅残缺的地图，注明是"两幅 19 世纪的日本印刷品"，估价为 750 美元～1250 美元之间。但最后，这件藏品被一个名叫鲁德曼（Barry Ruderman）的古董商以 24，000 美金的价格买走。鲁德曼是美国加州拉霍亚（La Jolla）的一家古地图商店店主，店名为 Barry Lawrence Ruderman Antique Maps。鲁德曼之所以高价来竞拍这件藏品，主要是因为他认为该图是根据利玛窦《坤舆万国全图》绘制的中文世界地图。最初，他认为这是《坤舆万国全图》1708 年朝鲜摹绘本，但后来又认为这就是利玛窦献给中国皇帝的地图。新地图的发现很快引起了媒体与公众的广泛关注。

龚缨晏通过与鲁德曼邮件交流获取了该残图的照片，通过比对，龚缨晏发现这幅图不是直接摹自利玛窦原版《坤舆万国全图》，上面的图画也不是利玛窦绘上去的。具体的刊刻年代还需要对纸张和墨水进行技术检测和分析，但它依然具有重要的学术价值，主要体现在：第一，这是一幅前所未知的彩绘本《坤舆万国全图》；第二，这是一幅新发现的《坤舆万国全图》清代改绘本。这对于探讨彩绘本《坤舆万国全图》在东亚的传播提供了实物依据。这幅新发现的残图还表明，利玛窦世界地图在中国的传播比我们想象得更加广泛，对中国的影响也值得进行深入研究。[①]

二、全面综合研究

1938 年，德礼贤（Pasquale M. D. Elia）意大利文著作《利玛窦神父的中文世界地图》的出版是利玛窦世界地图研究史上的一座丰碑。该书以梵蒂冈教廷图书馆所藏《坤舆万国全图》为底本，根据大量的中文和西文文献，对利玛窦世界地图进行了全面的研究。[②] 该书刊布了多种《坤舆万国全图》的藏本，将图上的序跋题识和说明文字译成意大利文，并做了认真的

[①]　龚缨晏，梁杰龙. 新发现的《坤舆万国全图》及其学术价值［J］. 海交史研究，2017（1）：1-13.

[②]　D'ELIA P M. Il mappa-mondo Cinese del P. Matteo Ricci［M］. Roma：Biblioteca Apostoliea Vaticana，1938.

考释，且对该图标出的全部地名编出意大利文—中文索引。1961 年，德礼贤又撰文《利玛窦神父中文世界地图的新发现与新成果》，其中提到了朝鲜黄炳仁家藏传世的《两仪玄览图》，还将此图的中文序跋题识译为英文，并详加注释。①

20 世纪中叶，中国学者方豪在一系列论著中对利玛窦及其世界地图加以论述②，还与德礼贤等人通信讨论。他曾指出德礼贤在整理利玛窦世界地图时所依据的奥特里乌斯（Abraham Ortelius）地图，实际上是 1595 年版本，而非德礼贤所认为的 1570 年版本。③ 方豪在《中国天主教史人物传》的"李应试"等相关人物的传记中，对《两仪玄览图》上的一些人物进行了考证，指出德礼贤 1961 年论文中的一些错误。他的《李之藻研究》等著作，为研究利玛窦世界地图提供了不少文献资料。④

1970 年，船越昭生发表题为《〈坤舆万国全图〉与锁国日本》的论文，该文刊出了当时所能搜集到的利玛窦世界地图刻本与摹本，根据新发现的资料再次对利玛窦世界地图的绘制过程进行了全面考察，并特别讨论了利氏世界地图对日本的影响。⑤ 船越昭生后来又发表《利玛窦世界地图在朝鲜的影响》一文，对利玛窦世界地图在朝鲜的传播及影响进行了全面论述。⑥

2004 年，黄时鉴与龚缨晏的《利玛窦世界地图研究》由上海古籍出版社出版，该书是国内迄今为止利玛窦世界地图研究最全面的著述。该书在导言中对 20 世纪以来利玛窦世界地图研究领域的重要标志性成果一一进行了介绍，肯定各成果研究价值的同时也指出其中的不足与局限。该书分为三编：上编对利玛窦世界地图各版本的绘制与刊行进行了综合论述，其中分别提到了利玛窦不同时期在肇庆、南昌、南京及北京绘制的地图，并介绍了与其相关的一些中国古代地图，进行了比较研究；中编着眼于利玛窦

---

① D'ELIA P M. Recent discoveries and new studies on the world map in Chinese of Father Matteo Ricci (1938—1960)［J］. Monumenta serica, 1961, 20: 82 – 164.

② 方豪. 中西交通史［M］. 台北: 文化大学出版社, 1983.

③ 方豪. 梵蒂冈出版利玛窦《坤舆万国全图》读后记［C］// 方豪六十自定稿. 台北: 学生书局, 1969.

④ 方豪. 李之藻研究［M］. 台北: 商务印书馆, 1966.

⑤ ［日］船越昭生.《坤舆万国全图》与锁国日本［J］. 东方学报, 1970 (41).

⑥ ［日］船越昭生. 利玛窦世界地图在朝鲜的影响［J］. 人文地理, 1971 (3).

世界地图的源流与影响，提出利玛窦在绘制世界地图时不仅参考了来自西方的墨卡托父子及奥特里乌斯的地图，也参考了中国文献资料，还有部分数据来自利玛窦的实地观测，这是对利玛窦中文世界地图资料来源最全面的论述；中编还对利玛窦世界地图在中国、日本和朝鲜的流传及影响，以及本土回应进行了论述；下编是相关文献的整理，包括《坤舆万国全图》和《两仪玄览图》的论说序跋题识全文和《坤舆万国全图》地名通检表。作者首次依据奥特里乌斯、墨卡托等人的世界地图原本列出了《坤舆万国全图》上 1114 个地名的中文—拉丁文对照通检表，并对德礼贤所列的意大利文—中文对照表上的地名进行了考证。① 这为利玛窦世界地图的译介研究提供了宝贵的资料和依据。2006 年，黄时鉴撰文《利玛窦世界地图研究百年回顾》，对利玛窦中文世界地图的国内外研究成果做了总结。②

三、意义与影响研究

随着对利玛窦中文世界地图历史地位认识的加深，对其意义及影响的研究逐步开展起来。1983 年，在台北召开的纪念利玛窦来华 400 周年中西文化交流史国际学术会议上，学者林东阳发表文章《利玛窦的世界地图及其对明末士人社会的影响》，该文根据 20 世纪以来的研究成果对利玛窦世界地图做了全面研究，③ 但遗憾的是未提及大陆已经发现的《两仪玄览图》。

1986 年，德伯格（Minako Debergh）在文章《日本大阪藏利玛窦世界地图 1708 彩绘本》一文中主要研究了 1708 年朝鲜人摹绘的彩绘本《坤舆万国全图》，即日本大阪北村芳郎藏本。文中将该藏本上的朝鲜人作的序文做了考证，并译成法文，同时就彩绘本利玛窦世界地图的来源问题提出了自己的一些看法。

2016 年，复旦大学的邹振环教授在《神和乃囿：利玛窦世界地图的在华传播及其本土化》一文中，就利玛窦中文世界地图在中国的版本演变进

① 黄时鉴，龚缨晏. 利玛窦世界地图研究［M］. 上海：上海古籍出版社，2004：183.

② 黄时鉴. 利玛窦世界地图研究百年回顾［J］. 暨南学报（哲学社会科学版），2006（2）：119 - 123.

③ 林东阳. 利玛窦的世界地图及其对明末士人社会的影响［C］// 纪念利玛窦来华四百周年中西文化交流国际学术会议论文集. 台北：辅仁大学出版社，1983.

行了梳理，同时探讨了利玛窦译介的世界地图对中国文化各方面的影响。该文根据利玛窦世界地图刊刻和传播的实况，将其版本分为《大瀛全图》与《山海舆地图》《坤舆万国全图》《两仪玄览图》三个系列和木刻本、彩绘绢本两种形式，并就"地圆说"与地球知识、"五大洲"与"万国"的概念、西方人文地理知识点的介绍及其与中国文化的对话等诸多方面，讨论了利氏世界地图所传达的新知识、新方法和新词汇，指出该图是明清士人理解整个世界的一个重要的窗口。论文还通过熊明遇的《格致草》、熊人霖的《地纬》、王在晋的《海防纂要》以及晚清的《海国图志》和《瀛寰志略》等，分析了利氏世界地图在晚明至晚清二度本土化的过程，指出该地图在晚清西学知识重建过程中所产生的意义。①

通过对一个多世纪以来利玛窦世界地图研究的回顾，我们可以发现，研究的内容主要分为以下三个方面：一是刻本考据与比较，包括对利玛窦绘制的各种世界地图及其摹刻本、摹绘本的流传和收藏的研究和考证，特别是对利玛窦现存于世的《坤舆万国全图》诸本和《两仪玄览图》的研究，对利玛窦世界地图上所刻文字的整理、考证、翻译和注释，对利玛窦世界地图所依据的来源资料的研究，对利玛窦世界地图真正作者身份的研究等；二是对利玛窦中文世界地图的全面综合研究，以专著为代表；三是对利玛窦世界地图的意义及其对中国及朝鲜和日本的影响研究。

我们同时可以发现，利玛窦世界地图研究往往由于新藏本或新文献的发掘而获得推进，研究成果也相对丰富，而当没有新的史料出现时，研究也会陷入沉寂。对利玛窦世界地图的研究首先源起于他的家乡意大利，直至现在，意大利学者仍然是利玛窦研究的主要力量。另一股研究的主要力量来自他的第二故乡——中国，中国学者的研究源于 20 世纪 30 年代，自 20 世纪 80 年代起又开启了利玛窦研究的新时代。日本和朝鲜学者也在利玛窦世界地图的史料发掘和研究方面做出了贡献。由此可见，利玛窦世界地图研究具有国际性，同时也深深地根植于相关国家的文化储存和文献资

---

① 邹振环. 神和乃闷：利玛窦世界地图的在华传播及其本土化 ［J］. 安徽史学，2016 (5)：5 – 17.

料中。

一直以来，从翻译的视角对利玛窦中文世界地图的研究较为少见，关于地图中天文地理术语的翻译，可散见于对利玛窦翻译活动的研究中。在《论译者的译材选择与翻译策略取向——利玛窦翻译活动个案研究》一文中，作者以利玛窦首译世界地图的过程来证明主体文化的倾向对翻译选材和翻译策略取向的影响。文章涉及利玛窦的多部著译作品，但未对其中的翻译策略进行深入分析。梅晓娟和周晓光在《利玛窦传播西学的文化适应策略——以〈坤舆万国全图〉为中心》一文中，从文化适应的角度对《坤舆万国全图》的译介进行了研究，分析了地图译介的背景、内容、形式、思想等，认为利玛窦传播西学中的文化适应策略是早期来华耶稣会士奉行的适应性传教路线的重要组成部分，但该文并未对翻译方法进行分析，也没有对其提到的文化适应策略提供文本上的佐证。从以上的文献可以看到，已有翻译学领域的学者对利玛窦世界地图的译介进行研究，但多关注外界因素对于翻译活动的影响，缺乏对翻译文本本身的深入挖掘。

翻译是利玛窦在华传播西学和宗教的重要手段，为使其作品能为中国士人所接受，翻译策略的选择至关重要。下文将在前人研究的基础上，以《坤舆万国全图》中的地名及相关辅文为主要研究对象，结合《利玛窦世界地图研究》中的地名对照表，对其中的术语和地名翻译进行分析，重点探究文化适应策略在利玛窦世界地图译介中的体现。

第二节 利玛窦中文世界地图的译介传播

一、利玛窦中文世界地图的刻印版本

利玛窦的中文世界地图是其翻刻次数最多、流传最广、影响最大的作品。根据历史学家赵荣和杨正泰的统计，利玛窦在华制作的各种地图的刊刻情况见表 3 - 1。

表3－1 利玛窦世界地图各版本列表①

图名	绘图时间	刊刻者	绘图地点	备注
《山海舆地图》	1584	王泮刻板	肇庆	
《世界图志》	1595		南昌	绘赠于多泽
《山海舆地图》	1595—1598	赵可怀刻石		苏州翻王泮本
《世界图记》	1596		南昌	王佐编制
《世界图记》	1596		南昌	绘得一两本
《山海舆地全图》	1600	吴中明刻板	南京	增订王泮本
《舆地全图》	1601	冯应京刻板	北京	二小圈图等
《坤舆万国全图》	1602	李之藻刻板	北京	增订吴中明本
《坤舆万国全图》	1602	某刻工刻板	北京	复刻李之藻本
《两仪玄览图》	1603		北京	增订李之藻本
《山海舆地全图》	1604	郭子章刻板	贵州	缩刻吴中明本
《坤舆万国全图》	1608		北京	诸太监摹绘李之藻本多份

（一）《山海舆地图》

该图是应肇庆知府王泮要求所创作，并由其亲自督促刊印。该图由中文制成，由于汉文字所占空间比西文大，所以绘制的地图比原来的西文世界地图篇幅要大得多。《山海舆地图》共刻印三份，除送王泮外，"一张赠广东省兵备道，一张赠给一位文人"。据考证，文人就是王应麟。1593年王升任镇江知府后将此图转赠1595年上任的应天巡抚赵可怀，赵将其刻在苏州的一块石碑上，并亲作序文一篇。该石碑的刻制过程在《苏州府志》中有载："《山海舆地图》，中丞赵宁宇刻，在姑苏驿。"利玛窦也曾将此图随信件寄回欧洲，但未流传下来。

（二）《舆地山海全图》（包括两幅《舆地图》）

1598年在江西南昌，利玛窦的世界地图对当时的达官贵人仍具有较强的吸引力。利玛窦一到南昌，就带着他精心挑选的礼物拜访了建安王，其中最受建安王喜欢的是"两部按欧洲样式装订、用日本纸张印刷的书籍，

---

① 赵荣，杨正泰. 中国地理学史：清代［M］. 北京：商务印书馆，1998.

纸很薄，但极坚韧……"① 该书中包含地图几幅。不久后，利玛窦开始重新绘制世界地图。他说："……我正着手绘制一世界地图，上附有许多注释与说明。目前尚未竣工，许多智慧高的人前来观看，无不殷望赶快印刷出来……"② 不仅如此，利玛窦在南昌还结识了当时的学问家、白鹿洞书院院长章潢，二人交往甚密，章潢所撰《图书编》中便收录了利玛窦在南昌绘制的中文世界地图摹刻本。

（三）《山海舆地全图》

《山海舆地全图》是 1600 年利玛窦在南京完成的世界地图。应南京吏部主事吴中明邀请，利玛窦对在南昌绘制的世界地图进行了修改重绘，完成后的新地图即为《山海舆地全图》。吴中明在地图完成后为其作序："利山人自欧罗巴入中国，著《山海舆地全图》，荐绅多传之。"③ 图上附有署名"大西国山人利玛窦撰"的《山海舆地全图说》。利玛窦本人在 1602 年的《坤舆万国全图》序中亦说"庚子至白下，蒙左海吴先生之教，再修订"④。此图为彩色版，流传甚广，各地达官仿效刻印。贵州巡抚郭子章将其缩刻，并将缩刻本寄给利玛窦观览。此图原本已失传，在冯应京所作《月令广义》和王圻的《三才图绘》中可见其摹本。

（四）《坤舆万国全图》

利玛窦于 1601 年第二次到达北京，经皇帝允许获得在北京居住的机会。在李之藻的支持下，利玛窦对原来的中文世界地图进行了修订，于 1602 年秋编绘出《坤舆万国全图》。该图由六条屏幅组成，每幅高 1.79 米，宽 0.69 米，总长 4.14 米，总面积约 7.41 平方米。原图是用黑色线雕印刷的椭圆形世界地图。图的两边和图上空白处是序文和解说文字，包括利玛窦的解说、序文三篇、李之藻序一篇、吴中明为 1600 年南京版《山海舆地全图》所作序一篇，"杨景淳跋"和"陈民志跋""祁光宗题"三篇。地图四角，有四幅圆形图及相关的解说文字：右上是《九重天图》，右下是《天地仪图》，左上是《赤道北地半球之图》，左下是《赤道南地半球图》。此外，

---

① ［意］利玛窦. 利玛窦书信集 ［M］. 罗渔，译. 台北：光启与辅仁大学出版社，1986：156.
② ［意］利玛窦. 利玛窦书信集 ［M］. 罗渔，译. 台北：光启与辅仁大学出版社，1986：180.
③ 朱维铮. 利玛窦中文著译集 ［M］. 上海：复旦大学出版社，2012：223.
④ 朱维铮. 利玛窦中文著译集 ［M］. 上海：复旦大学出版社，2012：182.

左上靠中有《日食图》和《月食图》；左下靠中有《周天黄赤二道错行中气之界限图》。关于图的印制，图左下方有"钱塘张文熹过纸，万历壬寅孟秋日"两行字，说明此图为杭州人张文熹印刷。地图印制完成后，利玛窦还在地图上面的一些部位做了设色处理。该图亦成为利玛窦进贡朝廷的礼品之一，后由宫中太监临摹多幅，现藏南京博物院的《坤舆万国全图》即为太监彩绘临摹本，是国内留存的唯一《坤舆万国全图》版本。

（五）《两仪玄览图》

继《坤舆万国全图》后，利玛窦又绘制了《两仪玄览图》。应李应试的请求，利玛窦于 1603 年 8 月完成《两仪玄览图》的印制并发行。该图本身与《坤舆万国全图》没有区别，但形式有所变动，由原来的六屏幅变为八屏幅，其他附图及论说位置有所变化。李应试撰写了一篇题为《刻〈两仪玄览〉》的序文，文后署"万历癸卯秋分日耶稣教学子葆禄李应试撰"字样。利玛窦在《两仪玄览图》序文中记述了此图的绘制过程，阮泰元在跋文中记述了制作此图的缘起。《两仪玄览图》绘制和刻板篇幅巨大，内容翔实，除保留《坤舆万国全图》上的部分序文之外，还有利玛窦作序、识各一篇；李应试序、识各一篇；阮泰元跋；冯应京《舆地图序》等 8 篇序跋题识。《两仪玄览图》问世后，曾流传国外，但明朝覆亡后，此图很快被世人遗忘，直到 20 世纪才被人发现。目前国内只有一幅留存，现藏于辽宁省博物馆。据考证，1621 年努尔哈赤攻占辽阳，缴获此图。1625 年，该图移藏沈阳故宫。1981 年，此图首次向外界披露。1994 年，全图印本收于《中国古代地图集（明代）》。

二、利玛窦中文世界地图原刻本的馆藏情况

从现有的文献发掘来看，仅有 1602 年李之藻刻印的《坤舆万国全图》和 1603 年李应试刻印的《两仪玄览图》的原刻本得以保存下来，而其他地图的原刻本均已遗失。李之藻原刻版《坤舆万国全图》尚发现八件，但都保存在国外的图书馆或博物馆，中国南京博物院藏有该图的彩色摹绘版一幅。《两仪玄览图》目前发现两幅，其中一幅藏于中国辽宁省博物馆。现存利玛窦世界地图收藏及藏本现状如表 3-2。

表 3 - 2　利玛窦世界地图原刻本的馆藏情况

名称	版本	馆藏地	馆藏情况
坤舆万国全图	李之藻原刻版	梵蒂冈教廷图书馆藏本	六屏幅，保存完整。图上刻有耶稣会印章，图无设色。无装裱痕迹，背面有罗马字母。
		日本京都大学藏本	六屏幅，保存完好。耶稣会印章被刮去。有漏印。屏幅周边有严重破损，纸面有多处温渍。有装裱和重新着色痕迹。
		日本宫城县立图书馆藏本	六屏幅。由于虫蛀损坏导致有些画面与文字缺失。污染严重，破损较少。有以卷轴方式保存可能。有重新着色痕迹。
		日本内阁文库藏本	六屏幅。但图上无外围文字、图案及解说文均被去掉。未经装帧，保存完好，虫蛀破损少。无任何着色痕迹。
		法国原克莱芒学院藏本	未经装裱，第三屏幅李之藻题跋处有两处叠印痕迹。
		俄罗斯国家图书馆藏本	
		美国明尼苏达大学藏本	
		意大利博洛尼亚大学天文台藏本	残本，只有第一和第六两条屏幅，其他已失。与汤若望所绘天文图之一屏幅相混淆。
	私刻版	某美国人藏本	民间私刻。比正版略小。有漏刻，加绘各种彩色。全图四周用金色勾描。私人收藏。
	清初刻版	英国皇家地理学会藏本	有破损，耶稣会印章粗糙。着色。有修改："大明一统"改为"大清一统"；"大明海"改为"大清海"。图上《总论横度里分》有四处错误。
		奥地利国家图书馆藏本	背面有文字说明传入欧洲情况。拆装成壁挂地图。全图着色。有部分修改。

（续表）

名称	版本	馆藏地	馆藏情况
坤舆万国全图	彩色摹绘版	中国南京博物院藏本	全图彩色。六屏幅。文字、附图全。图上绘有各种动物及船只。有墨线仿绘本保存在中国历史博物馆。
		韩国首尔大学藏本	共八屏幅。无耶稣会印章，称中国为"大明"。错讹较少。
		日本大阪北村芳郎藏本	十屏幅，有较大改动。有耶稣会印章，称中国"大明"。
		美国凯达尔捕鲸博物馆藏本	仅一条屏幅，与南京博物院藏本相同，相当于它的第三条幅，彩色。
		理格藏本	与南京博物院藏本相同，六屏幅。1936年，藏于北京。抗战时期被理格带往欧洲，后来下落不明。
		中国国家图书馆藏本	残件，仅一屏幅。彩绘。与南京博物院藏本相同，相当于它的第四条屏幅。
		美国鲁德曼私人藏本	残件，仅有首、尾两条屏幅。手工着色。上"大明一统"被改为"大清一统"。于2016年出现在拍卖会上。
两仪玄览图		中国辽宁省博物馆藏本	简称"辽本"。纸地板刻墨印，添着彩色，八幅，高2米，通横宽4.42米。原图是贴在内府翔凤阁屏风之上，1949年重新装裱后，略有漫漶和缺失。图中有些汉字旁边注墨书满文，原山脉墨线大都添绘青绿色。
		韩国崇实大学基督教博物馆藏本	简称"崇本"。纸地板刻墨印，无色彩，八幅，高1.98米，通宽4.44米。保存完好。

1602年秋，利玛窦在北京绘成《坤舆万国全图》，在李之藻等人的资助下，以木版刻印出版，被称作"李之藻原刻版"。李之藻原刻版由六条屏幅组成，每一条屏幅高1.79米，宽0.69米，拼合起来总长约4.14米，总面积约为7.41平方米。目前所知，可以确定的李之藻原刻版《坤舆万国全图》共有8件，都保存在国外，分别是：（1）梵蒂冈教廷图书馆藏本；（2）

日本京都大学藏本；（3）日本宫城县立图书馆藏本；（4）日本内阁文库藏本；（5）原克莱芒学院藏本（现被私人收藏）；（6）俄罗斯国家图书馆藏本；（7）美国明尼苏达大学藏本；（8）意大利博洛尼亚大学天文台所藏残屏。此前有学者曾认为梵蒂冈教廷图书馆中还藏有另一幅《坤舆万国全图》，但日本学者高田时雄对这个藏本是否真的存在表示怀疑。梵蒂冈教廷图书馆的余东女士则明确表示，该馆并没有第二件李之藻原刻版《坤舆万国全图》。

《坤舆万国全图》除了李之藻原刻版外，可能还存在刻工私刻版、"清初刻版"、南京博物院藏本、韩国首尔大学藏本、日本大阪北村芳郎氏藏本、美国凯达尔捕鲸博物馆藏本、理格藏本、中国国家图书馆藏本等。据考证，这些版本的母本都是 1602 年利玛窦在北京刻印的《坤舆万国全图》。关于《坤舆万国全图》和《两仪玄览图》的收藏情况，龚缨晏与黄冶辉在《利玛窦在华所绘世界地图及其收藏情况》一文中曾有过细致研究。①

三、利玛窦中文世界地图的传播路径

利玛窦的地理学新知的传播始于广东肇庆，后来逐渐传到全国各地，主要通过以下四种途径。

第一，通过刻印不同版本的中文世界地图传播。由上文可知，利玛窦的世界地图分别在肇庆、南昌、苏州、南京、北京、贵州等地刊刻、传播。在不同时间和地点，利玛窦应不同人的请求，绘制了多个版本的中文世界地图，后又由多人翻刻，使利玛窦的世界地图在中国不同地区得以传播。

第二，作为利玛窦社会交际的礼物得以传播。利玛窦在华 28 年，行迹遍布近半个中国。在各地他与中国士大夫广泛接触，结交了不少朋友，上至王公贵族，下至商人百姓。据林金水初步考订，利玛窦在华交游的士大夫约有 130 名。在交际过程中利玛窦常将中文世界地图作为礼物赠送给官员或士人，再经过这些上层人士的二次传播，扩大了利玛窦中文世界地图的影响力。

---

① 龚缨晏，黄冶辉. 利玛窦在华所绘世界地图及其收藏情况——纪念《两仪玄览图》问世 400 周年 [J]. 地图，2003（5）：20 – 25.

第三，通过在华刻印的其他科技著作传播。利玛窦在徐光启、李之藻的帮助下翻译了许多种天文、数学著作，如《乾坤体义》《浑盖通宪图说》《几何原本》等。《乾坤体义》是论述宇宙理论的天文学著作，其中有一节专门论述地圆说，内容上与上引相差无几。这类著作对于宣传利氏地理学新知也起了很大作用。

第四，通过同时代其他传教士和中国士人的宣传。如1593年有一位天主教传教士以"新刻僧师"署名，写了一本叫《无极天主正教真传实录》的书。该书第四章以问答形式论述地圆学原理，它珍藏在西班牙马德里国家图书馆，方豪在《中西交通史》中转录。章潢的《图书编》中也收藏了利玛窦的《舆地山海全图》，对其在华传播产生了积极影响。

通过以上四种途径，利玛窦世界地图带来的天文、地理新知识在中国得以传播，并产生了深远的影响。

第三节　利玛窦中文世界地图的翻译策略

根据龚缨晏和黄时鉴的整理，利玛窦《坤舆万国全图》上的地名共有1114个。意大利学者德礼贤曾利用奥特里乌斯《地球大观》的1570年版（方豪认为实际上是1595年版）做过这些地名的意大利文—中文对照表，收于其名著《利玛窦神父的中文世界地图》（*Il Mappa-mondo Cinese del P. Matteo Ricci*）。龚缨晏则以奥特里乌斯《地球大观》的1570年版影印本（1964年）、1587年版本和"百本"（Buy Enlarge. Com.，1999年，共收50幅，其中世界地图为1587年版），以及墨卡托《世界地图制作集》的1595年汇编本（*Atlas sive Cosmographicae Meditationes de Fabrica Mundi et Fabricati Figura*）以及一些著作中的单幅翻印件，制作了《坤舆万国全图》中文—拉丁文地名通检表。

根据该通检表，我们大致可以还原利玛窦在地名翻译时所运用的策略。

一、地名翻译策略

利玛窦世界地图中地名的翻译以音译为主，意译较少，一部分使用了音译与意译相结合的方法。利玛窦所使用的绝大部分译名为后来的地图制作者，如艾儒略和南怀仁等沿用。

（一）音译

利玛窦地名的音译主要采取音节对应的形式，以适应汉语一字一音节的特点，《坤舆万国全图》中文—拉丁文地名音节对译情况见表3－3。

表3－3　《坤舆万国全图》中文—拉丁文地名音节对译表

中文	拉丁文	中文地名举例	拉丁文地名举例
入	gi, gui	入匿	Guinea
土	to, tu	土佐	Tosa
大	da, ta	大非力	Dafila
瓦	ga, gua	瓦得尔	Guadel
止	ci, chi	止加	Chinca
勿	va, vu, ve, vo	勿糯茶	Venetia
巴	pa, ba	巴而加	Barcha
甘	cam, can	甘的亚	Candia
古	cu, go	古美沙	Cumissa
皮	bi, pi	皮亚法尔	Biafar
奴	nu, no	奴儿干	Nuergan
加	ka, ca, col, car	加里私	Calis
伊	i	伊西帝宜入	Istigias
多	ta, to, tuo	多皮腊	Topira
色	ce, ci, sce	色氏测岛	Sept Cites
安	an, a	安房	Awa
祁	chi	祁蜡	Chilaga
如	ju, gi	如路马大	Giurumata
车	che	车里	Cheli

（续表）

中文	拉丁文	中文地名举例	拉丁文地名举例
步	pu, bu	步而牙	Puglia
门	mon, mom	门巴察	Mombaza
利	li	利未亚	Libia
何	o, ho	何加入	Ocrage
伯	be, bra, bea,	伯路卧	Belugaras
佛	fe	佛沙国	Fessa
角	ca	角利弗尼聂	California
沙	sa, sar	沙琐泥亚	Saxonia
没	mo, me	没厮固未突	Moskovia
那	na	那勿腊	Navarra
亚	a	亚衣漫	Ayman
非	fi, fri	非马祁亚	Finmarchia
波	bo, po	波的亚	Boddia
阿	a	阿玛加那	Amazones
马	ma	马加大作	Magadazo
革	ga, ca	革法得	Cafates
卧	go, ga	卧的亚	Gotia
曷	he, a	曷剌比亚	Arabia
蒂	di, ti	蒂曷儿伯	Diarbech
突	te, tr, ter	突曷萨	Tegazza
哥	co	哥而西克	Corsica
得	te	得米汉	Temian
讶	a, gi, ia	讶乐福	Gilolof
麻	ma	麻打曷失葛	Madagascar
玛	ma	玛泥儿牙	Manila
路	lu	路格禺	Lucayo
意	i	意大里亚	Italia
撒	sa	撒里怯儿	Sarikil
墨	me	墨珠亚甘	Mechuacan

（续表）

中文	拉丁文	中文地名举例	拉丁文地名举例
诺	no	诺而物入亚	Norvegia
摩	mo	摩可沙国	Mocosa
默	me	默冷德	Melinde
缚	vo	缚罗苔	Vologda
苏	su	苏门答剌	Sumatra
罗	ro	罗马泥亚	Romania

有些地名的译名与现今地名完全相同或仅有细微差别，如表 3 - 4。

表 3 - 4　《坤舆万国全图》中文—拉丁文地名对照表

中文地名	拉丁文地名
欧罗巴	Europa
牙买加	Iamaica
亚细亚	Asia
罗马	Roma
罗马泥亚	Romania
古巴岛	Cuba
加拿大国	Canada
地中海	Mediterraneo, mare
西红海	Mar Rosso olim Sinus Arabicus
意大里亚	Italia

利玛窦地名的音译中，部分原地名较长，音节较多，实行汉化简省，以符合汉字音节特点。如大努毗河江（Danubius, flu）、巴革老地（Baccalaos, Terra de）、巴大温（Patagonum Regio）中省译了后面的尾音 us，s 和 um，而在巴尔德峡（Estrecho de Gibraltar）中则省译了地名 Gibraltar 中的音节 Gi。

有些地名在西文世界地图中没有明确标注其地貌类型，利玛窦采用音译加表类名词，如"城""岛""国""山""河""湖"等，对其注释，见表 3 - 5。如 Canada 译为"加拿大国"，其中"国"为译者所加。相类似的方法还见于大入尔国（Tagil）、古巴岛（Cuba）、地木岛（Timor）、沙哥多剌岛（Zocotora）、占城（Campaa）、骏河（Suruga）、风入湖（Fungi）等。

表 3 – 5 《坤舆万国全图》地貌类型中文—拉丁文对译表

地貌类型	中文地名	拉丁文地名
国	大入尔国	Tagil
	氐萨那国	Tisnada
	加拿大国	Canada
	加巴斯祈国	Capaschi
	多勿国	Toua
	多朵德亚国	Totonteac
	祁勒国	Chili
	佛沙国	Fessa
	沙瓦乃国	Saguena
	沙里思可国	Xalisco
	那心瓦国	Narsinga
	亚登国	Aden
	亚妈餶国	Amazones
	亚勿加而国	Auacal
	亚伯而耕国	Apalchen
	突而利其祁默奇国	Terlichichimechi
	登都国	Tenduc
	墨利国	Melli
	摩可沙国	Mocosa
城	占城	Campaa
山	北度西山	Potosi
河	入蜡河	Ghyr
	安义河	Ganga
	骏河	Suruga
湖	风入湖	Fungi
岛	古巴岛	Cuba
	仙多默岛	S. Thome
	仙衣力拿岛	S. Helena
	仙劳冷祖岛	Madagascar
	地木岛	Timor
	沙哥多剌岛	Zocotora
	青珠岛	Trindad

（二）意译

地名的意译在利玛窦世界地图译介中只占极少部分，但却体现了不同区域不同地貌类型的特点，易于识记，且引发人们的联想（见表3-6）。如地名 Terra del Fuego 中 terra 意为"土地"，fuego 意为"火，火焰"，因此利玛窦将其意译为"火地"。相同的译法还见于地中海（Mediterraneo，mare）、西红海（Mar Rosso olim Sinus Arabicus）、绿峰岛（Insule Cap Viridis）、鹤岛（Coruo）、美湾（Baya Hermosa）等地名，无须再加解释，读者便可通过译名了解该地的风土人情。

表3-6　《坤舆万国全图》意译地名中文—拉丁文对译表

中文地名	拉丁文地名
鹤岛	Coruo
绿峰岛	Insule Cap Viridis
绿峰	C. Verde
福岛	Forteuentura
黑人国	Negrita Rum Regio
黄鱼岛	Sardinia
雪山	Sierra Neuada
鬼岛	Demonios
美湾	Baya hermosa
行香岛	Profumi, isola dei
安义河	Ganga
西红海	Mar Rosso olim Sinus Arabicus
地中海	Mediterraneo, mare
火地	Terra del Fuego

（三）音译与意译相结合

利玛窦世界地图译介中，音译与意译相结合的处理主要有以下两种情况。

第一，在译介地貌类型相似或者地理位置相近和相反的地名时，利玛窦常使用前置修饰或限定词，如"大""小""南""北""上""下""新"

等，加以区分。如大爪哇（Iava Maior）、小爪哇（Iava Minor）两个地名中，Iava 为音译，Maior 和 Minor 分别意译为"大"和"小"。再如北亚墨利加（America Settentrionale）、南亚墨利加（America Merridionale）中，"北""南"意译自拉丁文 Settentrionale 和 Merridionale，America 则音译为"亚墨利加"。类似的译法还有以新入匿（Noua Guinea）以区分入匿（Guinea）、小以西把你亚（Hispaniola）以区分以西把你亚（Hispania）等。

第二，在区分不同的地貌类型时，利玛窦常在地名音译后加意译实词，如"山""河""湖""峰""海""岛""峡"等。如 Salomon, Islas de 中将地名 Salomon 音译为"沙蜡门"，而 Islas 意译为"岛"。相同的译法还见于巴革老地（Baccalaos, Terra de）、巴尔德峡（Estrecho de Gibraltar）、加湖（Chiama, lago di）、吴路汉河（Uruan, Rio de）、香峰（Hian, promontorio）、意貌山（Imaus mons）等。

除以上三种翻译方式外，利玛窦的地名翻译有很多直接使用中国古代地名称谓。如将 Mare Pacificum 译为"大东洋"，其中 Mare 为"海洋"之意，Pacificum 为"和平的，平稳的"之意，在现代汉语中称之为"太平洋"。而在中国元、明时期将南海东部及其附近诸岛称为"东洋"，故利玛窦沿用了此地名。

二、术语翻译策略

在利玛窦世界地图翻译中，术语的翻译虽然数量较地名少，但其重要性和流传度均高于地名的翻译。术语的翻译主要采用意译策略，借用已有汉字赋予新义以及借用已有汉字创译新词。

（一）借用已有汉字赋予新义

借用汉语中已有汉字，对其义进行引申是利玛窦常用的术语翻译策略。黄铭石在《利玛窦中文著译中的术语及专名研究》一文中对选自古汉语中的汉字之义进行了梳理，此节参考了该文的部分内容，① 并结合古汉语词典对词义进行解读。

"经""纬"在古汉语中指南北向和东西向的道路或土地。《周礼·考工

---

① 黄铭石. 利玛窦中文著译中的术语及专名研究［D］. 重庆：四川外国语大学，2013.

记·匠人》："国中九经九纬，经涂九轨。"《大戴礼记·易本命》："凡地，东西为纬，南北为经。"也可以指织物的纵、横线。《文心雕龙·情采》中有"经正而后纬成，理定而后辞畅"，汉代郑玄注："黑经白纬曰纤。"利玛窦将地理学上假设通过地球南北极与赤道垂直的东西和南北分度线称为"经""纬"。

"南极""北极"原指南方和北方极远之处。《庄子·大宗师》："颛顼得之，以处玄宫；禺强得之，立乎北极。"《吕氏春秋·本味》："南极之崖，有菜，其名曰嘉树，其色若碧。"《宋书·天文志一》："天地之体，状如鸟卵，天包地外，犹壳之裹黄也……周天三百六十五度五百八十九分度之百四十五，半露地上，半在地下。其二端谓之南极、北极。"我国古天文学谓北天极，即地轴北端之延长线与天球相会之点。利玛窦用来指地轴的南北端，即南半球和北半球的顶点。如"天既包地，则彼此相应，故天有南北二极，地亦有之"。

"线"本指用棉、毛、丝、麻、金属等材料制成的细缕。《周礼·天官·缝人》："缝人掌王宫之缝线之事。"祖咏《七夕》诗："向月穿针易，临风整线难。"郑玄注引郑司农曰："线，缕也。"利玛窦将其用作几何学名词，指一个点任意移动所构成的图形，语义也抽象化。如在《坤舆万国全图》中："中心画十字线，此直线即天顶也，横线即地平也，此线以上为地上。"① 线也是《几何原本》中的重要术语。

"球"在古汉语中同"毬"，一种习武用的皮球。革制，中间以毛填实，足踢或杖击为戏。唐代白居易《洛桥寒食日作十韵》："蹴毬尘不起，泼火雨新晴。"后引申为圆形的物体。唐代姚合《对日》："一片黑云何处起，皂罗笼却水精毬。"利玛窦在《坤舆万国全图》中用来特指地球，如"地与海本是圆形而合为一球，居天球之中，诚如鸡子，黄在青内"②。

"寓言"原指"有所寄托的话"。《庄子·寓言》："寓言十九，重言十七，卮言日出，和以天倪。"陆德明释文："寓，寄也。以人不信己，故托之他人，十言而九见信也。"宋代王谠《唐语林·补遗一》："元祐献诗十

---

① 朱维铮．利玛窦中文著译集［M］．上海：复旦大学出版社，2012：175．
② 朱维铮．利玛窦中文著译集［M］．上海：复旦大学出版社，2012：173．

首，其词猥陋，皆寓言嬖幸，而意及兵戎。"利玛窦用其指文学作品的一种体裁，即用假托的故事或自然物的拟人手法说明某个道理，常带有劝诫、教育的性质。如《坤舆万国全图》中："世传嵇没辣之兽，狮首羊身龙尾，吐火，有圣人除之。盖寓言也。"①

"圣教"本是旧称尧、舜、文武、周公、孔子的教导。汉代王充《论衡·率性》："孔门弟子七十之徒，皆任卿相之用，被服圣教，文才雕琢，知能十倍，教训之功而渐渍之力也。"后来一些宗教信徒也用此作为对各自宗教的尊称。唐代玄奘《大唐西域记·呋舍厘国》："时诸大圣莫不悲感，即召集诸苾刍，依昆奈耶诃现制止，削除谬法，宣明圣教。"利玛窦借"圣教"一词来指基督教，如《坤舆万国全图》中："此欧逻巴州，有三十余国，皆用前王政法，一切异端不从，而独崇奉天主上帝圣教。"② 黄河清在《近现代辞源》中也提到利玛窦在著作中称"基督教"为"圣教"。③

（二）借用已有汉字创译新词

借用已有汉字创译新词是利玛窦术语翻译中常用的方法，此法充分地发挥了汉语强大的表意功能，利用偏正型构词法，使得术语的创译具有简洁、连贯、易流传的特点。

利玛窦在《天地浑仪说》中首先提出"球"的概念，进而引出"天球""地球"；由方向词"南""北"引出新概念"南极""北极""南极圈""北极圈"；由"道"引出新概念"赤道""南道""北道"；由"带"引出"五带""正带"（即温带），虽未有使用"热带"和"寒带"二词，但已做出解释。后来在《乾坤体义》一书中收入此文时才给出"热带"和"寒带"两个术语，而且沿用至今。

"西"在古代最早表示"西方、西边"的含义，是指日落的方向。《诗·大雅·桑柔》："自西徂东，靡所定处。"用来表示"西方国家"这个含义时，则是春秋时晋国指秦国，宋代指西夏。《左传·成公十三年》："文公恐惧，缓静诸侯，秦师克还无害，则是我有大造于西也。"《孟子·梁惠王下》：

---

① 朱维铮. 利玛窦中文著译集［M］. 上海：复旦大学出版社，2012：211.
② 朱维铮. 利玛窦中文著译集［M］. 上海：复旦大学出版社，2012：214.
③ 黄河清. 近现代辞源［M］. 上海：上海辞书出版社，2010：355.

"东面而征西夷怨，南面而征北狄怨。"后来佛教用来指"西天"，那些信奉佛教净土宗者，用来指《阿弥陀经》所说西方极乐世界。利玛窦进一步把地域扩展，用其来指现代意义上的"西方国家"，即欧美各国，意同"西洋"，同时也包括那些"内容或形式属于西洋的"①，并由此衍生出了一系列的"西X"词语。利玛窦用"西X"这种构词方式，通过赋予其新的意义来表示"西方的X"。如《坤舆万国全图》中的"西红海"，"若利未亚者，南至大浪山，北至地中海，东至西红海，仙劳冷祖岛，西至河折亚诺沧"；又如"大西洋"，"若欧罗巴者，南至地中海，北至卧兰的亚及冰海，东至大乃河、墨何的湖、大海，西至大西洋"；"小西洋"，如"若亚细亚者，南至苏门答腊、吕宋等岛，北至新曾白蜡及北海，东至日本岛、大明海、西至大乃河、墨何的湖、大海、西红海、小西洋"。这里值得注意的是，"大西洋"除了本身指"大西洋"以外，还可以局部代整体，用来指称西方，如《上大明皇帝贡献土物奏·原疏》中："大西洋陪臣利玛窦谨奏，为贡献土物事。"②

利玛窦在《论地球比九重天之星远且大几何》一文中依次提出了"水星"（Mercurius）、"金星"（Venus）、"火星"（Mars）、"木星"（Jupiter）、"土星"（Saturno）的概念。其中，"金星"在中国古代被称为"太白"或"太白金星"，利玛窦没有使用 Venus 在拉丁文中"爱与美的女神"的原意，而使用了汉语中已有的"金星"来翻译。又借用中国传统的"五行"说，使用偏正式构词法，创译了"火星""水星""木星"和"土星"。而译名的选择也有巧妙之处，如 Saturno 在拉丁语中是"农神"之意，利玛窦将其译为"土星"；Mercurius 在拉丁语中是"水银、汞"之意，被译为意思相关的"水星"；而表示"战神"的 Mars 则被译为"火星"。

从以上的举例可以看出，利玛窦在《坤舆万国全图》中对术语的翻译有着显著的特点：使用汉语中已有的字词，以适应中国人的语言习惯，创译新词时，对汉语原有的词义加以扩展，并适应中国人的文化传统。

---

① 黄河清. 近现代辞源［M］. 上海：上海辞书出版社，2010：789.
② 朱维铮. 利玛窦中文著译集［M］. 上海：复旦大学出版社，2012：232.

第四节　利玛窦中文世界地图对中国文化的适应

翻译作为一种跨文化的交际活动，主观上为译者的翻译目的服务，客观上又受到外在环境因素的影响。利玛窦多次在其书信中提及在华制作的中文世界地图对传教带来的积极影响。① 文化适应作为利玛窦在华传教的主要策略，在其世界地图的译介中主要体现在三个方面：适应中国人对天文地理的传统认知、适应中国人对地名的习惯称谓、适应中国人对文字的审美观念。

一、适应中国人对天文地理的传统认知

利玛窦世界地图在译介形式和内容的处理上有明显适应中国传统文化的倾向。据黄时鉴等人的考证，利玛窦世界地图的主要依据是奥特里乌斯的《地球大观》，同时还参考了墨卡托和普兰修的世界地图。② 利玛窦在绘制地图时采用最多的是椭圆形投影法，在这种地图上比较容易将中国调整到大体居中的位置，而且与中国传统的平面地图最为接近，使其地图易被中国人接受。③ 根据《利玛窦中国札记》的记载，他在肇庆制作《山海舆地图》时，为了迎合中国人的传统观念，"不得不改变设计，抹去了幸福岛的第一条子午线，在地图两边各留下一道边，使中国正好出现在中央"。④ 事实上，利玛窦后来绘制的世界地图，都是把中国置于地图的中央。

利玛窦在他的世界地图上，还通过注文介绍了世界各地不同的自然地理、物产资源、风土人情、文化习惯和宗教信仰等。如在地图中右侧南美

---

① ［意］利玛窦. 利玛窦书信集［M］. 罗渔，译. 台北：光启与辅仁大学出版社，1986：220 - 221，271 - 272，285，302，420.

② 黄时鉴，龚缨晏. 利玛窦世界地图研究［M］. 上海：上海古籍出版社，2004：69.

③ 黄时鉴，龚缨晏. 利玛窦世界地图研究［M］. 上海：上海古籍出版社，2004：91.

④ ［意］利玛窦. 利玛窦中国札记［M］. 何高济，王遵仲，李申，译. 北京：中华书局，1983：180 - 181.

洲的位置共有五条注文，其中与"袋鼠"有关的一条注文："此地有兽，上半类狸，下半类猴，人足鸟耳，腹下有皮，可张可合，容其所产之子休息其中。"这种注文形式在奥特里乌斯、墨卡托和普兰修的世界地图上都未有发现，但显然与中国古代地理学著作《山海经》的影响有关。

在天文、地理术语的翻译中也可见文化适应策略。利玛窦在《天地浑仪说》中首次提出"地球"的概念。"球"在古汉语中同"毬"，一种习武用的皮球，后引申为圆形的物体，利玛窦借用来特指地球。他首先从中国传统"天圆地方"观念入手，引出"天球"的概念。"地与海本是圆形而合为一球，居天球之中，诚如鸡子，黄在青内"。他没有直接否定"地方"观念，而是作出如下阐释："有谓地为方者，乃语其定而不移之性，非语其形体也。"① 进而提出天包地、天地各有南北二极，"地球"的概念随之引出。

利玛窦在《坤舆万国全图》的右上角画了一幅醒目的《九重天图》，无疑是要与中国传统的"九天"观念契合，以便中国士人接受。利玛窦对于各重天的称谓沿用了罗明坚的说法。其九重天体系包括月轮、辰星（水星）、太白星（金星）、日轮、荧惑星（火星）、岁星（木星）、填星（土星）、众星各居一天，这八重天都在第九重天（宗动天）的带动下旋转。利玛窦在地图左侧的《论地球比九重天之星远且大几何》一文中对"水星"（Mercurius）、"金星"（Venus）、"火星"（Mars）、"木星"（Jupiter）、"土星"（Saturno）的概念进行了进一步解释。

在地图的绘制中，利玛窦调整了中国在地图上所在的位置，采用了中国古籍中常见的注文形式，给世界地图披上了中国的外衣。术语翻译中或借用了汉语已有的汉字赋予新义，或创译新词，以此降低天文、地理术语的陌生感，使中国人主观上更易接受。

二、适应中国人对地名的习惯称谓

利玛窦世界地图中与中国相邻地区的名称多沿用中国古代文献中的称谓。根据英国汉学家翟林奈（L. Giles，1875—1958）、中国学者陈观胜、赵永福和黄时鉴的研究，该图引自元代马端临《文献通考》一书中的地名包

---

① 朱维铮.利玛窦中文著译集［M］.上海：复旦大学出版社，2012：173.

括：牛蹄突厥、姬厥律、袜结子、乌洛侯、北室韦、鬼国、区度寐、流鬼、兽室韦、钵室韦、黄头室韦、深末怛室韦、地豆于、黑车子、铁勒等等。此外，该图中关于中国及邻近区域的地图还参考了明代钟岱所刻的《广舆图》《大明一统志》的附图、《杨子器跋舆地图》《古今形胜之图》等。① 同时《坤舆万国全图》中许多日本、朝鲜的地名也依从了汉语文献的记载，如古百济、古扶余、平壤、伊纪、伊岐、北路道、东洋等。

地图中地名的音译符合音节与汉字的对应规律。《利玛窦中国札记》中有关中国文字的记载说："所有中国的字词无一例外都是单音字。我从未遇到过双音或多音字。"② 汉语中一个汉字就是一个音节，因此在地名的音译过程中，利玛窦基本上采取音节对应的形式，以适应汉语一字一音节的特点。例如地名 Podolia 译为"波多里亚"，拉丁文中包含四个音节，译为汉语中的"波""多""里""亚"四字。同时，各音节与汉字有一定的对应关系，如音节 da 和 ta 位于词首时一般译为"大"，《坤舆万国全图》中如此对译的地名有 10 余处，包括大非力（Dafila）、大古剌（Dagula）、大茶苔（Tazata）、大入尔国（Tagil）等。其他音节与汉字的对应还包括：音节 ba 和 pa 与"巴"、音节 cu 与"古"、音节 to 与"多"、音节 sa 与"沙"等。

地图中地名的翻译符合汉语地名简明的原则。中国古代地名多简洁明了，如南京曾称建康、建邺、金陵、江宁、白下等。通过古今地名的对照我们可以看出，一些仍然沿用音译方式的地名在选字方面更趋向于笔画简单的、常用的汉字，从而替代那些生僻的、不常见的汉字。③ 为利玛窦初次使用并流传下来的音译地名有欧罗巴（Europe）、牙买加（Iamaica）、加拿大国（Canada）、亚细亚（Asia）、罗马（Roma）等。

为了达到简明的目的，利玛窦有时采用意译的方法，如行香岛（Profumi, isola dei）、雪山（Sierre neuada）、鬼岛（Demonios）、黄鱼岛（Sardinia）等。按照拉丁文词语本身的意义来进行翻译，体现这些地名的特征。

---

① 黄时鉴，龚缨晏．利玛窦世界地图研究［M］．上海：上海古籍出版社，2004：74 - 75.
② ［意］利玛窦．利玛窦中国札记［M］．何高济，王遵仲，李申，译．北京：中华书局，1983：27.
③ 黄铭石．利玛窦中文著译中的术语及专名研究［D］．重庆：四川外国语大学，2013：43.

采用中国古代地图资料、沿用中国古代地名称谓，使《坤舆万国全图》成为当时世界上对中国及附近区域介绍最详尽的中文世界地图，同时也极大地增加了中国士大夫阶层对利氏地图的信任。地名的翻译策略既有音译、意译，也有二者的结合，在尊重汉语音节特点的前提下，尽量简明，便于流传。

三、适应中国人对文字的审美观念

利玛窦很早就意识到文字在中国人传情达意中的重要性，他的许多中文著译作品皆经过中国文人的润色修饰，甚至连写给中国皇帝的奏折也是花重金请了一位有名的文人代写的。① 因此他很清楚中文书面语中措辞恰当得体、传情达意的重要性。这一点主要体现在对《坤舆万国全图》中地名的汉译字选择上。

音译字的选择尽量避免歧义和其他联想。对比《山海舆地图》（1584）与《坤舆万国全图》（1602）可以发现，两图中有一些地名音相近而字不同，例如《山海舆地图》中的门卧耳、母色岭、铁得衣、勿字岛、大母、白露海、马加大德，在《坤舆万国全国》中分别写作门卧尔、摩色岭、勿突伊、勿自岛、大拇、孛露海、马加大突。可见，利玛窦在《坤舆万国全图》的音译字选择时更加慎重，尽量避免那些易引起歧义或其他联想的字，如"耳""母""衣""字""德"等，而选取了更加中性得体的"尔""拇""摩""伊""自""突"等。

地名音译中，字的选择往往带着译者的感情色彩。② 如《坤舆万国全图》中有多处地名以S. 开头，利玛窦均音译为"仙"，如仙路写（S. Lucia）、仙多默岛（S. Thome）、仙衣力拿岛（S. Helena）、仙玛利亚峰（S. Maria, C. de）等。现在 S. 一般翻译为"圣"，取神圣之意。而在古汉语中，"圣"一般是指具有最高智慧和道德的人或对帝王的尊称。而"仙"更易让人联想起"仙界、仙境"之意，更适合作为地名使用，利玛窦的翻译不仅满足

---

① ［美］夏伯嘉. 利玛窦：紫禁城里的耶稣会士［M］. 向红艳，李春园，译. 上海：上海古籍出版社，2012：182.

② 刘祥清. 论音译字的选择［J］. 中国科技翻译，2014（1）：37.

了中国人对地名的期待，还保留了原文的神圣意味。其他的例子还包括：多儿美（Tolm）、美浓（Mino）中的"美"；香峰（Hian, promontorio）中的"香"；安房（Awa）、安南（Annan）、安艺（Aki）中的"安"；甘峰（Chon, promontorio di）中的"甘"等。

为适应中国人对文字的审美要求，利玛窦有时在地名的翻译中采用变译手法。如地名 Coruo 在拉丁文中是"乌鸦"之意，但乌鸦在中国文化中常被视为不祥之物，利玛窦将其译为"鹤岛"，一方面迎合了中国人对鹤的喜好，另一方面仍然保留了该区域的特征，即盛产鸟类的小岛，可谓一举两得。

无论是音译字的选择，还是变译方法的采用，均为《坤舆万国全图》中地名的翻译增色颇多。利玛窦深知中国人对汉字的审美要求，努力将其对汉字的深刻理解应用于地名翻译中。地名也能译出汉字之美，利玛窦给出了生动的实例，也因此中国的士大夫们作出了"然西方人声音文字与中土殊，殊而能同"的评价。[①]

第五节 利玛窦中文世界地图的接受和影响

一、利玛窦中文世界地图的新知输入

在利玛窦的世界地图上，他专门撰写文字说明以介绍西方的地理学新知识，其中最为重要的是写在《坤舆万国全图》与《两仪玄览图》上的长篇论说文字。这样，西方的地理学知识就伴随着这些地图及其文字在中国得以传播。总体上来说，利玛窦通过地图传入中国的地理学新知包括以下六个方面。

（一）地圆说

利玛窦在《坤舆万国全图》的一开头就介绍地圆说："地与海本是圆形

---

① 曹婉如，等．中国古代地图集（明代）［M］．北京：文物出版社，1995：109．

合为一球，居天球之中，诚如鸡子，黄在青内。有谓地为方者，乃语其定而不移之性也，非语其形体也。"①

地圆说质疑了中国传统的"天圆地方"说。为使地圆说更易被中国人所接受，利玛窦先以比喻的方法，将地球比喻为鸡子，其后为证地圆，先证地方之伪。利玛窦认为之所以有人认为地为方形，并非指其形状，而是表明其定而不移的特征。提出地圆后，又提出南北二级、赤道等概念加以论证。既然地球是圆形的，其上下、左右之分也是相对的，则地球两端之人相对而行即可相遇。②

（二）水晶球体系的宇宙学理论

利玛窦在《坤舆万国全图》的右上角画了一幅醒目的《九重天图》，图中以地球为中心，向外依次为九重天：月轮天、水星天、金星天、日轮天、火星天、木星天、土星天、二十八宿天、无星带。在《九重天图》左上角有这样的说明："按：列宿、日、月、星诸天各自运行，迟速不等，而俱为宗动天带之左旋，宗动天之行最速。"③ 在全图左边的《论地球比九重天之星远且大几何》一文中，他对九重天作了解释，还详细地介绍了宇宙九重天之间的距离以及各自的大小。在全图的左上角，他又写下了关于日食和月食的两段文字，并通过解释日、月食来具体论证他的宇宙论。

利玛窦的这种宇宙学理论，正是古希腊亚里士多德在前人基础上建立起来的水晶球体系，而且经由中世纪经院哲学家阿奎那加以改造，将它与天主教神学结合了起来。在利玛窦时代，这种宇宙学理论在欧洲广为流行。就其直接来源而言，利玛窦所介绍的理论主要来自他的老师克拉维乌斯神父。

水晶球体系传入中国已引起科技史专家的关注和讨论。李约瑟论说："在宇宙结构问题上，传教士们硬要把一种基本上错误的图式（固体水晶球说）强加给一种基本正确的图式（这种图式来自古宣夜说，认为星辰浮于无垠的太空）。"④ 这个说法影响较大。但江晓原指出这个说法"至少不很

① 朱维铮. 利玛窦中文著译集［M］. 上海：复旦大学出版社，2012：173.

② 朱维铮. 利玛窦中文著译集［M］. 上海：复旦大学出版社，2012：174－175.

③ 朱维铮. 利玛窦中文著译集［M］. 上海：复旦大学出版社，2012：184.

④ ［英］李约瑟. 中国科学技术史：第四卷［M］. 北京：科学技术出版社，1978：643－646.

全面"①。水晶球体系论说没有被《崇祯历书》所采纳，其影响显得微不足道。不过利玛窦传播水晶球体系的影响也不能被忽视，因为它首先是在他所绘制的北京版世界地图上刊布的，而且载在地图令人注目的位置，显然引起见到此图的中国士人的重视。从中西文化交流史的角度看，利玛窦在17世纪初最早传入西方经典的宇宙模型之一水晶球体系，对增长中国士人的见识，尤其是借以引起他们更多注意天文与地理知识，还是有一定积极意义的。

（三）经纬度的测量方法

利玛窦在《坤舆万国全图》开头的《天地浑仪说》中介绍完地圆说后即写道："天既包地，则彼此相应。故天有南北二极，地亦有之；天分三百六十度，地亦同之。天中有赤道，自赤道而南二十三度半为南道；赤道而北二十三度半为北道。"既然天地之间存在着这样一种对应关系，那么，人们就可以通过测量天体来确定地球上某一地的经纬度。利玛窦介绍了两种测量方法。一种是"看北极法"，即通过观察北极星来确定纬度。他还画出了测量仪器的"量天尺"，介绍说用这一仪器"夜对北极望之，看在地线上几十度，即知此地北极出地若干度，为此地离赤道若干度"。另一种方法则是通过观察太阳来确定纬度："又法，用正午时望太阳之影，亦知地方所离赤道之数，更为明白。"他还附上一份"太阳出入赤道纬度"表，以供查用。除了地图上所介绍的这两种测量方法外，他自己还多次通过观察月食来进行测量。

利玛窦亲自测定了一些城市的经纬度，如扬州、淮安、徐州、济宁、临清、天津、北京、南京、杭州、西安等，结果与今天测定的数字相差无几，这说明他的测量已达到较高的精度。他在1584年写给西班牙税务司司长罗曼先生的信中便记录了他测量中国具体位置的情形。②

1585年，在写给富利卡提神父的信中，也提到了中国的经纬度：

中国在东方是最大的国家，自然资源富庶，土地肥沃，人口众多，

---

① 江晓原. 天文学史上的水晶球体系 [J]. 天文学报, 1987 (4): 403 – 409.
② ［意］利玛窦. 利玛窦书信集 [M]. 罗渔, 译. 台北: 光启与辅仁大学出版社, 1986: 46.

国势也强大。疆域虽非正方形，但几乎呈正方形；北纬从 20 度起至 45 度或 50 度，东经自 120 度至 130 度之间，确切的纬度尚不清楚（后来逐渐确定了）。我只知由两次月蚀而知道肇庆坐于东经 124.5 度，北纬为 22.5 度（实应为 23 度）。①

这里可看出，利玛窦每至一处，均特别留意各地经纬度的测定，其测定的结果与实际情况相差不多，结果较为准确。

（四）五大气候带的划分

利玛窦在《坤舆万国全图》上介绍了五大气候带：

> 以天势分山海，自北而南为五带：一在昼长、昼短二圈之间，其地甚热，带近日轮故也；二在北极圈之内，三在南极圈之内，此二处地居甚冷，带远日轮故也；四在北极、昼长二圈之间，五在南极、昼短二圈之间，此二地皆谓之正带，不甚冷热，日轮不远不近故也。②

利玛窦进而又解释了五大气候带的成因，但其引用的是西方自古希腊泰利斯开始的四元素论，它还不能对五大气候带的形成作出真正科学的解释，但对于中国士人来说却仍较新鲜。

关于这五大气候带的名称，这篇序中只提到南北两"正带"（今称"温带"），而没有使用"热带"和"寒带"这两个专名，尽管对之已做了解释。直到利玛窦在《乾坤体义》一书中收入此文时才确定术语"热带"和"寒带"，被沿用至今。

（五）五大洲与万国的概念

利玛窦通过世界地图向中国人展示了欧洲人自地理大发现以来获得的世界地理新知识。《坤舆万国全图》千余个地名，绝大多数是他首次从西文音译为汉字，一些写法沿用至今，很多音译地名也与现在的地名发音相似，较易识别。世界五大洲的划分等概念得到越来越多人的接受，成为普通的

---

① ［意］利玛窦. 利玛窦书信集［M］. 罗渔，译. 台北：光启与辅仁大学出版社，1986：80.
② 朱维铮. 利玛窦中文著译集［M］. 上海：复旦大学出版社，2012：174.

地理常识。

利玛窦的世界地图还对世界各国的风土人情、特色物产、生活习俗等进行了介绍，这些知识也大大开阔了中国人的眼界。比如利玛窦对南美洲的介绍："此地有兽，上半类狸，下半类猴，人足鸟耳，腹下有皮，可张可合，容其所产之子休息于中。"①

（六）地图制作方法

利玛窦最早将欧洲绘制地图的投影法介绍到了中国。在利玛窦生活的时代，欧洲制图学已有多种投影方法，他在中国绘制世界地图时前后采用过三种。他采用最多的是椭圆形投影法，这也是他参考的奥特里乌斯的世界地图的绘制方法。这样的方法比较容易将中国调整到大体居中的位置，而且与中国传统的平面地图最为相近，较易被中国人所接受。除此之外，利玛窦还采用了正轴方位投影法和横轴方位投影法。《坤舆万国全图》左上角的《赤道北地半球之图》和左下角的《赤道南地半球之图》就是用正轴方位投影法绘制的，章潢《图书编》中摹刻的《舆地图》也属于此类。保存在程百二《方舆胜略》中的东西两半球图就是用横轴方位投影法绘制的。

利玛窦地图的绘制及其在中国的传播，主要向中国社会介绍了地圆说、水晶球体系的宇宙学理论、经纬度的测量方法、五大气候带的划分、地图制作方法以及其他世界地理形势、风土人情等知识。自明末清初，这些地图被反复刻印、抄录，并以它丰富的地理内容和科学方法，给当时中国的传统地理学及地理知识以很大冲击，甚至革新了中国传统地理学思想。利玛窦的世界地图不仅有力地推动了中国制图技术的发展，还转变了当时中国人传统的"国家观"和"天下观"。

二、利玛窦中文世界地图的本土回应

（一）接受者的回应

利玛窦传入的地理学新知在中国得到部分士人的赞同和支持，每一次地图刻印都离不开中国士人的帮助、支持和赞助，另有开明士人为其作序、跋，向中国人推介利玛窦的世界地图。从明末社会的思潮看，西方的地理

---

① 朱维铮．利玛窦中文著译集［M］．上海：复旦大学出版社，2012：201.

学新知也符合一些士人突破固有传统和地域束缚的愿望。这一类人虽然为数不多，但他们开明的思想和活跃的交际，对当时的明末社会产生了一定的影响。

利玛窦新知的接受者大体上可分为三种：其一，一部分开明士人对利氏传播的新知识、新观点感到好奇，甚至震惊，他们多半没能真正理解这些新知识的实质，只留下一些基本印象，如李应试、杨景淳、侯拱宸、吴中明等；其二，也有一部分士人在接受了利氏的新知识后，加以发挥，提出了更多的新思想和新观点，如虞兆隆、郭子章、张京元等；其三，有极少数的士人不仅在知识和思想的层面进行吸收和思考，而且从科学技术的角度做出理解和阐述，如徐光启和李之藻。

其中值得一提的是"东海西海，心同理同"之说。正是在利玛窦绘制和刊行其世界地图的过程中，接受世界新观念的士人进一步开发了"东海西海，心同理同"的观点。"东海西海，心同理同"之说可以追溯到宋代思想家陆九渊，但到了这个时候却被一些士人赋予新意。1601年，冯应京撰写《刻〈交友论〉》一文，他首先从利玛窦所著《交友论》中体认到："爰有味乎其论，而益信东海西海，此心此理同也。"[1] 次年，李之藻在《坤舆万国全图序》中表述："昔儒以为最善言天，今观此图，意兴暗契。东海西海，心同理同，于兹不信然乎？"[2] 再一年（1603），同样积极刊刻利图的李应试也在《刻两仪玄览图序》一文中推而衍之："然西方人声音文字与中土殊，殊而能同，盖心同理同，其学且周孔一辙，故贤公卿大夫目接而雅敬之云。"[3] 冯应京在为《两仪玄览图》写的《舆地图叙》中又加以发挥："圣人立极绥猷，代天以仁万国，夫亦顺人心以利导，而吾徒顾瞻寰宇，效法前修，各以心之精神，明道淑世，薪火相传，曷知其尽。即如中国圣人之教，西土固未前闻，而其所传乾方先圣之书，吾亦未之前闻，乃兹交相发明，交相裨益。惟是六合一家，心心相印，故东渐西被不爽耳。"[4] 1607年李之藻在《〈天主实义〉重刻序》中重复"东海西海，心同理同"之说，

① 朱维铮. 利玛窦中文著译集 [M]. 上海：复旦大学出版社，2012：116.
② 朱维铮. 利玛窦中文著译集 [M]. 上海：复旦大学出版社，2012：180.
③ 曹婉如，等. 中国古代地图集（明代）[M]. 北京：文物出版社，1995：109.
④ 曹婉如，等. 中国古代地图集（明代）[M]. 北京：文物出版社，1995：109.

将其内涵进而扩大到具有普遍的意义。① 后来，瞿式穀更进一步论及："曷
徵之儒先，曰东海西海，心同理同。谁谓心理同而精神之结撰不各自抒一
精彩，顾断断然此是彼非，亦大蹐矣。"② 从这些论说可以看出，面对西学
初次传入中国，明末士人中固然有一种"拟同"的思想倾向，他们在接触
西学以后产生了"东海西海，心同理同"的观点，而这种观点又反过来坚
定了他们接受西学的信心。

黄时鉴和龚缨晏认为当时"东海西海，心同理同"的观点含有三层意
思：(1) 中国和西方的圣人，"各以心之精神，明道淑世"，过去互不相闻，
现在可以"交相发明，交相裨益"；(2) "六合一家，心心相印"，是"东
渐西被"的基本原因，虽然中西语言文字不同，但却"殊而能同"；(3) 虽
然心同理同，但是中国和西方的文化又可以"各自抒一精彩"，因而"断断
然此是彼非"，是十分谬误的。明末士人在了解和接受西方地理学新知识以
及整个西学时所引发的这些观点是非常值得重视的，它们是宝贵的思想资
源，给人以隽永的启迪，即使在今天仍发人深思。③

(二) 反对者的回应

利玛窦传入的地理学新知识，尤其是地圆说和世界无中心说，与中国
传统观念大相径庭，引起激烈的反对自在情理之中。反对地圆说的人大致
可以分为两类：一类是根本没有对外来学问进行研究的人，只是从维护中
国传统观念的角度，对其进行简单、盲目的攻击；第二类是对新知识有些
认识和研究的人，且原本具有一定的天文地理知识，但没有真正弄懂新知
识便对它进行似是而非的驳难。

崇祯十二年 (1639) 在浙江刊印的《圣朝破邪集》是一部专门对来华
传教士进行猛烈批评的文集，从中我们可以看到大量攻击地圆说的文章，
有些理由看起来极其荒谬。大部分撰文作者都没有真正读过传教士的中文
著作，仅从感情出发进行批判。比如林启陆写道："乃利玛窦何物？直外国
之一狨夷耳！"④ 他所倡导的地圆说，只是"谬会其理，以欺愚顽"。传教

---

① 朱维铮. 利玛窦中文著译集 [M]. 上海：复旦大学出版社，2012：200.
② [意] 艾儒略. 职方外纪校释 [M]. 谢方，校释. 北京：中华书局，1996：9.
③ 黄时鉴，龚缨晏. 利玛窦世界地图研究 [M]. 上海：上海古籍出版社，2004.
④ 黄贞. 圣朝破邪集 [M]. 1639 年浙江刻本. 香港：宜道出版社，1996：282.

士说"利玛窦尝旋转（地球）一周"，更是荒唐不堪。再如魏溶撰文直接批评"利说荒唐惑世"。① 他认为利玛窦把中国置于地图的北边，是放肆的做法，而其认为世界之大以其目之所不能见、足之所不能至，根本无据可查。许大受等人则把中国古代地图与利玛窦的世界地图相比较，认为中国古地图根本就没有提到诸多的西国名称，以此为依据否定利氏地图的真实性。而杨光先等的辩论则更加愚昧荒唐，望文生义者较多。②

　　在反对利玛窦的声音中，明清之际的宋应星和张雍敬则属于第二类。宋应星是中国古代科学家，他在崇祯年间所著的《谈天》中对地圆说提出学术层面的质疑。其写道："西人以地形为圆，虚悬于中，凡物四面蚁附，且以玛八作之人与中华之人足行相抵。天体受诬，又酷于宣夜与周髀矣。夫阳气从下而升，时至寅卯，薰聚东方，凝而成日。登日观而望之，初岂有日形哉。……其没也，淹然铁然，如炽炭之息，岂独有日形而入于地下，移于远方耶？"③ 张雍敬，浙江秀水人，一位多才多艺的民间学者，是天文历算学名著《定历玉衡》的作者。虽然张雍敬对西方科学有较多的了解，但他对世界的根本看法，却是中国传统的观点。他引述朱熹相关的说法，认为大地就像木块那样，漂浮在水面上，四周都是水。他还认为，大地不会非常辽阔，欧洲来华传教士说经过万里绕至中国，很可能是夸大其词，只有中国才是世界的文明中心，中国之外的世界即使存在的话，也不会好到哪里去。他在《定历玉衡》第五卷中，专门写了《西法地球辩》一节，认为欧洲人的地圆说，与佛教的四大部洲说一样，其实都是从中国传出去的。④ 张雍敬还列举了十几条理由反对利玛窦的地圆说，其中让他最难接受的有两点：一是大地是球形的观点，二是地图绘制的投影方法。虽然他对利玛窦带来的地理学新知并不能完全理解，但作为一个对科技知识有一定敏感度的学者，他还是吸收了利玛窦世界地图的一些新知，比如经、纬度

---

① 黄贞．圣朝破邪集［M］．1639 年浙江刻本．香港：宜道出版社，1996：281．

② 黄贞．圣朝破邪集［M］．1639 年浙江刻本．香港：宜道出版社，1996：189，194．

③ 宋应星．谈天［M］//四库全书子部杂论［EB/OL］．［2022－08－03］．guoxuedashi.net/a/4883/．al/84414b.html.

④ 张雍敬．定历玉衡［EB/OL］．［2017－07－31］．http：//www.guoxuedashi.com/guji/173593i/.

知识，并根据利玛窦的世界地图绘制了一幅《天地图》（见《定历玉衡》第三卷），代表了中国民间学者对西方地理学知识的思考和研究，尽管这种思考和研究仍非常肤浅与有限。

明末西学传入中国以后，它所遇到的命运是：一方面受到中国传统保守顽固派的强烈反对；另一方面最终被西学中源说所化解。

早在利玛窦在世的时候，有些中国人就已经在中国古代文献中寻找与西方科学理论相类似的内容。郭子章、王英等人指出中西文化的相似之处，目的是缩小中西两种文化之间的差异，使人们能够比较容易地接受这些外来的新理论。他们并没有说西方科学源自中国，但是却包含了"西学中源"的因素。之后，有人在不断进行着这种论证，如熊明遇、方孔炤、揭暄等。明清之际，支持西学中源说的还有黄宗羲、王锡阐等人。到了清代，著名的天文历算家梅文鼎对西学中源说做了论证，其论说得到了康熙皇帝的大力支持，经过康熙帝和梅文鼎的君臣上下唱和，明末清初一些学者提出的西学中源说，最后演变为清朝皇帝的铁定学说，自此长期盛行不衰。西学中源说对于消除中国人接受西方科学的心理障碍自然有一定的作用，但是，这种说法实际上抹杀了西方近代科学的独特性与先进性，引导人们盲目沉溺于中国古代文化，最终妨碍人们对西方近代科学进行认真深入的研究，限制了人们对西方近代科学的学习与吸收。

利玛窦的中文世界地图历经多个版本，内容不断增加，伴随而来的新知深刻地影响了明末士人对"天下"的认知。尽管其在华传播中也遭受了反对和批判，但从多次再版、私刻版盛行等可以推理出其受欢迎的程度。利玛窦的中文世界地图可视为明末清初西学东渐的开端，进而开启了中西文化交流新篇章。

第四章
《交友论》译介中的文化适应策略研究

利玛窦的《交友论》出版于 1595 年，是利玛窦在华正式出版的第一部汉文西书，也是明清之际由耶稣会士译著的第一部世俗内容的汉文西书。该书通过百则西方哲言的编译，向中国人展示了西方的友谊观，内容丰富，形式简单，但容纳了大思想，是为适应中国人的心理而编写。书中论述了利玛窦对人际关系和处世之道的看法，也引用了许多欧洲名人关于友谊的名言警句，在中国当时的文人阶层，尤其是士大夫中产生了共鸣，被多次刊刻，编入各种丛书，传播广泛。

第一节 《交友论》研究综述

关于《交友论》的研究可追溯到 20 世纪中期。1948 年叶德禄《合校本〈交友论〉》出版，揭开《交友论》研究的序幕。① 1952 年，意大利汉学家德礼贤用意大利语重新翻译《交友论》，并对该书的写作时间和早期刻本进行了梳理。1954 年，方豪在《利玛窦〈交友论〉新研》中指出了德礼贤的文章以及他所编的《利玛窦全集》中涉及《交友论》部分的错误，并对叶德禄的合校本作了校补，还列出了《交友论》各条格言的原文及出处，但

---

① 叶德禄. 合校本《交友论》[M]. 北平：上智编译馆，1948.

未对其所列的原文及出处的依据作出说明。① 后来的学者对方豪的观点有一些讨论和修正,关于《交友论》的刊刻和传播也有零星的讨论。② 近几十年来,随着"以中文资料为中心"的利玛窦研究的转向,学者们开始立足本土传统来看待《交友论》及其影响,因此在海峡两岸都出现了一些以它为专题的期刊论文和学位论文,其他专著和学位论文中也有一些章节专门论及《交友论》,相关研究可归纳为以下几个方面。

一、《交友论》的介绍

关于《交友论》的相关介绍,主要对该书在华的编译情况进行介绍,略有涉及其编译后所产生的影响。沈毓元摘译了利玛窦《交友论》中的部分格言,将其译为现代文,刊登在《文化译丛》1993 年第 2 期上。③ 杜江介绍了《交友论》的主要内容以及利玛窦对友道的践行。④ 邹振环在《利玛窦〈交友论〉的译刊与传播》一文中介绍了《交友论》编译和刊刻的历史背景、内容与体例、传播与影响。该文将《交友论》的内容总结为六个方面,并概括了该书对利玛窦在华传教的积极影响。⑤ 包光潜在《中国档案报》简单地介绍了利玛窦译介《交友论》的过程及影响,指出利玛窦进入中国十几年,传教未成功,科技成了玩偶,唯独《交友论》大行其道,这本身就值得深思和玩味,给《交友论》研究提供了新的思考空间。⑥ 2009年美国学者蒂莫西·比林斯(Timothy Billings)将利玛窦的《交友论》译成英文,由哥伦比亚大学出版社出版。⑦ 罗易探讨了利玛窦《交友论》的历史地位,指出其借文本实践的方式,首次涵盖以耶释儒、以耶超儒的内容,界定了上层路线的传教方式,同时,《交友论》以其文化植根化的精神要义,影响耶稣会士卫匡国(Martino Martini)的撰著《述友篇》。《交友论》

---

① 方豪. 利玛窦《交友论》新研 [M] // 方豪六十自定稿. 台北: 学生书局, 1969.

② 任祖泰. 明末利玛窦《交友论》研究 [D]. 台北: 台北大学, 2007.

③ 沈毓元. 交友论——寻觅知音者必读 [J]. 文化译丛, 1993 (2): 25.

④ 杜江. 从利玛窦的《交友论》看今日教会的福传 [J]. 中国天主教, 2010 (4): 17 – 18.

⑤ 邹振环. 利玛窦《交友论》的译刊与传播 [J]. 复旦学报 (社会科学版), 2001 (3): 49 – 55.

⑥ 包光潜. 利玛窦与《交友论》[N]. 中国档案报, 2010 – 01 – 08 (2).

⑦ RICCI P M. On friendship: one hundred maxims for a Chinese prince [M]. Timothy Billings (tr.). N. Y.: Columbia University Press, 2009.

奠定教义上入教的基础，彰显了论著的历史地位。① 严锡禹在《天风》杂志撰文介绍利玛窦的《交友论》，认为该书能引起中国人的广泛共鸣，说明了西方伦理与中国儒家传统的一致性。②

二、《交友论》的思想研究

对《交友论》中蕴含的伦理思想进行研究是《交友论》研究的重要主题，现有文献主要从三个方面展开：其一为《交友论》与儒家友道观；其二是《交友论》与明末阳明学友道观；其三为《交友论》中的友道观与利玛窦宗教观。英国汉学家约瑟夫·麦克得蒙特（Joseph P. McDermott）的《友谊与明末的朋友们》（"Friendship and Its Friends in the Late Ming"）一文中虽对《交友论》论述不多，却整理和对比了明末阳明学士人的友道观，指出五位学术观点和政治立场不尽相同的晚明人物的社会政治批评中，对朋友一伦的重新阐释和评价居于中心地位。由此亦可见，此前受到儒家忽视的友伦，在晚明呈现出理解的多样性。③ 台湾学者黄文树注意到了何心隐、李贽等左派王学的友伦与正统儒学的差别和与西方友道观念的接近，这是极有价值的，对后来的研究具有启发意义。④

何俊在《西学与晚明思潮的裂变》一书中强调《交友论》中表达的西方友谊观与儒家传统一致，并没有为晚明的思想提供真正意义的启发。⑤ 刘聪在论文中探讨了利玛窦《交友论》与阳明学友谊观之间的关系。作者认为《交友论》是利玛窦在与中国文化交流的过程中，为融合儒家，尤其是为当时处于学术界主流地位的阳明心学友谊观而撰写的。利玛窦在创作《交友论》之前，一直与阳明学者有着深刻而广泛的交往。在写作《交友论》时，他有意识吸收阳明学友谊观的思想资源，在消解中世纪哲学友谊观神学色彩的基础上，突出其德行内容和超越血缘亲情的特性，从而实现

① 罗易. 论利玛窦《交友论》的历史地位 [J]. 佛山科学技术学院学报，2016（1）：42 – 46.

② 严锡禹. 利玛窦的《交友论》[J]. 天风，2017（4）：29.

③ 黄芸.《交友论》的接受基础及与阳明学友道观念的比较 [C]// 宗教对话与和谐社会：第三辑. 北京：宗教文化出版社，2012：175 – 202.

④ 黄文树. 李贽与利玛窦的友谊及其《友论》之比较 [J]. 玄奘佛学研究，2006（5）：127 – 152.

⑤ 何俊. 西学与晚明思想的裂变 [M]. 上海：上海人民出版社，1998.

了与阳明学的沟通，使明代士大夫更容易接受西方文化，成功迈出了融汇中西文化的一步。该文深入地挖掘了《交友论》与明末社会主流思想之间的会通，对于从中西文化交流的视角探讨利玛窦《交友论》具有重要的启发意义。①

《交友论》与明末社会阳明学友道观之间的关系也引起了其他学者的注意。黄芸在第三届"宗教对话与和谐社会"学术研讨会上发表的长文《〈交友论〉的接受基础及与阳明学友道观念的比较》中，详细地论述了明末社会思想的变迁，特别对阳明学友道观念的形成进行了细致的描述，并将其与利玛窦的友道观进行了比较，认为晚明士人之所以向往更为平等的人际关系，不是被西儒利玛窦勾起的；相反，《交友论》的成功倒是该归功于它和晚明社会异动的暗合。这种观点具有独创性，带有文化决定论的色彩。但大部分研究缺乏独立的问题意识和独特的阐释框架，而是停留于对阳明学士人关于友论的摘引，以说明《交友论》与晚明结社、讲学之风相呼应。②

李树兴则关注了《交友论》中的友道与宗教的关系，他在《利玛窦的"友道"与"天道"》中论述了利玛窦的友谊观与其宗教观念之间的关系，认为利玛窦的"友道"观源于"天道"，同时"友道"对其传教之路产生了积极影响。③

三、《交友论》与《述友篇》比较研究

同为论述西方友道观的著作，《交友论》也被用来与《述友篇》进行比较，从历史文化的视角来分析二者的异同。郝贵远《从利玛窦的〈交友论〉说起》一文中介绍了利玛窦《交友论》的主要内容，并将其与卫匡国的《述友篇》进行了比较，指出《交友论》箴言谚语的形式妨碍了其内容的展

---

① 刘聪．明代天主教对阳明学的融摄——以利玛窦的《交友论》为中心［J］．求索，2011（6）：146－148；刘聪．利玛窦《交友论》与阳明学友谊观之关系［J］．湖南科技学院学报，2012（1）：80－83，88．

② 黄芸．《交友论》的接受基础及与阳明学友道观念的比较［C］// 宗教对话与和谐社会：第三辑．北京：宗教文化出版社，2012：175－202．

③ 李树兴．利玛窦的"友道"与"天道"［J］．中国天主教，2011（2）：33－36．

开以及对中西友论的深入探讨，且成书仓促，不及斟酌，难免有所错漏。但二书都向中国人介绍了西方对交友的看法，使他们认识到人类思想中存在的共性，同时也因中西方地理上相距遥远，生活习俗和思维方法有很大差别，这些差别也构成了中西方对交友看法的差异。①

徐明德对《交友论》和《述友篇》进行了研究，指出二者把中国的儒家学说和西方的名人哲理进行了高度的概括和综合，把至善至爱提到人类社会相互交往中非常重要的地位，对明末来华耶稣会士对"交友"原则进行了阐释。② 石衡潭分析了利玛窦的《交友论》与卫匡国的《述友篇》，指出二者之间的异同，认为二书都是中西合璧的典范之作，但利玛窦的主要目的是合儒与补儒，而卫匡国则更进一层，想要达到超儒。③

四、《交友论》与中西文化交流研究

严晓翚在硕士论文《利玛窦〈交友论〉与明末士林》中概述了利玛窦创作《交友论》的背景、传播与影响及其在中西文化交流史上的意义。作者指出该书之所以一完成便受到晚明士林的欢迎，一方面因为晚明文化界对朋友关系的关注，另一方面也由于利玛窦有意识地在书中迎合中国人的口味。④ 胡超在探讨利玛窦的跨文化适应话题时，以《交友论》为例，指出从语言、外表到行为、思想、信仰的本土化能力是利玛窦跨文化交往成功的关键。⑤

五、利玛窦的交友观研究

现有研究也关注了利玛窦的交友观及其思想渊源。刘华云在硕士论文《论利玛窦的友爱观——以〈交友论〉为中心》中指出，利玛窦的友爱伦理

---

① 郝贵远. 从利玛窦《交友论》说起 [J]. 世界历史，1994 (5)：131 – 135.

② 徐明德. 论明末来华耶稣会士对"交友"原则的阐释 [J]. 浙江学刊，2010 (4)：60 – 65.

③ 石衡潭. 从合儒、补儒到超儒——利玛窦《交友论》与卫匡国《述友篇》试论 [J]. 世界宗教研究，2016 (5)：121 – 127.

④ 严晓翚. 利玛窦《交友论》与明末士林 [D]. 上海：上海师范大学，2007.

⑤ 胡超. 中西文化天使利玛窦与跨文化适应 [J]. 宁波大学学报（人文科学版），2011 (2)：56 – 60.

思想中，受到双重伦理观念的影响：一是基督教友爱伦理观；二是由近代文艺复兴运动所继承的古希腊罗马的世俗人文主义。① 但是这两种伦理体系本身既复杂且难以区别，故利氏的友爱观往往被后人混淆和误读。利玛窦的友爱观在华所取得的成功不仅归因于一种新文化的进入所带来的新鲜血液，也是与这种新文化的特质与中国所处时代自身的启蒙运动相呼应所带来的结果。

也有学者将利玛窦的交友观与明末士人的交友观进行比较研究。吴根友比较了利玛窦与李贽的交友观，指出李贽的思想部分地受到利玛窦及其所传基督教思想的影响。利氏的交友论主要是西方古典哲学传统与基督教传统的友谊思想。李贽的交友论思想，虽然来源于儒家，但突破了中国儒家思想与社会主流传统关于五伦关系的观念，把朋友之伦高举于其他四伦之上。通过考察二者交友论的异同，可以考察晚明社会的新思想及其与传教士带来的新思想之间的关系，进而从细部考察晚明社会人文知识视野与思想视野的变化。②

六、其他研究

吴青与陈文源追溯了明代士宦祝世禄与利玛窦交游的经历，指出祝世禄正是听说了利玛窦的《交友论》一书，才与其结交，《交友论》成了把他们聚在一起的媒介。③ 徐曼在论述西方伦理学在中国早期传播的特点及影响中，指出明末清初利玛窦的《交友论》《天主实义》《二十五言》《畸人十篇》对传播西方伦理思想的功劳最大。④ 四川外国语大学杨聪颖的硕士论文《利玛窦汉语习得研究》以《交友论》为例，探讨了利玛窦汉语习得在书面语中的表现。⑤

从以上的文献综述可以看出，现有关于《交友论》的研究主要集中于

---

① 刘华云. 论利玛窦的友爱观——以《交友论》为中心 [D]. 南昌：江西师范大学，2012.

② 吴根友. 利玛窦与李贽的交友观及其异同 [J]. 当代中国价值观研究，2016（4）：75 – 86.

③ 吴青，陈文源. 明代士宦祝世禄与利玛窦交游述略 [J]. 广西民族学院学报（哲学社会科学版），2005（4）：99 – 101.

④ 徐曼. 论西方伦理学在中国早期传播的特点及影响 [J]. 河南大学学报（社会科学版），2008（5）：94 – 100.

⑤ 杨聪颖. 利玛窦汉语习得研究 [D]. 重庆：四川外国语大学，2017.

文化交流、哲学、宗教、语言文字等视角，从翻译传播的视角研究《交友论》的成果仍较欠缺。对《交友论》在华译介传播历史的梳理，以及对其与中国历史文化之间关系的分析，对于深入理解利玛窦的翻译策略、传教策略、伦理思想都有一定的参考价值。

第二节 《交友论》的译介传播

一、《交友论》的译介背景

利玛窦在定居南京的打算失败后，接受好友瞿汝夔的建议，来到其家乡江西南昌。正如他在 1595 年写给高斯塔神父的信中所说："我的学生朋友瞿太素便是南昌人，他的父亲在这里颇有名气。太素对中国的人情事故知之甚稔。还是他建议我来南昌建立另一所会院，因为这里的人对身后问题相当注意。"① 利玛窦对南昌这座城市评价很高，"南昌是江西省的首府，较广州更漂亮、更高尚，出了不少文人，人人有礼，性格也好，房舍美观，街道宽广又直，各处有官府造的牌坊，这里的牌坊比广东建得既多且好。"② 在这里，他受到了前所未有的欢迎。在瞿太素及名医黄继楼的引荐之下，利玛窦很快结交了南昌的文人及权贵。他在写给罗马的信中多次详细描述了与乐安王和建安王的交往，他们互送礼物，其中利玛窦送出的礼物常常是自己绘制的地图或刻制的日晷等，送给建安王的日晷上还用中文书写一些西欧伦理格言。③ 这为后来应建安王之邀编译《交友论》埋下了伏笔。

二、《交友论》的译介过程

关于《交友论》的创作时间，有两种不同的说法。其一为 1595 年在南

---

① ［意］利玛窦. 利玛窦书信集［M］. 罗渔，译. 台北：光启与辅仁大学出版社，1986：185.
② ［意］利玛窦. 利玛窦书信集［M］. 罗渔，译. 台北：光启与辅仁大学出版社，1986：160.
③ ［意］利玛窦. 利玛窦书信集［M］. 罗渔，译. 台北：光启与辅仁大学出版社，1986：189.

昌即有了初版；其二为 1599 年在南京刻印。著名学者方豪持第二种观点①，但据《利玛窦书信集》，利玛窦在 1596 年 10 月 13 日写给罗马总会长阿桂委瓦神父的信中提及了《交友论》的创作：

> 去年曾致力用中文试译《交友论》一书，是从我们的书中挑最好的作为参考而编写的，其中引用许多欧洲名人的遗训或名言，因此引起中国学人们的惊奇，为使该书更具权威，我还请大官冯应京写一序言，后赠送给皇帝的亲属——建安王。后来不少学者争相传阅、抄录，我也都使他们称心满意。尤其我的至友（按即冯应京）曾在他的故乡（安徽省凤阳府盱眙县）未曾告诉我便刻版印刷了，上面也刻了我的名字；我虽然有些不快，但他的善心仍值得赞扬。也有其他人刻印我编写的书，对我们推崇备至。②

为使该书更具有权威，利玛窦还请大官员冯应京写了序言，后赠送给建安王。后来不少学者争相传阅、抄录，利玛窦感到非常高兴。即使冯应京未经他允许便出版了这本书，利玛窦也未加怪罪。由该信可以看出，利玛窦的《交友论》在 1595 年便由冯应京出版，但并非在南京或南昌，而是在冯应京的家乡安徽凤阳，后来冯应京又于 1601 年在北京将该书重刻。

根据法国学者裴化行（Henri Bernard-Maitre）的考察，该书的初稿本为了增加吸引力，利玛窦在正文后附上他自己创造的汉语拉丁化方案，再加上一篇序言，然后听任索取者拿去翻印——收有 76 句格言的这个小集子，被赣州知府偷偷拿去付印，但未附有拼音方案。③ 由此可见，利玛窦的《交友论》在完成之初有多个刻印版本，绝大部分未经他的同意便私自翻印。1599 年 8 月 14 日利玛窦致信高斯塔神父，称自己在 1598 年已将《交友论》中的文本又译成了意大利文，意大利文的抄本同时寄往罗马，后保存在额我略大学（Pontificia Universita Gregoriana）文献馆，并于 1825 年及 1885 年

---

① 方豪. 利玛窦交友论新研 [M] // 方豪六十自定稿. 台北：学生书局，1969：1850.

② ［意］利玛窦. 利玛窦书信集 [M]. 罗渔，译. 台北：光启与辅仁大学出版社，1986：231 – 232.

③ ［法］裴化行. 利玛窦评传 [M]. 管震湖，译. 北京：商务印书馆，1993：221.

发表，其中论友道的内容是 76 则。① 可见初刊本并非百则格言，而是 76
则，初版本可能题为《友道》或《友论》，直到 1601 年冯应京再刻时，才
将其名定为《交友论》。因此该书有《交友论》《友论》《友道》《友道论》
等不同书名。

第三节 《交友论》的主要内容

一、《交友论》的底本来源

方豪指出《交友论》摘录了苏格拉底的《戒借贷》、柏拉图的《律息斯
篇》、亚里士多德的《伦理学》、第奥杰纳斯（Diogenes）的《论朋友与奸
人》、柏罗多亚尔（Plutuarco）的《论忠奸之辨》、奥古斯丁（S.
Augustinus）的《忏悔录》、贺拉斯（Horatius）的《歌集》、西塞罗
（Cicero）的《论友谊》等书的内容。② 也有学者认为该书中的部分内容选
自蒙田（Montaigne）的散文以及普鲁塔克（Plutarchus）《道德论》中有关
友谊的论述等。③ 美国学者史景迁认为，利玛窦在编译《交友论》时可能引
证了雷森德（Resende）著作中选入的古典作家有关友谊的论述，其中包括
古罗马哲学家塞涅卡（Seneca）、古罗马诗人马提阿利（Martialis）、西塞
罗、普鲁塔克等人的格言，这些可能都来自利玛窦当年在学校接触过的雷
森德的著作。④ 孙尚扬则断言这些格言主要选自 1590 年出版于巴黎的《句
子与例子》（*Sententiae Et Exempla*）一书，并称其在北京图书馆见过利玛窦
当年曾用过的那本格言集，是拉丁文与希腊文的对照本，其中还有文艺复

① 方豪. 利玛窦交友论新研［M］//方豪六十自定稿. 台北：学生书局，1969：1849，1852.
② 方豪. 利玛窦交友论新研［M］//方豪六十自定稿. 台北：学生书局，1969：1857 – 1870.
③ 戴维扬. 从《交友论》看中西思想文化交流史上的一个范例［C］//纪念利玛窦来华四百
周年中西文化交流国际学术会议论文集. 台北：辅仁大学出版社，1983：187.
④ SPENCE J D. The memory palace of Matteo Ricci［M］. N. Y. : Viking Penguin Inc. , 1984：142，
150.

兴时期尼德兰人文主义者伊拉斯谟（Desiderius Erasmus）约 1469 年至 1536 年的格言，但未见收入蒙田的格言，其中也有部分是利玛窦自拟的。① 何俊对孙尚扬的考证表示怀疑，认为利玛窦 1578 年即离欧洲往东方，似乎不太可能读到 1590 年巴黎出版的著作，最大的可能是将少时所背的格言进行编译，而不是刻意地从某种书上去寻章摘句。② 法国学者荣振华（Joseph Dehergne）认为在《交友论》中，利玛窦不仅使用了欧洲人的著作，也使用了《诗经》《论语》《礼记》等汉文经典，他可能还使用了一些当时的近期著作如《明心宝鉴》等。荣振华认为《交友论》实际上是基督教和儒教的结合物。③ 据 1599 年 8 月 15 日利玛窦写给高斯塔神父的信中所称，他把《交友论》译成了意大利文寄给了家乡的朋友，并称"我自己觉得意大利语译本没有汉语写成的《交友论》那么有感染力，其原因是我写这部书时，为了尽量迎合中国人的兴趣，根据需要，将许多西方哲人的名言或西方的谚语都作了随意的改动"。④ 邹振环总结道《交友论》是利玛窦根据古今西方名人有关友谊的格言编译的一部格言集。⑤

二、《交友论》的主要观点

《交友论》一书体现了利玛窦关于友谊的观点，因此常被用来分析利玛窦的伦理观。书中运用了大量正说、反说、比喻、类比等方法，使其更具文学欣赏性。其中包含的主要观点有以下几种。

（一）为何要交友

《交友论》有言：

"各人不能全尽各事，故上帝命之交友，以彼此胥助。若使除其道于世者，人类必散坏也。

上帝给人双目、双耳、双手、双足，欲两友相助，方为事有成矣。

---

① 孙尚扬. 基督教与明末儒学 [M]. 北京：东方出版社，1994：32 - 39.

② 何俊. 西学与晚明思想的裂变 [M]. 上海：上海人民出版社，1998：61.

③ 转引自邹振环. 利玛窦《交友论》的译刊与传播 [J]. 复旦学报（社会科学版），2001（3）：51.

④ ［日］平川佑弘. 利玛窦传 [M]. 刘岸伟，徐一平，译. 北京：光明日报出版社，1999：236 - 237.

⑤ 邹振环. 利玛窦《交友论》的译刊与传播 [J]. 复旦学报（社会科学版），2001（3）：51.

天下无友，则无乐焉。"

这里提出交友的主要目的是彼此扶助，只有朋友之间相互帮助，才能办事有成。利玛窦将朋友比喻成我们的双眼、双耳、双手和双足，寓意为我们身体不可缺少的部分，可见他把朋友置于非常重要之地位。除了重要性，利玛窦还认为朋友可以给我们的生活带来乐趣，没有朋友的人生是无趣的。

（二）友谊的基础

《交友论》有言：

"友之与我，虽有二身，二身之内，其心一而已。

友之馈友而望报，非馈也，与市易者等耳。

德志相似，其友始固。

孝子继父之所交友，如承受父之产业矣。

友之物，皆与共。

友之职，至于义而止焉。

俗友者，同而乐多于悦，别而留忧；义友者，聚而悦多于乐，散而无愧。"

谈及友谊的基础，《交友论》认为朋友要一心，一心主要指有相同的品德与志向。朋友之间要讲义气，不是为了财物富贵交友，而应寻找志同道合之人交友。这里还引申到交友与财富之间的关系，朋友之间的馈赠是不求回报的，否则就变成了交易。友谊也可以成为一种遗产，父辈的友谊可以由后辈继承。

（三）如何交友

《交友论》有言：

"交友之先宜察，交友之后宜信。

多有密友，便无密友也。"

关于如何交友，《交友论》认为交友时要仔细观察，交友后要互相信任。如果因为财势而交往的朋友就不是真朋友。这与《论语》中的"吾日三省吾身：为人谋而不忠乎？与朋友交而不信乎？传不习乎？"有遥相应和之义。好朋友不宜多，多了就没有真正的好友了。

（四）如何辨别真伪

《交友论》有言：

"视财势友人者，其财势亡，即退而离焉，谓既不见其初友之所以然，则友之情遂涣矣。

时当平居无事，难指友之真伪；临难之顷，则友之情显焉。盖事急之际，友之真者益近密，伪者益疏散矣。

可以与竭露发予心，始为知己之友也。

而为吾之真友，则爱我以情，不爱我以物也。

交友使独知利己，不复顾益其友，是商贾之人耳，不可谓友也。"

朋友有真假之分，平时看不出真伪，患难时刻见真情，如果因为财势已去而离开的朋友，就是伪朋友。能够互相坦露心迹才是真正画龙点睛的朋友，真正的朋友不贪恋彼此的财物，而重视彼此的感情。《论语》中也有"益者三友，损者三友"之说，与利玛窦的"真友""假友"之辨也存在相通之处。

（五）敌友之间的关系

《交友论》有言：

"友与仇如乐与闹，皆以和否辨之耳。故友以和为本焉。

人事情莫测，友谊难凭。今日之友，后或变而成仇；今日仇，抑或变而为友。可不敬慎乎！"

关于敌与友之间的关系，利玛窦认为敌人和朋友并非固定不变的，而是可以互相转化，今天的朋友可能成为未来的敌人，而今天的敌人未来也有可能成为朋友。

（六）如何与友相处

《交友论》有言：

"友于昆仑尔，故友相呼谓兄，而善于兄弟为友。

故友为美友，不可弃之也；无故以新易旧，不久即悔。

友友之友，仇友之仇，为厚友也。

正友不常，顺友亦不常。逆友有理者顺之，无理者逆之，故直言独为友之责矣。

既死之友，吾念之无忧，盖在时，我有之如可失，及既亡，念之如犹在焉。"①

---

① 以上引文均出自：朱维铮．利玛窦中文著译集［M］．上海：复旦大学出版社，2012：108－111.

与朋友交往时要尽心尽力，不要因为结交了新朋友而抛弃了旧朋友。朋友的朋友也是朋友。对待朋友要始终如一，不管是活着还是去世，都要珍惜彼此的友谊。

第四节 《交友论》对中国文化的适应

利玛窦的《交友论》对中国文化的适应主要体现在两个方面：其一，在古代儒家经典中寻找关于友谊的表达，做到合儒，同时对儒家思想进行拓展补充，做到补儒；其二，顺应明末社会友道观的演进，特别是与阳明学友道观有着诸多相似之处。

一、《交友论》的"合儒""补儒"策略

利玛窦在编写《交友论》时已完成《天主实义》的编写，也曾将"四书"译成拉丁文，可见他对儒家思想已非常了解。他还考察了中国人参加科举考试，全以"四书"为范围；"此外尚考伦理，这伦理来自六经。每位学子可选择一经，在这一经上下功夫，将来也只限在这一经上出题而回答。我们曾从他们的经中找到不少和我们的教义相吻合的地方"。① 在伦理观念上，利玛窦在儒家经典中寻找到了共鸣。

首先，利玛窦寻找与儒家著述中探讨友谊相合的西方格言，让二者相互印证，相互补充。儒家经典中关于友谊的论述很多，比如关于择友要择善，近朱者赤。《论语·颜渊》中将朋友分为益友和损友："益者三友，损者三友。友直，友谅，友多闻，益矣。友便辟，友善柔，友便佞，损矣。"曾子曾说："君子以文会友，以友辅仁。"《交友论》中也说："居染肆，而狎染人。近染色，难免无污秽其身矣。交友恶人，恒听视其丑事，必习之而浼本心焉。吾偶候遇贤友，虽仅一抵掌而别，未尝少无裨补，以洽吾为善之志也。交友之旨无他，在彼善长于我，则我效习之；我善长于彼，则

---

① ［意］利玛窦. 利玛窦书信集［M］. 罗渔，译. 台北：光启与辅仁大学出版社，1986：209.

我教化之。是学而即教，教而即学，两者互资矣。"这些关于择友应择善的观点与《论语》中的说法有异曲同工之处。《交友论》中关于重义轻利，时穷品见，友贵诚信，表里如一等观点，也可以在《论语》等儒家经典中找到相似的表达方式。

其次，利玛窦在《交友论》中也涉及了生死、上帝、平等、博爱等主题。比如"既死之友，吾念之无忧。盖在时，我有之，如可失；及既亡，念之如犹在焉"。这与儒家思想中"事死如事生，事亡如事存，孝之至也"（《中庸》第十九章）的观点有相通之处。但谈论生死时儒家主要用以祭祀和怀念逝去的亲人，在这里利玛窦将其引申到了朋友，是对儒家"孝"思想的拓展。《交友论》中所倡导的平等交友观与儒家思想相悖。儒家思想中将朋友置于五伦之末，君臣、父子、夫妇、兄弟等伦理关系是社会的主要关系，而利玛窦将朋友视作第二个我，且提出了爱敌人，将敌化为友的观点，这种平等、博爱思想是对儒家思想的补充。

二、《交友论》与晚明阳明学友道观的契合

关于利玛窦《交友论》中的友谊观与晚明社会思想之间的关系，业内学者基本持两种观点：

一种以何俊的《西学与晚明思潮的裂变》为代表，强调《交友论》所呈现出的西方世俗伦理与儒家传统的一致性，并认为该书并没有提供真正富有启发性的新思想。① 另一种以郝贵远②、康志杰③、黄文树④、关明启⑤等的研究为代表，强调利玛窦的《交友论》对晚明社会思想，特别是友道观的影响，认为该书对阳明学友道观思想的形成带来了影响。黄芸在比较两种不同观点的基础上，对《交友论》在晚明社会的接受基础进行了研究，在此基础上分析了利玛窦的友道论与阳明学友道观念之间的关系，具有开

---

① 何俊. 西学与晚明思想的裂变 [M]. 上海：上海人民出版社，1998.

② 郝贵远. 从利玛窦《交友论》说起 [J]. 世界历史，1994（5）：131 – 135.

③ 康志杰. 论《论语》与《友论》的人伦思想——兼说孔子与利玛窦人伦观之异同 [J]. 韩山师范学院学报，2001（4）：49 – 55.

④ 黄文树. 李贽与利玛窦的友谊及其《友论》之比较 [J]. 玄奘佛学研究，2006（5）：127 – 152.

⑤ 关明启. 利玛窦的《交友论》及其对晚明社会的影响 [J]. 广东教育学院学报，2005（8）：90 – 94.

拓性的意义。她认为明代讲学的风气来源于儒学志在用世，君子倘学有所成，便当仁以行道的传统，因晚明社会宦官专政，文人空有一腹才华却无报效朝廷之处，只好向下发挥自己的学术影响力和人格感召力。正如《荀子·儒效》所云："儒者在本朝则美政，在下位则美俗。"因此，讲学之风开始盛行，进而形成了一个思想流派，更发展成为一场社会运动。①

阳明学对传统的儒学友道观进行了新的诠释，同时还有部分学者将友伦举于其他四伦之上，从而改写了五伦的传统位序，如王畿、何心隐、顾大韶等。传统的儒家思想中，以君臣、父子、夫妇、兄弟之伦为重，友谊常被忽视。而晚明阳明学则将友谊提升到其他伦理关系之上。其中以顾韶的《放言》和何心隐的《论友》论述最为详尽。在顾大韶看来，流俗所见"势利相依、名声相慕"之友，以及"征逐游戏"之友，都不是真正的朋友，只有"二人同心""志业相偶"，方可谓之朋友。他们认为，不以友谊为基础建立的君臣、父子、夫妇、兄弟，只是在利、情、色基础上的暂时结合，容易由于各种变化而导致破裂，只有"同志于道"的关系才最牢固。并提出无论是君臣、父子、夫妇还是兄弟，都能以友道相交，那么君臣关系、父子关系、夫妇关系、兄弟关系都能成为朋友关系，形成"以友辅仁"的观点。但在他们的著述中，常常将"师友"和"朋友"混用，含混的措辞使得基于平等关系的"朋友之道"未能和基于不平等关系的"师生之道"区分开来，因此即使阳明学开启的是儒学平民化的运动，但仍是主张精英统治和等级制，没能生发出平等主义的伦理原则和政治理念。②

利玛窦的《交友论》通过对为什么交友、如何交友、如何维护友谊等内容对西方的交友观进行了较全面的说明，非常契合阳明学"以友辅仁"的需要，因此深得冯应京等阳明后学的赞赏，将其视为"东海西海，此心此理同也"的一个证据。利玛窦的友道观与阳明友道观的相似之处主要体现在：

第一，二者都认为朋友有通财之义。《交友论》认为对朋友的财物馈赠

---

① 黄芸.《交友论》的接受基础及与阳明学友道观念的比较［C］//宗教对话与和谐社会：第三辑.北京：宗教文化出版社，2012：183.

② 黄芸.《交友论》的接受基础及与阳明学友道观念的比较［C］//宗教对话与和谐社会：第三辑.北京：宗教文化出版社，2012：192－193.

并不需要回报，这与阳明学者的理念和作为是一致的。阳明学者对贫弱者的帮扶和朋友间的馈赠和资助常见于各类记载，有些甚至写在他们的会约中。利玛窦向中国士大夫介绍过的西欧医院、孤儿院等慈善团体的宗旨和管理，以及基督教的博爱思想和实践，这些都与阳明学的观点产生共鸣。

第二，二者都认为朋友关系高于父子和兄弟关系。《交友论》中将朋友视为"第二我"，将其比作"双目、双耳、双手、双足"，认为好朋友常以兄弟相称，好的兄弟关系也可以成为朋友。该书还列举了亚历山大王与臣子的对话，力证君臣关系也可以成为朋友关系。但在这一点上，阳明学不及《交友论》的平等观念彻底。

由此看来，阳明学的友道观在利玛窦《交友论》完成之前就已形成，其为《交友论》的传播与接受提供了社会思想基础，利玛窦《交友论》中关于友谊的观点契合了中国晚明社会阳明学派的友道观，因此受到士大夫和文人阶层的广泛欢迎。认为《交友论》给中国人带来一种基于平等意识的友谊观，这种看法过于夸大了利玛窦《交友论》的历史影响和作用。

第五节 《交友论》的接受和影响

一、本土回应

《交友论》刊出后，迅速受到士大夫阶层的欢迎，多人为其刻印的各版本作序，也有士人在作品中论及该书或引用书中的观点。

冯应京在为《交友论》所作的序中对利玛窦的《交友论》做了高度评价："西泰子间关入万里，东游于中国，为交友也。其悟交道也深，故其相求也切，相与也笃，而论交道独详。嗟夫，友之所系大矣哉！"① 他对《交友论》一书的主要观点进行了归纳，进而提出"视西泰子逍遥山海，以交

---

① 朱维铮. 利玛窦中文著译集［M］. 上海：复旦大学出版社，2012：116.

友为务，殊有余愧，爰有味乎其论，而益信东海西海、此心此理同也"①。
利玛窦的学生瞿汝夔在《大西域利公友论序》一书中介绍了《交友论》一
书编译的背景："别公六年所，而公益北学中国，抵豫章，抚台仲鹤陆公留
之驻南昌，暇与建安郡王殿下论及友道，著成一编。"② 他对该书大加称赞，
并认为其精髓与儒家思想相符：

> 今利公其弥天之资，匪徒来宾，服习圣化，以我华文，译彼师授，
> 此心此理，若合契符，籍有录之以备陈风采谣之献，其为国之瑞，不
> 更在楛矢白雉百累之上哉！至其论义精粹，中自具足，无俟拈出矣，
> 然于公特百分一耳，或有如房相国融等，为笔授其性命理数之说，勒
> 成一家，藏之通国，副在名山，使万世而下有知其解者，未必非昭事
> 上天之准的也。③

陈继儒也在《友论小叙》一文中赞同《交友论》中的观点"四伦非朋
友不能弥缝"④，认为"刻此书，真可补朱穆、刘孝标之未备"⑤。朱廷策也
在《友论题词》中指出"利山人集友之益大哉"⑥，肯定了《交友论》的积
极影响。

除以上现存序、跋、题词等外，也有文人在自己的作品中对《交友论》
加以评论。姚旅在《露书》卷九中说道：

> 琍玛豆（即利玛窦）《友论》云：吾友非他，即我之半，乃第二我
> 也。故当视友如己焉。友之与我虽有二身，二身之内，其心一而已。
> 上帝给人双目、双耳、双手、双足，欲两友相助。友者，古之尊名。
> 今出之以售，比之于货，惜哉！多有密友，便无密友。世无友，如天

----

① 朱维铮. 利玛窦中文著译集［M］. 上海：复旦大学出版社，2012：116.
② 朱维铮. 利玛窦中文著译集［M］. 上海：复旦大学出版社，2012：116.
③ 朱维铮. 利玛窦中文著译集［M］. 上海：复旦大学出版社，2012：117 – 118.
④ 朱维铮. 利玛窦中文著译集［M］. 上海：复旦大学出版社，2012：119.
⑤ 朱维铮. 利玛窦中文著译集［M］. 上海：复旦大学出版社，2012：119.
⑥ 朱维铮. 利玛窦中文著译集［M］. 上海：复旦大学出版社，2012：120.

无日，如身无目矣。姚子曰：人与异域，其道其情一也。读此谁谓海外无人哉？世每少异域夏虫耳，然生中华而徒有其胸，反不彼若矣，不愧杀乎？①

文中引利玛窦名句若干，足见其称许之态，最后的评价也明确肯定，没有含糊。金坛王肯堂在《郁冈斋笔尘》中引用了30多则《交友论》中的格言，并说："利君遗余《交友论》一编，有味乎其言之也，病怀为之爽然，胜枚生七发远矣；使其素熟于中土语言文字，当不止是，乃稍删润著于篇。"②

在利玛窦与金尼阁合著的《耶稣会与天主教进入中国史》（即《利玛窦中国札记》的另译本）中，多处记录了《交友论》在当时被传诵的情况。"不久后，利神父的一位在赣州某县任知县的朋友刊印了该书的中文版。此后此书又在北京（疑为南京）、浙江和其他一些省份重印，每每受到文人们的好评。该书已被一些很有影响的书籍所载录。"③ "李卓吾在湖广一带有很多弟子，当他得到利神父的《交友论》时，命人翻印了一些，寄给他在湖广的这些弟子，大大提高了这部著作的声誉。"④ "利神父又写了《四元行论》和《交友论》，并很快刊行，一印再印，各地广泛流传，人们争相阅读。"⑤ 据裴化行的《利玛窦评传》，利玛窦自己也曾说过："这本书给我以及我们欧洲增加的声望，超过此前所做的一切，因为其他的事情只是使我们有了善于制造机械仪器工具的能工巧匠的名声，而这篇论文却为我们赢得文人、热爱才智和美德的儒士的美誉，因而一切人加以阅读、接受、莫不热烈赞叹。"⑥ 利玛窦的继任者龙华民（Niccolo Longobardi，1559—1654）

---

① 姚旅. 露书［M］//《续修四库全书》编辑委员会编. 续修四库全书：卷九. 上海：上海古籍出版社，1995.

② 王肯堂. 郁冈斋笔尘·交友［M］. 明万历刻本. 南京：南京大学图书馆藏.

③ ［意］利玛窦，［法］金尼阁. 耶稣会与天主教进入中国史［M］. 文铮，译. 北京：商务印书馆，2014：205.

④ ［意］利玛窦，［法］金尼阁. 耶稣会与天主教进入中国史［M］. 文铮，译. 北京：商务印书馆，2014：251.

⑤ ［意］利玛窦，［法］金尼阁. 耶稣会与天主教进入中国史［M］. 文铮，译. 北京：商务印书馆，2014：355.

⑥ ［法］裴化行. 利玛窦评传［M］. 管震湖，译. 北京：商务印书馆，1993：221.

也记载过利玛窦儒学水平给中国人所带来的震撼："最近，有一位士大夫祝贺我研读了《大学》和《中庸》。其实，这两部著作并不比西塞罗和提图斯—利韦乌斯难懂。他们说，在中国以外，无人能理解，利玛窦神父答道，相反，谁也不如欧洲人更理解这两部著作，我们的透彻领悟力使中国人大为吃惊。"①

在反对天学的运动中，利玛窦的多部作品都受到攻击，比如《天主实义》《坤舆万国全图》等，但可查阅的资料几乎未见对《交友论》的批评声音，此中的缘由值得仔细思考。

二、主要影响

利玛窦的《交友论》一经刊行，就不胫而走。到明崇祯二年（1629年）李之藻将其收入《天学初函》前，已刊行过多少次，至今无法考定。很多版本未经利玛窦同意便私自刻印发行。朱维铮评论说："无论就重版次数，还是引证频率，本篇都堪称利玛窦中文译著内影响最广的一种，当无疑义。"② 其主要影响体现在以下三个方面。

首先，《交友论》一书首次向中国人系统地介绍了西方社会关于友谊的观点，促进了中西方伦理思想的交流。利玛窦是第一批来华定居的传教士，在编译《交友论》之前译介的世界地图在广东已大受欢迎，而《交友论》的主题与明末社会的思潮相契合，更促进了该书的传播。

其次，利玛窦因此声名鹊起，受到士大夫阶层的尊敬。正如他自己所说："《交友论》为我们欧洲人增添了不少光彩，比我做的其他事情都大，因为其他的书籍大都介绍科学和艺术，而这本书介绍了智慧和修养，所以很多人喜欢这本书。"③ 利玛窦在1599年写给高斯塔神父的信中写道："这部《交友论》使我赢得了人们的信任，同时，也使人认识了我们欧洲的作为。"④

再次，为后来的传教士宣传西方伦理思想带来影响。就在《交友论》

---

① ［法］裴化行. 利玛窦评传［M］. 管震湖，译. 北京：商务印书馆，1993：366.
② 朱维铮. 利玛窦中文著译集［M］. 上海：复旦大学出版社，2012：106.
③ ［法］裴化行. 利玛窦评传［M］. 管震湖，译. 北京：商务印书馆，1993：221.
④ ［意］利玛窦. 利玛窦书信集［M］. 罗渔，译. 台北：光启与辅仁大学出版社，1986：258.

出版半个世纪之后，同样来自意大利的传教士卫匡国又编著了《述友篇》（1647 年），进一步阐释"述友之道"。在开篇《述友篇小引》一文中，他就表达了对利玛窦《交友论》的看法："昔西泰利先生辑《交友论》，第与建安王言少时所闻，未尽友义之深之博也。是篇之述，予虽尽力竭知，敢自谓于友义尽哉?"①《述友篇》感慨利玛窦的《交友论》成书匆忙，没有完全讲尽友道，而且里面的格言也未标明出处。卫匡国在完善以上问题的同时，也继承了利玛窦《交友论》编译时的文化适应策略，即采用"合儒""补儒"的方法，而且还更进一步，直接提出基督教的思想，意欲实现"超儒"。二者都是论述西方友道精髓的典范之作，在当时和后世都产生了极大影响。

《交友论》虽然只是利玛窦在华期间编写的一部记录西方友谊格言的小册子，但由于其对中国儒家思想及明末社会友伦观的适应，在中国得以广泛传播，并得到中国士人阶层的一致接受。相对利玛窦的中文世界地图、《天主实义》等其他作品，《交友论》受到的本土回应最为积极。

---

① ［意］卫匡国. 述友篇［M］// 艾儒略. 天主教东传文献三编. 台北：学生书局，1972：25 – 27.

第五章
《天主实义》译介中的文化适应策略研究

《天主实义》是利玛窦在华传教期间一部重要的中文著译作品，也是世界宗教传播史上的经典范例。根据谭杰的最新考证，受耶稣会亚洲传教区视察员范礼安之命，利玛窦于 1594 年 10 月至 1596 年 10 月间撰写了该书的初稿。在其后的近十年间，利玛窦根据他与中国士人和佛教人士的对话，不断丰富该书内容，雕琢文字，于 1603 年正式出版发行。① 1629 年，李之藻将其收入《天学初函》，1782 年收入四库全书子部。该书多次再版，并有满文、日文、越南文、朝鲜文、蒙文、法文等多译本出现，1984 年被译为英文。

该书采用晚明讲学仍然盛行的语录体，假设问答，由西士解释上帝创世说开始，到中士表示心悦诚服而请求皈依西教结束，正说明利玛窦所期待的这部书的社会效应。该书分为上下两卷，共有八篇：首篇论天主始制天地万物，而主宰安养之；第二篇解世人错认天主；第三篇论人魂不灭大异禽兽；第四篇辩释鬼神及人魂异论，而解天下万物不可谓之一体；第五篇辩排轮回六道、戒杀生之谬说，而揭斋素正志；第六篇释解意不可灭，并论死后必有天堂地狱之赏罚，以报世人所为善恶；第七篇论人性本善，而述天主门士正学；第八篇总举大西俗尚，而论其传道之士所以不娶之意，并释天主降生西土来由。

该书经过多次刻印，流传较广。现存序跋多篇，包括冯应京的《天主实义序》、李之藻的《天主实义重刻序》、汪汝淳的《重刻天主实义跋》。四

---

① 谭杰.《天主实义》之成书过程再考辨 [J]. 北京行政学院学报，2013（4）：125.

库全书总目子部杂家类存目提要对其刻印时间及八篇内容进行了介绍，指出该书"大旨主于使人尊信天主，以行其教。知儒教之不可攻，则附会六经中上帝之说，以合于天主，而特攻释氏以求胜。然天堂地狱之说，与轮回之说相去无几也，特小变释氏之说而本原则一耳"①。

第一节 《天主实义》研究综述

关于《天主实义》的研究随着它在中国的正式刊发就已经开始了。中国士大夫、儒士、新儒士、佛教人士、道教人士及社会各阶层在直接阅读或间接接触到该书的观点后，便展开了或支持或反对的研究，在晚明社会掀起了一场跨文化的多边对话。近代以来，随着对利玛窦的重新认识，对其代表性著作《天主实义》的研究也逐步深入，视角更加广泛，包括思想史、文化交流史、哲学、考据、语言学、翻译学、传播学等多个领域。其中以思想和文化交流史领域最为突出，集中表现在耶儒对话、耶佛对话、文本比较、文化交流效果等方面。

一、耶儒对话研究

耶儒对话是《天主实义》研究的最重要话题，该书一直被认为是利玛窦进行耶儒调和的代表作品，相关研究最为多见。在中国，孙尚扬的《从利玛窦对儒学的批判看儒耶之别》和《明末天主教与儒学的交流和冲突》，第一次对《天主实义》进行了客观且有深度的分析。在此之前，中国的利玛窦研究以历史探究为主，对利玛窦对中国文化的理解进行评判，认为他的误解导致对新儒中"理""气"等概念的批评。孙尚扬的研究关注耶儒调和的问题。他认为，利玛窦在儒家内部做了选择：调和那些能和基督教相容的因素，尤其在道德领域。然而，孙也指出，在这个过程中，天主教也

①　［意］利玛窦．天主实义［M］// 四库全书总目卷125 子部（第35 册）．台北：艺文印书馆，1974．

做了变通，以适应儒家文化，例如，更强调性善论，低估天主教传统原罪论的核心地位等，因而耶儒调和并非单向的，而是双向的。①

韩国国立汉城大学哲学系教授宋荣培认为利玛窦的《天主实义》是东西思想互相适应而成的杰作。根据利玛窦的说法，基督教追求的真理与儒家之伦理理想是一致的：即"仁义"。在内容上，他所述的"仁"是人类对天主的爱。其说明方式更是积极适应于儒家文化的基本观念。但同时，利玛窦对宋明理学持批判态度，从而引起精神与肉体对立的二元论。因此，宋荣培认为《天主实义》一方面是基督教适应于儒家文化之明显的表现，但另一方面也是对宋明理学之明显的否定和批判。②

陈戎女认为《天主实义》是利玛窦文化调和、合儒辟佛传教策略的具体体现。在《天主实义》中利玛窦首先证明古儒典籍之上帝即基督教之天主，其采纳的是一种相当宽容且带弹性的文化视野，他自愿且顺利地完成了耶儒之间的文化转换。但利玛窦实际宣教的成功不能证明他在《天主实义》中提出的以儒证耶、以耶释儒的观点就是准确无误的。"天主即经言上帝"之说在学理上仔细分析是不太可靠的，其结果乃是汉语基督教之"伦理化"成为不可避免的事实。③

疏仁华的《略论利玛窦与儒学》较系统地论述了利玛窦如何利用儒学传教，其中提出的诸多观点为后来的学者所继承，具有深远的影响。疏仁华认为利玛窦利用儒学传教，一是受形势的逼迫；二是立足于他一直以来对以儒学为核心的中国文化的认知；三是对耶稣会宗旨的灵活运用。作者还指出利玛窦开始全面推行利用儒学传教策略的起始时间为1588年（万历十六年），即自利玛窦替代罗明坚主持耶稣会在华教务始。

疏仁华借用利玛窦的观点，认为利用儒学传教是基督教与中国传统相结合的一种巧妙方式。在实践中，他的这种"巧妙方式"主要表现在三个

---

① 孙尚扬. 从利玛窦对儒学的批判看儒耶之别 [J]. 哲学研究，1991（9）：61–68；孙尚扬. 明末天主教与儒学的交流和冲突 [M]. 台北：文津出版社，1992.

② 宋荣培. 利玛窦的《天主实义》与儒学的融合和困境 [J]. 世界宗教研究，1999（1）：50–59.

③ 陈戎女. 耶儒之间的文化转换——利玛窦《天主实义》分析 [J]. 中国文化研究，2001（2）：138–142.

方面：首先，利氏用儒家经典解释或附会基督教义，求基督教育（疑为基督教义）与儒教的相通之处，作为其传教的理论根据；其次，利氏采取自身汉化的方法，身披儒装，生活习俗儒士化，使自己寓于儒士之以求人们更易于接受基督教；再次，利用知识传教，结识、拉拢中国的士大夫阶层，求得他们的支持，从而便利自己传教。

疏仁华还分析了利玛窦"合儒""补儒""超儒"策略的历史背景及动因，认为"合儒""补儒"反映了利氏所代表的中世纪基督教文化与中国传统儒家文化的结合。一方面基督教文化与中国封建社会儒家思想维护皇权统治的思想有相似之处；另一方面，明末社会"王学"占统治地位，儒士阶层中的一部分人怀着务实治国的观念，渴望一种新的指导思想。而"超儒"是利氏想用基督教文化来包容中国传统的儒家文化，从而在根本上把中国变成一个基督教的世界，这体现了利氏的文化渗透观点。总之，作者肯定了利玛窦的文化适应策略，认为在当时的形势下有益于中外的文化交流。①

张晓林博士在其论文《文化互动与诠释——〈天主实义〉与中国学说》中对《天主实义》的研究概况进行了梳理，包括版本研究、内容研究等，涉及方法论、文化比较等视角。② 张晓林在其专著《天主实义与中国学统》中指出，利玛窦对宋明儒学的理解有很大的局限，因为对于这个广大而复杂的传统，他仅了解其中一小部分。然而，通过诉诸伽达默尔（Hans-Georg Gadamer）的解释学方法及其"视域融合"（Fusion of Horizons）的概念，张晓林能够超越"儒学正宗"的争论。③ 这样，《天主实义》就代表利玛窦解读儒家的解释学选择。标准并非主要依据客观性和儒家的永恒真理，而更多的是依照产生意义的新言说的有效性。

张晓林分别从反教者、护教者和主流学者的视角，考察了利玛窦思想的接受情况，认为正是护教者即中国基督徒知识分子的存在，证明了儒家和基督教会通的可能性，他也指出，中国思想存在多元主义，有能力吸收

---

① 疏仁华. 略论利玛窦与儒学 [J]. 池州师专学报，2002（1）：93 – 95.

② 张晓林. 文化互动与诠释——《天主实义》与中国学说 [D]. 香港：香港中文大学，2002.

③ 张晓林. 天主实义与中国学统：文化互动与诠释 [M]. 上海：学林出版社，2005.

外来因素，但是，这新思想不应被理解为整合在儒家道统之中，因为它标志着与道统的决裂。张晓林还提到，大部分欧洲汉学家如谢和耐（Jacques Gernet）和许理和（Erik Zürcher）都认为，17、18 世纪天主教在中国的传播是失败的。然而，他认为，当时引入的观念被继续传播，即使禁教之后仍是如此。历史学家强调基督宗教的体制在中国传播的失败，却忽略了基督宗教所带来的观念的持久传播。在梅谦立看来，在孙尚扬具有开拓性的研究后大约十年，张晓林对《天主实义》的研究，不管是方法论还是研究结论都是里程碑式的。①

李韦和李华伟在论文中通过对利玛窦《天主实义》的分析指出儒家和天主教围绕孝论进行的对话和冲突。为调和儒家和天主教关于"孝"的观念，利玛窦附会儒家文化，用儒家的"孝"来比附人与上帝的关系。在这一比附中，人与神之间的无限距离这一维度隐匿不见。儒耶孝论的冲突中，另外一个问题得以凸显，那就是天主教重视个体救赎与儒家重视维系血缘亲情之间的冲突。尽管争论中存在诸多冲突与误解，但在解释学看来，不可否认这是一场真正意义上的对话。②

陈新在其硕士论文《明清之际中西文化交流有效性研究——利玛窦〈天主实义〉文本分析为例》中将《天主实义》对中国传统文化关键词天主教式的解释与其在中国传统文化中的原本意义相比较，提示文化误读的根源是文化中心主义的偏见，以证明真正的对话是要有平等的文化地位和对话需求以及合适的对话情境作为前提的。作者认为天主教对于教义的片面苛求，不容许任何修改和变通，只能以"原汁原味"的天主教形式在中国传播，它拒绝了沟通的余地，只留下生硬的儒家化的对于教义的解释。在这样的情况下，即便中国的上层知识分子有一些能够皈依天主教却不能像佛教那样在中国深入人心，更难以融入中国传统文化体系之内而体现出中国气质。所以，虽然利玛窦《天主实义》的写作用心良苦，但其所起到的作用是极其有限的，而且没有文化输入主体的有效阐释而只是输出一方生

---

① ［意］利玛窦. 天主实义今注［M］.［法］梅谦立，注. 北京：商务印书馆，2014：58–64.

② 李韦，李华伟. 天主教和儒家孝论的冲突与对话——以《天主实义》为中心的考察［J］. 河北师范大学学报（哲学社会科学版），2010（2）：71–77.

硬的附会，其所能产生的影响是可想而知的。作者认为明末清初的这次中西初识在某种程度上可以说是文化意图上的错位导致的误读，利玛窦处心积虑的"适应策略"实际上可以看成是一种对中国文化的理解态度，但是由于他的这种理解更多出于宗教热情而非对于两种文化的客观认识，这次文化交流最后并非在传教士那里而是在欧洲先进的知识分子群体那里产生了深远的影响。①

2010 年之后，关于耶儒融合与冲突的话题不再是热点，但仍有研究者对之持续关注。樊学梅的《以〈天主实义〉为例——看利玛窦对儒学的阐释》一文主要论述利玛窦对儒学的阐释及其文化内涵，侧重于上帝即天主、天地崇拜以及对"天"的错误阐释三个方面。②

二、耶佛对话研究

《天主实义》体现了利玛窦合儒排佛的思想，其中对佛教的批判较为尖锐，也引起了研究者的关注。在研究《天主实义》的早期学者中，张晓林首先关注到了耶佛对话。在其论文《〈天主实义〉的天佛（道）对话》中，作者认为《天主实义》基于天主教之天主论评了佛道所谓的空无宇宙论，以及佛教的"我"或佛观念。由于对佛道的基本态度是"易"，致使《天主实义》的天佛（道）对话表现出否定的性质。尽管如此，对话也揭示了中西两种宗教思想的根本差异。探究其原因，作者认为，利玛窦对佛道的拒斥，突出地表现为对佛道观念的理性逻辑辩驳，这是《天主实义》中利玛窦所用之特殊方法，即基督教经院哲学的理论性方法在批评佛道思想中的应用。在这一方面，理性哲学方法与佛道教的思维方式固然有本质的区别。如果从宗教的角度进行比较，即把佛道教与基督教一样看作是一种宗教体系，看作是同样诉诸人类非理性能力的思想体系进行比较，则基督教与佛道教定有许多建设性的可比之处，但这种比较恰好是利玛窦所忽视的。③

① 陈新. 明清之际中西文化交流有效性研究——以利玛窦《天主实义》文本分析为例［D］. 西安：西安外国语大学，2011.

② 樊学梅. 以《天主实义》为例——看利玛窦对儒学的阐释［J］. 湖北文理学院学报，2015（1）：51 - 54.

③ 张晓林.《天主实义》的天佛（道）对话［J］. 西北师大学报（社会科学版），2002（4）：7 - 13.

向懿的硕士论文《明末清初耶佛对话探析》是为数不多的深入探讨明末清初耶佛对话的研究之一。作者认为天主教在中国的传教策略及对待佛教的态度，随着传教士们对中国的社会状况与佛教教义了解程度的日益加深，经历了一系列的变化。从第一次易僧服及采用佛教术语来解释普及天主教教理到发现僧侣在中国的社会地位并不高，将两教教义上的相斥作为根本原因，现实中怀疑和尚与强盗相勾结事件的爆发作为导火索，最终以利玛窦为代表的耶稣会传教士选择了易佛补儒的传教策略，传教士们和皈依的中国天主教徒发表了大量批佛言论。其中《天主实义》是利玛窦宣讲教理、破斥佛道的弘教作品，然而《天主实义》中大量排佛的言论引起了佛教界人士以及奉佛士大夫们的不满，面对天主教这一外来宗教的直接冲击，大量回应天主教义的著作纷纷问世。作者将圆悟的《辩天说》三篇、袾宏的《天说》（凡四）、通容的《原道辟邪说》部分内容与《天主实义》作为对话作品加以分析，认为天佛双方思想上的交锋可以归纳为两个方面：第一是上帝与佛祖之实有与空无之辩，圆悟和袾宏从佛教教义出发，利用佛性论的观点批驳利玛窦关于上帝存在的论证，试图将天主教教理纳入佛教的体系之中，利玛窦又批驳了佛教万法唯心的观点，且以贵贱价值论本原，重实有，轻空无；第二是论辩关于来世的内容，双方就轮回说、天堂地狱说发表了各自的看法。①

文章中还列举了护佛人士发表的反击文章，如 1615 年（万历四十三年）莲池袾宏作《天说》正面驳斥天主教义，1616 年时任礼部侍郎的沈确三次上疏万历皇帝，最终导致"南京教案"发生，教士被逐。之后，密云圆悟作《辩天三说》，智旭作《天学初征》《再征》，费隐通容编《原道辟邪说》，居士虞淳熙、黄贞、徐昌治、许大受等人以著书的形式向天主教发难，奋而反击。②

吴强华在《晚明排斥天主教思潮论析》中指出成为西儒后的传教士刻意强调与佛教的差异，利玛窦在《天主实义》《畸人十篇》《辩学遗牍》等中展开了对佛教的全面抨击，挑起了耶佛之争。传教士激烈的排佛言论给

---

① 向懿. 明末清初耶佛对话探析 [D]. 上海：华东师范大学，2014.
② 黄贞. 圣朝破邪集 [M]. 1639 年浙江刻本. 香港：宜道出版社，1996.

时人留下了"专以辟佛为事,见诸经缘及诸鬼神像,辄劝人毁裂"的印象,利玛窦被视为"最诽佛氏"。传教士的排佛姿态为他们赢得了部分士大夫的赞许,但也受到了护佛人士的猛烈批评。①

三、文本比较研究

鉴于《天主实义》在利玛窦在华传教中的重要地位,很多学者将其与其他文本进行比较研究,进一步厘清利玛窦在该书中表达的思想和观点。

张晓林在《戴震的"讳言"——论〈天主实义〉与〈孟子字义疏证〉之关系》中认为,戴震以考据学治哲学的方法间接来自利玛窦等传教士引入的西学;而其《孟子字义疏证》的制作,则直接受到《天主实义》的影响。从体系整体结构看,戴震对《天主实义》及其思想的吸收,并未使他如天主教的护教者那样构建一个完全的新语境。就此而言,利氏对戴震之影响仅仅及于方法,及于新的方法带给他构建反理学新体系的启示,并且部分是原理性的,即及于新体系的一些内容,但却并不及于这个体系的核心部分,并且其影响也不是总体性的。在核心部分,戴震总体上仍处在儒家的语境里,仍然遵循着儒家的道统,而这个道统与他所激烈批判的新儒家道统乃是同一个道统。张晓林认为研究者们充分注意到了戴震虽受到天学的影响但却讳言其影响,并把戴震讳言的理由归于其时西学的退潮、中西交恶等。但从学理上说,真正使戴震讳言的乃是他所忠于的儒家道统与天学在根本处之差异。②

张晓林认为利玛窦的《天主实义》乃是基于解释学立场进行跨文化阅读的典范文本。法国汉学家裴化行在其 20 世纪 30 年代所著的《利玛窦评传》中称,利氏在《天主实义》中使用了"摒弃诠释而试行不经媒介直接进入原文的方式,"以"摆脱诠释的束缚,最大限度地直接使用原文"。③所谓"摒弃诠释不经媒介直接进入原文","最大限度地直接使用原文",就是利氏从自己独特的历史情境出发对中国古代经典的阅读,在现代解释学

---

① 吴强华. 晚明排斥天主教思潮论析 [J]. 学术月刊, 1999 (4): 95 - 101.

② 张晓林. 戴震的"讳言"——论《天主实义》与《孟子字义疏证》之关系 [J]. 华东师范大学学报 (哲学社会科学版), 2002 (4): 15 - 22.

③ [法] 裴化行. 利玛窦评传 [M]. 管震湖, 译. 北京: 商务印书馆, 1993: 163 - 165.

的意义上，这就是对经典文本的解释学阅读。利氏对中国文化的这种解释学处理造成的直接效果，一是中国皈信者著述中的儒家一神论；二是清代的考据学，在戴震的哲学运用中，考据学乃是一种解释学方法。

包丽丽在《"似非而是"还是"似是而非"——〈天主实义〉与〈畸人十篇〉的一个比较》一文中对《天主实义》与《畸人十篇》进行了比较，认为从《天主实义》到《畸人十篇》标志着利玛窦传教重心的改变。前者力图调和基督教义与儒家思想的矛盾，重在"以理服人"；后者突出非理性的信仰，重在宣讲来世的存在。从重在"以理服人"的"似非而是"到"不讲理"的"似是而非"，其实也是向中国人传播基督教的必由之路。在当时的条件下，传教士们无法撼动占据统治地位的儒家思想，只能从"补儒"入手，而当他们要继续前进，进一步"劝化"民众的时候，就不能不偷梁换柱，走上"似是而非"的道路。①

廖峥妍则通过对利玛窦和花之安（Ernst Faber）主要作品的分析对二者的儒家"仁""孝"观念进行了解读。该文的第二章主要探讨了利玛窦及其著作《天主实义》，分析其所阐释的"仁""孝"观。作者认为利玛窦引用了《中庸》和《荀子》中的话，看似和"孝"道相符合，然而他是想借助中国儒家的孝道观来证明基督教中灵魂不灭的正确性，因为关于灵魂不灭的观点在天主教神学体系中占据着重要的地位。利玛窦利用中国"孝子慈孙"一例，说明人对死后灵魂不朽的愿望，正说明了人死后是有灵魂存在的。他进行推断的逻辑是：如果父母形神皆亡，那么他们如何知道后代的"事死如事生，事亡如事存"之心，那么中国的祭祀便是没有意义的。正是因为中国古代崇尚祭祀祖先，所以利玛窦便以此来证明天主教义中灵魂不灭的观点。利玛窦用符合中国人认知的方式进行阐述，这样更容易为中国士大夫阶层所接受。"灵魂不灭"的论断也为后文论证基督教有"天堂地狱"之说做了铺垫。灵魂区别于肉体，肉体虽亡而灵魂常在，只有灵魂不朽才能从伦理上说清人死后可上天堂或下地狱。

利玛窦深知"孝"作为"仁之本"的重要作用，所以他在第六篇中讨

---

① 包丽丽. "似非而是"还是"似是而非"——《天主实义》与《畸人十篇》的一个比较 [J]. 甘肃社会科学, 2006 (6)：93-95.

论赏罚说时和"孝"相联系，提出了"秒逆其亲即加不孝之罪矣"的观点。利氏在这里试图以儒家思想证明天主思想的正确性，认为不可违背父母，否则是为不孝之罪，这与儒家思想对待父母要"敬"有相通之处。天主教思想与中国古代的传统思想有契合之处，这正是利玛窦践行"合儒"传教策略的基础。①

徐艳东对《畸人十篇》与《天主实义》进行了比较研究。作者对利玛窦的两部重要中文著作进行了比较，从文本内部探讨两者的本质差异，发现其背后所蕴藏的文化"转移"意义，即自 1601 年到 1608 年，在对中国文化渐趋深入了解的背景下，利玛窦这位西方文化承载者的文化输入策略发生了本质的改变：从强势的刺入变为柔和的导入；从言辞的苛刻转为用词的谦和；从逻辑的辩难走向尊重与融合。利玛窦的最终目的虽然是想把至上神——天主引入中国，但他的主要著作《畸人十篇》与《天主实义》的写作方式却是彻底"哲学化"的。该文试图透过文本本身的变化来提示两种文化首次碰撞后各自的反应以及所做出的自觉调适。②

连凡以《破邪论》与《天主实义》为中心考察了黄宗羲的魂魄说及其与天主教思想之交涉。该文围绕着黄宗羲的《破邪论》与利玛窦的《天主实义》，从魂魄说的内涵及其异同、对佛教轮回说与地狱说的批判、灵魂是否湮灭与祭祀的意义三个方面论述了双方观点并比较了其异同。总的来说，黄宗羲主要从其气（元的宇宙本体论）和重视经世史学及社会教化的实学思想立场出发，从先秦儒家学说中寻找依据，批判了民间迷信及儒释道的魂魄说。而利玛窦则从其天主赋性说与天堂地狱赏罚论出发，批判了儒家的魂魄说、佛教的地狱轮回说，并给予儒家的祭祀以非宗教的解释。双方在魂魄观上基本对立，黄氏依据的是传统儒家的气论，利玛窦依据的是天主赋性（魂）论，但在批判中医的魂魄与五脏五相配上双方基本一致；双方在以人性与物性的不同来批判佛教轮回说上大体一致，但黄宗羲并不认可天主教的地狱说；双方在对灵魂湮灭的问题上观点不一致，黄宗羲从社

---

① 廖峥妍. 利玛窦、花之安对儒家"仁""孝"思想的解读 [D]. 南京：南京大学，2013：21–23.

② 徐艳东.《畸人十篇》与《天主实义》比较研究 [J]. 中国天主教，2014（2）：10–15.

会教化的角度出发认为灵魂湮灭与否有圣凡的区别，而利玛窦则站在天主赋性与天堂地狱赏罚说的基础上强调所有人的灵魂都是天主所赋予的有始无终的神体；双方在对祭祀的看法上则基本一致，都认为祭祀是表达子孙思慕之情的一种仪式。①

四、专名翻译研究

香港理工大学的朱志瑜是较早关注《天主实义》中天主教词汇翻译策略的学者，他认为利玛窦在翻译过程中用他独有的方式，把儒家经典和基督教教义联系了起来，从而冲破了儒家壁垒。利玛窦的"翻译"方法很普通，但他的解释方法在翻译史上恐怕是绝无仅有的。作者考察了"上帝""天堂""地狱""魔鬼"等词的翻译策略，指出利玛窦把儒、佛的经典全部划到基督教的范围之内，并通过阐释确立了基督教是唯一的"天教""公教""真教"的地位。②

高胜兵在《颠覆儒家"忠孝"根本——论〈天主实义〉对〈圣经〉中的"Deus"和"diligere"的翻译》一文中，以韦努蒂异化翻译理论为视角，分析发现《天主实义》对《圣经》中的名词"Deus"（God）与动词"diligere"（to love）的翻译实为"异化翻译"，即以天主教为本位，以古儒的概念翻译和阐释天主教的词汇，这与译入语晚明社会的主流儒学形成了"对抗"。用"上帝"或"天"翻译 Deus 势必会"颠覆"晚明的"天子"政治理念，因为人人都是由"上帝"或"天"创造的，所以人人生而平等，这样"忠"就失去了合法性；用"爱"等同于儒家的"仁"，势必使人们舍"孝敬父母"而取"爱天主"，这样儒家的"孝"也就从根本上被"颠覆"了。

高胜兵认为晚明传教士的"合儒"始于利玛窦，具体表现在：第一，他首先改穿儒服，自称"西儒"或"儒士"，行儒士之礼，读儒家典籍等等；第二，他的《天主实义》是第一本用儒学的学理来阐释天主实义、使

---

① 连凡. 黄宗羲的魂魄说及其与耶教思想之比较——以《破邪论》与《天主实义》为中心 [J]. 基督宗教研究，2018（1）：356 – 382.
② 朱志瑜.《天主实义》：利玛窦天主教词汇的翻译策略 [J]. 中国翻译，2008（6）：27 – 29.

天主教合于儒家的伦理规范的传教书。① 据徐宗泽之见，《天主实录》是"西士华文著述之第一书"，但因为此书目的是"实录"天主圣教，所以从跨语际的角度来说，它是忠于源语的"直译"，几乎没有参照译入语的文化话语，特别是儒家的话语来阐释天主圣教。然而《天主实义》不同，它的目的是向中国人传达天主圣教的"实义"，所以大量引证了儒家的学术话语，使儒家学说与天主教义会通合一，所以此书成了传教士"合儒"的第一书。②

高胜兵认为利玛窦的"合儒"策略是非常成功的，对其成功在中国打开传教局面起着至关重要的作用。儒士的打扮使他便于接近晚明社会的精英阶层，而"援儒入耶"的《天主实义》更是帮助了他的传教。他的追随者，著名的天主教教徒徐光启的入教与此书不无关系。据艾儒略《大西西泰利先生行迹》所载，徐光启入教前"乃求《实义》《解略》诸书于邸中读之，达旦不寐，立志受教"，后来徐光启站在中国士人的立场上对此赞赏有加，认为天主圣教不仅"合儒"，而且"尝谓其教（天主教）必可以补儒易佛"。③

五、成书过程考证

谭杰通过详细的文本分析，认为《天主实义》在结构和内容上多有因袭罗明坚《新编西竺国天主实录》和范礼安的《日本教理手册》，特别是可能属于初稿的前四篇的大部分章节。另外，本文亦根据《利玛窦中国传教史》和《利玛窦书信集》及其他相关记载，考辨诸多章节可能的写作时间和契机，附带论及《天主实义》和利氏晚年所编辑《要理问答》之间的关系。④

朱维铮在《利玛窦中文著译集》的简介中考察了《四库全书总目》对《天主实义》的介绍和评论，认为不管提要的作者是汉学大师戴震还是总纂

---

① 高胜兵. 颠覆儒家"忠孝"根本——论《天主实义》对《圣经》中的"Deus"和"diligere"的翻译 [J]. 中国比较文学, 2015（2）：159 - 167.

② 徐宗泽. 明清间耶稣会士译著提要 [M]. 上海：上海世纪出版集团, 2010.

③ ［意］艾儒略. 合校本大西西泰利先生行迹 [M]. 北平：上智编译馆, 1947：235.

④ 谭杰.《天主实义》之成书过程再考辨 [J]. 北京行政学院学报, 2013（4）：124 - 128.

官纪昀,他们都必须在客观介绍《天主实义》的内容之后,表白自己与皇帝一致的立场,因此评论"出奇地温和","令人诧异"。朱维铮还对《天主实义》的成书时间做了考证,认为该书很可能如冯应京序所示,在 1601 年初便有刊本,但尚未经过在果阿的耶稣会东方省当局"准印"。而收入《天学初函》的,则为利玛窦在 1603 年已得上司正式准予印行之后的定本。朱维铮还探讨了利玛窦的《天主实义》与罗明坚的《要理问答》之间的关系,指出利玛窦对《要理问答》的订补重编本是否就是后来以利玛窦撰的名义而广为流传的《天主实义》仍有待考证。①

芳塔娜的《利玛窦:明朝的耶稣会士》一书第 14 章对《天主实义》的成书和出版过程、出版目的、主要内容、传播与影响进行了介绍。芳塔娜认为尽管这部著作不同于今日意义上的教理问答书,但在当时却是专门为中国士大夫而写作的,是"天主教学者第一次用中国人的思维方式向中国知识阶层传播天主教义"②。

六、语言词汇分析

李向敏对利玛窦《天主实义》中"特殊词组"进行了调查研究。该文是首个运用语料库方法对《天主实义》进行语言学描述的研究,基于语料库对《天主实义》中存在的共计 102 条"特殊词组"进行了系统的统计和分类,并对其进行了深入的描写和分析。在具体过程中,该文在语料库大量数据作对比印证的前提下,注重借助其他各类相关语法理论,以及各类工具书的辅助,对该词组用例的"特殊性"分析作细致梳理。该文将所有用例词组按照句法结构关系分为七个部分。其中,联合类结构数量最丰富,占比 28.4%;述宾类次之,占比 22.5%;主谓类和偏正类用例占比大体相当,占比 15.7% 和 11.8%;连谓类、述补类、助词类用例数量相对较少,分别占比 6.9%、4.9% 和 9.8%。

通过相当数量的数据论证和从句法结构、语义关系、语用意义等方面

① 朱维铮. 利玛窦中文著译集 [M]. 上海:复旦大学出版社,2012:4-5.

② FONTANA M. Matteo Ricci: a Jesuit in the Ming court [M]. Metcalf, Paul (tr.). Plymouth: Rowman & Littlefield Publishers, Inc., 2011:224-228.

对所析用例词组的分析，作者认为以上所析用例虽不能说为利氏独创，但该说法以特定的语法搭配组合形式提出，是利氏最早。同时，利氏在部分用词意义的选用上，也存在化用或借用儒家经典或中国传统文化概念的现象，这也可说是其称"西儒"的一个语言文化上的体现或者说是"天儒关系"在中文著译中的书面文本表达。同时，这些特定语法现象的存在，从另一个方面来看，也是利玛窦学习汉语作为传教工具的一种功力表现。①

七、思想来源研究

江璐在《利玛窦〈天主实义〉中"人性善"一说的经院学背景》一文中认为利玛窦《天主实义》中所论述的"人性善"属于宗教改革前基督教历来的传统学说，以此来纠正明清西学东渐学界中将儒家人性善论点视为与基督教思想不兼容的倾向。作者将《天主实义》第七篇与托马斯·阿奎那的伦理学加以对照，揭示这一部分在阿奎那伦理学体系中的位置，同时也通过后者对第七篇的内容和思路进行解读和分析。②

1568 年，年仅 16 岁的利玛窦来到罗马的智慧大学（Sapienza）学习法律。在此前一年，碧岳五世（Pope Pius V）将托马斯·阿奎那尊为教会博士（Doctor Ecclesiae），从而确立了后者在神学上的权威地位。1571 年，利玛窦加入耶稣会，后来进入罗马学院学习直至 1577 年。按照耶稣会创始人罗耀拉的设计，罗马学院的学生要学习人文学科、哲学和神学。在神学上，他要求修会的成员跟随《圣经》和托马斯·阿奎那，在哲学上跟随亚里士多德的学说。在耶稣会，有两位教授对利玛窦的成长有着深远的影响，其中一位就是广为人知的"丁教授"，原名克拉维乌斯，其编辑和注释的《几何原本》被利玛窦和徐光启合作译介入中国。然而另一位对利玛窦影响较深的白拉明（Robert Bellarmine）教授，则鲜有较深入的研究。白拉明于 1569 年至 1576 年间在鲁汶大学任教，讲授托马斯·阿奎那的《神学大全》。在他的努力下，这部作品成了耶稣会的基本教材。之后的 11 年间，白拉明

---

① 李向敏. 利玛窦《天主实义》"特殊词组"调查研究 [D]. 重庆：四川外国语大学，2017.
② 江璐. 利玛窦《天主实义》中"人性善"一说的经院学背景 [J]. 现代哲学，2016（4）：81 – 87.

在罗马任教。在白拉明刚刚来到罗马的时候，正是利玛窦在那逗留的最后几个月，但就是在这短短的时间之内，这位著名的人文主义学者就在利玛窦身上烙下了深深的印迹。随后，利玛窦来到葡萄牙的里斯本，等待去往印度的船只，在当地的大学里继续修学亚里士多德哲学。可见，利玛窦的哲学知识背景是亚里士多德哲学和托马斯·阿奎那的哲学、神学。

阿奎那的学说具有很浓的亚里士多德目的论和智性主义（intellectualism）的色彩：他肯定了人之行动是自发的，也就是其行动的本原在于人自身。而人之所以为其自身行动的本原，是因为人有对其行动的目的之认识。因为只有这样，他行动的原因才会是内在的，即他的目的因在他自身中。人之行动所涉及的人之机能有两个：理智（intellectus）和意志（voluntas）。后者被阿奎那定义为"理性欲求"。所以，在理性的人那里，意志作为一种理性欲求以理智所领会到为"善"的东西为其欲求目的。在阿奎那以基督教为背景的伦理学中，至善的上帝作为造物主创造了万物，他创造的受造物之意愿同样为善，这样，每一个受造物自身就拥有一个朝向善的倾向。就人而言，作为理性欲求的意志同样具有向善的倾向。

白虹也以《天主实义》为例，探讨了利玛窦对阿奎那人学思想的中国化诠释。作者认为，作为一位既接受过西方正规化神学教育，同时又通晓中国文化的传教士，利玛窦在《天主实义》"论人魂不灭大异禽兽"篇中，以中世纪著名经院哲学家托马斯·阿奎那的人学思想为武器，对"中士"悲观主义的生命观和灵魂观予以修正，不仅论证了基督宗教灵魂不灭信仰的基本内容，同时也将西方经院哲学的方法、气质带入中国，为中国哲学的丰富和发展做出了贡献。在此过程中，利玛窦运用中国人熟悉的语言和论证方式对阿奎那的灵魂——身体关系学说、理智学说以及实体类型学说加以阐释，为阿奎那人学思想的中国化诠释做出了典范性的贡献。[①]

在利玛窦所处的时代，阿奎那人学思想是天主教会建构、诠释关于人的教义的重要理论体系。从利玛窦对"灵魂不灭大异禽兽"问题的论证，我们可以看出，经受过良好学术训练的利玛窦不仅十分熟悉这一理论体系，

---

① 白虹. 利玛窦对阿奎那人学思想的中国化诠释——以《天主实义》"论人魂不灭大异禽兽"篇为例［J］. 北京行政学院学报，2018（2）：114－120.

而且具有了在中国文化背景下驾驭、使用这一理论体系的高超技能。他以人之身体的"昂首向顺于天"论证人的"天民"地位，表明他对阿奎那身体哲学、肖像理论以及理智学说有充分的理解和认识；他从人之灵魂"不恃于身"出发，论证人的灵魂不灭问题，显示了他对阿奎那灵魂学说的全面把握和灵活运用；他以"本性之体，兼身与神"概括人之灵魂—身体的形式—质料关系，体现了他对阿奎那实体学说的深刻理解。利玛窦不仅掌握了阿奎那人学思想的诸多内容，他还能融通这些内容，针对所提的问题，以"中士"可以接受的方式予以回答，从而不仅使"中士"接受了人的灵魂不灭的基督宗教教义，而且也将阿奎那人学思想所代表的士林哲学的方法、内容以及气质注入到了中国传统思想之中。就此而论，利玛窦运用阿奎那人学思想对灵魂不灭问题所作的论证，不仅应被视为基督宗教中国化的一次有益尝试，同时也应被视为丰富和发展中国传统人生哲学思想的一项重要贡献。

八、传播与影响研究

芳塔娜的《利玛窦：明代耶稣会士》指出《天主实义》一书流通很广泛，中国的士人阶层把它当作伦理哲学著作来阅读，对此很感兴趣，当然也不乏批判的声音。芳塔娜还提到一些维护佛教的人士对利玛窦发起攻击，特别是准备向万历皇帝上奏，但发现耶稣会士受到皇帝的庇护则作罢。其他版本的《天主实义》陆续出版，范礼安于1605年在广东刊印了一个版本供在日本的传教士使用，而后1607年又刊印了第三个版本，该书最后在罗马的耶稣会档案中被发现。19世纪和20世纪仍有大量的版本出现，同时被译成满语、朝鲜语、越南语、法语、日语和英语。①

刘秉虎与王可芬在文章中首先回顾了《天主实义》在朝鲜的传播，进而探讨了该书对朝鲜实学形成的影响。作者认为：首先《天主实义》打破了性理学的桎梏；其次《天主实义》为实学的形成提供了理论基础；再次，《天主实义》开阔了实学家们的眼界；最后，《天主实义》引入了以民为本

---

① FONTANA, M. Matteo Ricci: a Jesuit in the Ming court [M]. Metcalf, Paul (tr.). Plymouth: Rowman & Littlefield Publishers, Inc., 2011: 228.

的思想。总之,《天主实义》在传入朝鲜后,其中所论述的有关天主教"天主之下,皆为兄弟"的万民平等观、西方的风俗、哲学、自然科学等深深地吸引了部分朝鲜儒生,它对于朝鲜实学的形成起到了启蒙和引导的作用。后又随着大量西学的传入,以及中国实学的影响,朝鲜实学的发展走向完备。从思想渊源上来看,朝鲜后期所出现的开化运动、甲申运动、独立会运动等都和朝鲜实学是分不开的。除此之外,实学家们在经世致用、利用厚生等思想的指导下,积极地进行社会制度改革、实现商品贸易、货币流通、技术改革、对外开放等,这在一定程度上具有了近代价值指向性,成为朝鲜在封建传统价值观念向近代化的转变中产生的一种过渡思想。①

梅谦立(Thierry Meynard)在《天主实义今注》中从中国思想史的层面对关于利玛窦思想遗产的争论进行了分析,展示和分析了不同学者的相异观点,并提出自己的看法。针对葛兆光在《中国思想史》中提出的观点,他认为利玛窦带来的中西文化的首次相遇通过思想、知识和信仰三个领域呈现。然而,思想领域的影响很小,因为按照葛兆光的看法,由于"双重翻译"的过程,在语言和历史意识的层面,中国人很容易接受西方概念。利玛窦在他的《天主实义》中介绍的大部分概念,都经由儒家术语翻译和解释。这使得中国人重新回到自己传统中的熟悉世界。在这个过程中,从一种语言的观念翻译、稀释或溶解了意义的差别,使明清两代的读者产生错误的感觉,认为西士只是在呈现某种相似的东西,比如中国古代的"上帝"等于西方的"天主"。不同于可以发现表面一致的观念的理论层次,知识和信仰层面的相遇,则产生了巨大震动,直接摧毁了传统知识和信念。在思想层面,利玛窦和其他传教士试图将中国"天"的概念基督教化。他们对汉语和儒家概念的使用,倾向于减少对"天"的含义理解的差异。利玛窦坚持认为,"天"的概念是一个具有位格的神,并试图说明这种概念可以在古代文献中找到。这样,就不会有直接或明显的冲突。此外,即使一些中国知识分子坚持认为,天主教的"神"与儒家的"天"之间有重要的概念差异,大部分人对这些不会根本上改变他们对世界看法的争论,也毫

① 刘秉虎,王可芬. 试论《天主实义》对朝鲜实学的形成所产生的影响 [J]. 大连大学学报,2013(1):32-37.

无兴趣。①

代国庆对《天主实义今注》进行的评论中认为梅谦立教授和谭杰博士整理的《天主实义今注》一书校勘精细、注评得当、梳理深透，堪称明清天主教文献整理之典范。②

《天主实义》较为集中和充分地体现了利玛窦的宗教思想，是了解利玛窦在华传教策略的重要著作，它在利玛窦中文著译作品中一直享有最为重要的地位，与利玛窦的世界地图一起成为最受关注的利玛窦中文著译作品。对《天主实义》的研究时间跨度较长，涉及的范围和领域较广，如文化交流史学、宗教学、考据学、语言学、翻译学等，尤以中西文化和宗教交流的主题为盛。下文将在其译介过程梳理的基础上，以具体实例阐述利玛窦耶儒调和的逻辑与思路。

第二节 《天主实义》的译介传播

一、《天主实义》的译介背景

在撰写《天主实义》之前，罗明坚已于 1584 年撰写和出版过一本类似的教理问答《天主实录》。利玛窦 1584 年写给罗马总会长阿桂委瓦神父的信中写道：

> 我的同伴罗明坚神父嘱咐我给您一本我们用中文编写的《天主实录》，托天主的圣宠的协助，今已印妥，且在中国很受欢迎。内容是一位中国教外学人询问种种问题，一位欧籍神父一一回答。条理分明，文词相当优美，对做教友应具有的知识无不网罗其中，当然是经我们

---

① ［意］利玛窦．天主实义今注［M］．［法］梅谦立，注．北京：商务印书馆，2014.
② 代国庆．《天主实义》的今注与新评——读《天主实义今注》［J］．国际汉学，2017（3）：181－183.

的至友（指肇庆知府王泮）润色过，我们有设法适应中国主要宗派的思想而编译。①

在此可以看出，在《天主实义》成书之前确有《天主实录》存在。至于《天主实录》的作者到底是罗明坚还是罗明坚与利玛窦合著，抑或是罗明坚主编、利玛窦辅助，众说纷纭，莫衷一是。但《天主实录》在编写体例（问答体）和编写思想（适应中国主要宗派的思想）上与《天主实义》有着相似之处。

既然已经有了罗明坚的《天主实录》，利玛窦为何要重写《天主实义》呢？《天主实义》与《天主实录》又有着怎样的关系呢？

在《利玛窦中国札记》中，我们可以看到利玛窦对《天主实录》的看法："其中驳斥了偶像崇拜各教派的一些谬误，所发挥的主要论点都引自自然法则的例证，是很容易被人接受的。其余的则特别保留下来作为教导新教信徒之用。"② "大约在这个时刻（按即利玛窦1596年6月定居南昌之后），利玛窦神父修订了他的教义问答，把它增补、整理得好像是出自文人之手。它的读者不再像过去那样会憎厌可恶的和尚的名称，或者书中所谈论的宗教崇拜了。新版出现时，旧版本就被毁版和抛弃了。"③

根据谭杰的考证，耶稣会士初入华时，罗明坚曾撰有教理手册性质的著作《天主实录》。此书混合了自然理性的论证和教义的铺陈，文字和内容太过简略和粗糙，且充斥了大量佛教用语。④ 传教士在传教过程中，逐渐发现其缺陷。1593年，利玛窦接范礼安命令，着手编写一本新的教理著作。在1594年10月至1596年10月间，利玛窦撰写了《天主实义》初稿，并在初稿完成后毁掉了《天主实录》刻版。现存《天主实义》的第一篇和第三篇，以及第二篇篇末和第四篇篇首，可能属于1596年末的初稿。在之后的

---

① ［意］利玛窦. 利玛窦中国书信集［M］. 罗渔，译. 台北：光启与辅仁大学出版社，1986：59.

② ［意］利玛窦. 利玛窦中国札记［M］. 何高济，王遵仲，李申，译. 北京：中华书局，1983：172.

③ ［意］利玛窦. 利玛窦中国札记［M］. 何高济，王遵仲，李申，译. 北京：中华书局，1983：307.

④ 谭杰. 《天主实义》之成书过程再考辨［J］. 北京行政学院学报，2013（4）：124 – 128.

近十年间，利玛窦根据他与中国士人和佛教徒的对话，不断加入素材和润色文字，最终在 1603 年定稿。

谭杰认为《天主实义》在结构和内容上虽然多有因袭《日本教理手册》和《天主实录》，但其独特之处在于主要由理性论证组成，大量增加了批评中国佛教的内容，并录入了一系列利玛窦与中国士人和佛教徒的对话；而关于天主教教义，仅压缩在第八篇简略提及。在《天主实义》出版之后，利玛窦及其他在华耶稣会士补充和完善了《天主实录》中内容并不完备的教义部分，单独印刷包括圣母经、十诫、信经、七圣事等在内的《要理问答》，作为受洗者和教友学习之用。①

二、《天主实义》的译介过程

1593 年末，亚洲传教区视察员范礼安认为此书"不如理想"，嘱咐利玛窦"再编一本新的教理问答"。② 因此，自 1594 年居于韶州时起，利玛窦开始编写一本新的教理问答。在 1594 年 10 月 12 日致高斯塔（P. Costa）神父的信中，利玛窦写道："结果还算不错，我每天听他（按指利玛窦的中文老师）授课两小时，而后编写，全由我执笔，这样准备写本有关教义的书，用自然推理证明教义为真，印刷后将在全中国使用。"③

这本"用自然推理证明教义为真"的书即《天主实义》。两年之后，在 1596 年 10 月 13 日致罗马总会长阿桂委瓦神父的信中，利玛窦写道："撰写已久的《天主实义》目前正在校正之中。希望这本比以前的更好，一些我们的朋友看过其中几章，认为不错，曾力劝我们快去印刷。"④ 从以上记载可以看出，《天主实义》的初稿历时约两年，始于 1594 年 10 月，1596 年 10 月完成。

综上可见，利玛窦的《天主实义》是在先前教理问答《天主实录》基

---

① 谭杰.《天主实义》之成书过程再考辨 [J]. 北京行政学院学报，2013（4）：124 – 128.

② ［意］利玛窦. 利玛窦中国书信集 [M]. 罗渔，译. 台北：光启与辅仁大学出版社，1986：135.

③ ［意］利玛窦. 利玛窦中国书信集 [M]. 罗渔，译. 台北：光启与辅仁大学出版社，1986：139.

④ ［意］利玛窦. 利玛窦中国书信集 [M]. 罗渔，译. 台北：光启与辅仁大学出版社，1986：231.

础上的改进和修订版本，改变了《天主实录》对待佛教的看法，对佛教的批评更加尖锐。具体成书时间较早，最终于 1603 年定稿并出版。这期间几易其稿，内容不断充实，有两点仍然有待进一步探索：第一，如果将《天主实义》的不同版本收集起来进行仔细对比，会更清晰地呈现出利玛窦传教思路的演变过程；第二，《天主实义》成书时间较早，为何到了 1603 年才得到上司的批准正式出版，这期间客观因素的制约也是有待思考的话题。

第三节 《天主实义》的术语翻译策略

《天主实义》是利玛窦在华期间最重要的宗教著述，系统地阐述了天主教思想，其中涉及大量的宗教术语和专名翻译，在论证中也涉及其他概念的中文表达。对其术语翻译策略进行考察，能够更深入地理解利玛窦在用汉语表达天主教相关概念时，其背后的逻辑推理及其与中国文化之间的联系。利玛窦在《天主实义》一书中主要运用了音译和意译两种翻译策略，音译主要用来翻译专名，如"陡斯""亚当""阨袜"等，针对其他术语的翻译则主要采用意译法，具体又可分为对汉语古词意义的引申和佛教术语借形改义两种不同方法。

一、天主教词汇的音译

出自《天主实义》的音译词主要有：

"陡斯"出自"夫即天主，吾西国所称'陡斯'是也"①。"陡斯"是拉丁语"Deus"的音译，由此句可见，此时利玛窦同时使用"天主"与"陡斯"来称谓世界中的唯一神。

"亚当"与"阨袜"出自"吾西国古经载，昔天主开辟天地，即生一男名曰亚当，一女名曰阨袜，是为世人之祖，而不书伏羲、神农二帝"②。

---

① 朱维铮. 利玛窦中文著译集［M］. 上海：复旦大学出版社，2012：9.
② 朱维铮. 利玛窦中文著译集［M］. 上海：复旦大学出版社，2012：69.

"耶稣"出自"当汉朝哀帝元寿二年冬至后三日，择贞女为母，无所交感，讬胎降生，名号为耶稣"①。"耶稣"是拉丁文 Iesous 的音译，为天主教所信奉的救世主。

《天主实义》出版翌年，利玛窦初步把《天主经》《十诫》《信经》等日常经文汇编成一册出版，名为《天主教要》。这部书中意义较抽象的教义名词以音译形式出现，是利玛窦在名词翻译上的新尝试。音译词后附"译言"解释，而"译言"为意译词汇，见："罢德勒译言父也，乃天主三位第一位之称""费略译言子也，乃天主第二位称""斯彼利多三多译言圣神也，乃天主第三位之称""玛利亚译言海星圣母名号也""耶稣译言救世者"等。②"弥撒"一词也出现在此书中。

利玛窦中文著译中出现的一些神名，皆为音译，但流传下来并沿用至今的却是屈指可数，如"阨袜"一词在流传过程中最后被改成了"夏娃"。天主教崇奉唯一神（Deus），认为其是天地万物的创造者和主宰。利玛窦来华初期将其音译为"陡斯"，但未传播开来。在《天主实义》中，利玛窦正式提出"天主""上帝"的概念来代替"陡斯"。书中提及的西方地名和人名也都采用音译的方法，如：奥梧斯悌诺、黑蜡、德牧、闭他卧剌、身毒国等。

二、汉语古词意义引申

利用汉语已有词汇赋予新义是利玛窦西学汉译最常用的翻译方法。利玛窦擅长在汉语，尤其是古汉语中寻找到已有词汇，通过全新解释、推理和论证，赋予其新义。已有词汇的使用能够有效降低读者和术语之间的隔阂，使之更容易被接受。

"天主"是《天主实义》一书中的核心概念。"天主"在汉语中最初是用于翻译佛教的天神君主的词，只是后来被人们忘记了。为证"天主"存在的合理性，利玛窦首先以家有家长，国有国君推理天地万物皆有主，以

---

① 朱维铮. 利玛窦中文著译集［M］. 上海：复旦大学出版社，2012：94.
② 王铭宇. 明末天主教文献所见汉语基督教词汇考述［J］. 汉语学报，2013（4）：57.

此证明"天之有主",进而指出"夫即天主,吾西国所称'陡斯'是也"①。

在利玛窦的概念中,"上帝"与"天主"同义。在古汉语中,"上帝"即"天帝",是道教尊奉的神明。利玛窦论证"吾天主,乃古经书所称上帝也"时,引用了《中庸》《周颂》《商颂》《易经》《礼记》《汤誓》等多部儒家古代典籍,来证明上帝在远古时期就已存在,并非外来之神。虽然利玛窦极力证明"上帝"即"天主",但显然在这里他是在偷换概念,而后又使用了"造物者""救世主"等其他称谓来译介 Deus。

利玛窦在引申古汉语词义的基础上,常常创译出新词。例如,"西"在古汉语中是"栖"的古字,指鸟类歇宿之地,也指西方或西边,与"东"相对。如《史记·历书》:"日归于西。"《孟子·梁惠王下》"东面而征西夷怨,南面而征北狄犯"中,西夷指西方的少数民族。后引申为动词,取"西行"之义,又引申为副词,意为"向西"。如《孟子·告子上》:"性犹湍水也,决诸东方则东流,决诸西方则西流。"

利玛窦在提到"东""西"的概念时,其基础是"地球观"和"世界观",即将地球分为东、西两半球。这样就扩大了"西"的地域范围,主要指欧洲,与"西洋"意义相同,如"自西徂东,诸大邦感习守之"②。并由此创译出一系列与"西"相搭配的词语,表示"西方的……"之义,下面略举几例。

西士:"士"在古汉语中可泛指读书人、知识阶层。利玛窦在《天主实义》一书中,通篇以"中士"和"西士"一问一答的形式阐述天主教的教义,这里的"西士"即为"西方的知识分子"之义。

西域:西域之称始于汉,狭义上指玉门关以西、葱岭以东的广大地区,广义则指凡经过狭义西域所能到达的地区,包括亚洲中西部、印度半岛、欧洲东部和非洲北部,《汉书》中即有《西域传》,记述上述地区的历史。利玛窦以"西域"代指整个西方,在行文中,利玛窦也使用"吾域"以代"西域",有时也用"西土""西国"等表达相同的意义。

---

① 朱维铮. 利玛窦中文著译集 [M]. 上海:复旦大学出版社,2012:9.

② 朱维铮. 利玛窦中文著译集 [M]. 上海:复旦大学出版社,2012:8.

西儒：利玛窦最初来华时自称西僧，而后改称西儒。"儒"在古汉语中最早在周、秦称熟悉诗书礼乐射御等六艺、从事礼仪教育的人，后来主要指儒家流派，衍生出儒士、儒生等名词。利玛窦自称"西儒"，一方面想表明自己是受过教育、懂礼仪之人，另一方面表明其通晓儒家四书五经，他自己来自西方，故称"西儒"。

除用"西"创建新词外，利玛窦也常在前面加上"大"构成附加式汉语新词，如大西洋、大西诸国、大西圣人、大西国、大西法、大西诸邦等。

"圣教"一般是指古代圣人的教导，如《论衡·率性》"孔门弟子七十之徒，皆任卿相之用，被服圣教，文才雕琢，知能十倍，教训之功而渐渍之力也"。后一些宗教信徒也用此作为对各自信仰宗教的尊称。利玛窦借用该词指天主教，并引申出圣母、圣人、圣徒、圣经、圣旨、圣像等多个表达基督教人或事的词语。

三、佛教术语借形改义

利玛窦在华传教一直奉行"补儒易佛"的态度，所以在《天主实义》一书中极力撇清天主教与佛教的关系，对佛教的一切均持强烈的排斥态度。但在译介天主教的一些术语时，却借用了佛教的词汇，指称天主教的概念，具体举例如下。

天堂、地狱："天堂"一词主要用于宗教领域，指人去世后能够去往的美好之地，与"地狱"意义相对。利玛窦在解释"天堂""地狱"时，首先指出这些词属于天主教，佛教从天主教处窃而得来，进而批判佛教的六道轮回说无根无据，是伪论，唯有天主所造才是真正的天堂和地狱，以此证明人之灵魂不灭。

魔鬼：汉语中的"魔"本身是一个外来词，从梵语音译"魔罗"的简称，意为能妨碍修行、破坏佛法、杀人致死的恶魔。音译的"魔"与汉字"鬼"搭配，二者意义相同，构成并列结构。利玛窦从佛教术语中借用了"魔鬼"一词，指与天主作对之鬼神，并对其来源进行了解释："天主经有传，昔者天主化生天地，即化生诸神之汇，其间有一钜神，名谓辂齐拂儿，其视己如是灵明，便傲然曰'吾可谓与天主同等矣'。天主怒而并其从者数万神变为魔鬼，降置之于地狱。自是天地间始有魔鬼，有地狱矣。"①

第四节 《天主实义》对儒学的适应

一、《天主实义》对"孝"的阐释和推理

对"孝"道的论述在《利玛窦中国札记》中随处可见。"中国的道德书籍充满了有关子女应尊敬父母及长辈的教诲。"② 利玛窦还对中国的丧葬礼仪进行了极细致的描绘，以证明中国人对长辈的"孝""没有别的民族可以相比"。③ 在《天主实义》一书中，利玛窦论及的儒学命题包括"忠""孝""仁""义""礼""信"等，其中对"孝"的解读和附会最多，被用来证明该书中的两大论题"天主存在且唯一说"和"灵魂不灭说"。"孝"的语义也从"对父母之敬"扩大到"对君上之敬"和"对天主之敬"，其意已涵盖"忠""仁""礼"等。

（一）"孝"与"忠"和"仁"

在《天主实义》的首篇中，利玛窦便着眼于"天主是唯一真神"的合理性问题。由"一家有家父、一国有国君"推出"上天有天主"之说，并将天主解释为"天之主宰"。④ 利玛窦采用类比的方法，由"一家之主""一国之主"推理出"一天之主"的概念，又因父、君均具有唯一性，天主亦具唯一性，因此得出"天主存在且唯一"的结论。在第二篇中利玛窦再从"孝父母""尊君长"引申到"认天主"。他写道："夫父母授我以身体发肤，我固当孝；君长赐我以田里树畜，使仰事俯育，我又当尊。矧引天

---

① 朱维铮. 利玛窦中文著译集［M］. 上海：复旦大学出版社，2012：40.
② ［意］利玛窦. 利玛窦中国札记［M］. 何高济，王遵仲，李申，译. 北京：中华书局，1983：76.
③ ［意］利玛窦. 利玛窦中国札记［M］. 何高济，王遵仲，李申，译. 北京：中华书局，1983：77.
④ 朱维铮. 利玛窦中文著译集［M］. 上海：复旦大学出版社，2012：9.

主之为大父母也，大君也，为众祖之所出，众君之所命，生养万物，奚可错认而忘之？"① 利玛窦认为"天主"是大父母，生养万物，更当孝当尊，实际上已经将"孝"与"天主"之间建立起联系。

在第八篇中，利玛窦介绍了西方圣人所认为的三种不孝之情形，再"定孝之说"。"欲定孝说，先定父子之说。凡人在宇内有三父，一谓天主，二谓国君，三谓家君也。"② 此时，利玛窦引出"人有三父"的概念，将"家父""君父"和"天主"并置于"孝"道之范畴，将"天主与民众"之间套用了"君臣之纲"与"父子之纲"的伦理，并将其提升到"天下有道"之重要影响，"孝"已包含"忠"之含义。根据亚里士多德的三段论，利玛窦以"人须孝父"为大前提，以"天主为父"为小前提，得出"人人需孝天主"之说，是对第二篇中所提出观点的进一步论证。

在《天主实义》的最后两篇中，利玛窦又分别从正反两方面定义"孝"与"不孝"。在第七篇中，利玛窦运用逻辑推理将"孝""仁"与天主教的"博爱"建立联系。"孝天主"即"爱天主"，"爱天主"即"爱众生"，"爱众生"即"仁"，所以"孝天主，即爱众生，即仁"。③ "孝"此时已包含了"仁"之义。在第八篇中，利玛窦又写道："逆三父之旨者，为不孝子矣。天下有道，三父之旨无相悖。"④ 因此，在利玛窦看来"孝"即"仁"，行孝则"天下有道"，而"逆三父之旨"为"不孝"。利玛窦以"孝"来推理论证天主之至上权威，认为"无父无君，至无忠，至无孝也。忠孝蔑有，尚存何德乎！"⑤ 由此可见，利氏已将"孝"置于德性的首位，已与"忠"和"仁"之间建立起内在的联系。

（二）"孝"与"礼"

在《天主实义》第三篇"论人魂不灭大异禽兽"中，利玛窦借用儒学命题"孝"来论证灵魂常在。其引用《中庸·第十九章》之言道："彼孝子慈孙，中国之古礼，四季修其祖庙，设其裳衣，荐其时食，以说考妣。使

---

① 朱维铮. 利玛窦中文著译集［M］. 上海：复旦大学出版社，2012：23.
② 朱维铮. 利玛窦中文著译集［M］. 上海：复旦大学出版社，2012：91.
③ 朱维铮. 利玛窦中文著译集［M］. 上海：复旦大学出版社，2012：79.
④ 朱维铮. 利玛窦中文著译集［M］. 上海：复旦大学出版社，2012：91.
⑤ 朱维铮. 利玛窦中文著译集［M］. 上海：复旦大学出版社，2012：92.

其形神尽亡，不能听吾告哀，视吾稽颡，知吾事死如事生，事亡如事存之心，则固非自国君至于庶人大礼，乃童子空戏耳。"① 利玛窦的逻辑非常清晰：孝子慈孙在先人去世后采用各种祭祀礼仪对逝者表达尊敬和思念之情，如果人死后灵魂不在的话，那这样的仪式还有什么意义呢？

根据儒家的传统观念，对祖先恭敬是孝道之体现，意义必然重大，因此可推理灵魂不灭。利玛窦运用亚里士多德的逻辑推理方法，再一次将"孝"与天主教教义相调和，使其结论更具说服力。又将"事亡""孝道"与"礼"统一起来，即"孝道表现在事亡的礼仪"，因此，"事亡之礼即孝"的观点形成。由此可见，在《天主实义》中，利玛窦在论证天主教教义的同时，运用西学的逻辑推理将"孝"与"忠""仁""礼"等儒学命题建立了内在的联系，并把"孝"置于德性之首位，肯定孝道之无上伦理价值。

早在1584年9月13日利玛窦从广东肇庆写给西班牙税务司司长罗曼先生的信中，当谈到中国的宗教与教派时，他已经认识到儒教在中国的地位及其与佛教和道教的观点差异。② 然而在《利玛窦中国札记》中，利玛窦却写道："中国古代人似乎不大怀疑灵魂不朽，因为人死之后的很长时间，他们还常常谈到死去的人，说他上了天。"③ 显然，利玛窦前后的说法存在一定的矛盾性。在后一种说法中，利玛窦着重强调"古代人似乎不大怀疑灵魂不朽"，体现了他对"古儒"和"新儒"的不同态度。在写作《天主实义》之前，利玛窦曾应视察员范礼安神父的要求，将"四书"译成拉丁文，他认为该翻译对中国和日本的传教士非常有用。④ 这里的"有用"指的是利玛窦在先秦儒学经典中找到了耶儒调和的基础，《天主实义》一书中引用了《论语》《大学》《中庸》《尚书》《左传》《孟子》等先秦儒学的主要观点，

---

① 朱维铮. 利玛窦中文著译集［M］. 上海：复旦大学出版社，2012：30.

② ［意］利玛窦. 利玛窦中国书信集［M］. 罗渔，译. 台北：光启与辅仁大学出版社，1986：62.

③ ［意］利玛窦. 利玛窦中国札记［M］. 何高济，王遵仲，李申，译. 北京：中华书局，1983：100.

④ ［意］利玛窦. 利玛窦中国书信集［M］. 罗渔，译. 台北：光启与辅仁大学出版社，1986：135.

成为《天主实义》"以自然推理证明教义为真"的前提。①

由以上分析可以发现，随着利玛窦对儒家思想认知的深入，特别是意识到"古儒"与"新儒"的差异后，他开始有信心为"灵魂不灭说"找到理据。"孝"作为儒学的关键命题，在中国社会拥有广泛的基础，便成为沟通耶儒的重要纽带。在其论证中，利玛窦首先强调"人有三父"，并将"孝父母""忠君上"与"敬天主"统一起来，再强调"事亡如事存"，把"父母在世之孝"与"父母离世之孝"统一起来。由此，他对"孝"的阐释形成了具有内在联系性的体系。

虽然利玛窦把"孝亲"发展为"孝亲之灵魂"有些牵强，但《天主实义》对儒学命题之间关系的厘清，体现了文化适应的传教策略。同时，利玛窦对"孝"的解读也为其后来宽容信徒祭天、祭祖、祭孔奠定了基础。

二、《天主实义》对"仁"的阐释和推理

《天主实义》中"仁"共出现了百余次，与"孝"相比，"仁"更能代表儒家思想的核心。而利玛窦也认识到"仁"在儒家思想中的核心地位，用了大量的笔墨对其进行阐释，试图将天主教的"博爱"与儒家的"仁"联系起来。

根据《古代汉语词典》的解释："仁"在古代道德观念中，其核心是人与人相亲相爱。孔子云："孝悌也者，其为仁之本与！"《论语·颜渊》"樊迟问仁。子曰：'爱人。'"《韩非子·解老》："仁者，谓其中心欣然爱人也。"《论语·雍也》篇中提到："子贡曰：'如有博施于民而能济众，何如？可谓仁乎？'子曰：'何事于仁，必也圣乎！尧、舜其犹病诸！夫仁者，己欲立而立人，己欲达而达人。能近取譬，可谓仁之方也已。'"

"仁"是"己欲立而立人，己欲达而达人"，"仁爱"是指对人亲善或持有一种同情心，孔子将其阐释为一种伦理观，是一种以宗法制度关系为基础的社会关系。在孔子看来，只有在家敬（孝）父母，出门敬（悌）兄长，才能将"仁"这种至高的精神境界，推己及人，由家庭推广到社会，

---

① ［意］利玛窦. 利玛窦中国书信集［M］. 罗渔，译. 台北：光启与辅仁大学出版社，1986：139.

才能"泛爱众"。如果能够做到广泛地施与民众好处，那么不仅仅可以被称为"仁"，更可以被称为"圣"。

（一）"仁"的重要性

首先，利玛窦在《天主实义》中提出"仁"的重要性。"夫德之品众矣，不能具论，吾今为子惟揭其纲，则仁其要焉。得其纲，则余者随之，故《易》云：'元者，善之长'，'君子体仁，足以长人'。"① 在这里，利玛窦充分肯定了"仁"在伦理道德中的首要地位，这一点上与儒学保持一致。他还以"仁""义""爱""德"之间的关系来论述"仁"之首要地位：

> 司明之大功在义，司爱之大本在仁，故君子以仁义为重焉。二者相须，一不可废。然惟司明者，明仁之善，而后司爱者爱而存之；司爱者，爱义之德，而后司明者察而求之。但仁也者，又为义之至精。仁盛，则司明者滋明，故君子之学，又以仁为主焉。仁，尊德也。②

"仁义"二者相辅相成，不可或缺。做到"义"则要明理，做到"仁"则要爱人，而"仁"又是"义"的更高级别。君子致于学，以"仁"最为主要，"仁"如果兴盛，那和君子在学习的过程中，就可以识别善恶，并且"仁"是最至高无上的大德。

（二）对"仁"内涵意义的阐释

利玛窦以自己的方法阐释"仁"的内涵意义，他引用孔子的说法"仁者爱人"，但又对此加以发挥。

> 仲尼说仁，惟曰"爱人"，而儒者不以为外学也。余曰仁也者，乃爱天主，与夫爱人者，崇其宗原而不遗其枝派，何以谓外乎？人之中，虽亲若父母，比于天主者，犹为外焉。况天主常在物内，自不当外。③

---

① 朱维铮.利玛窦中文著译集［M］.上海：复旦大学出版社，2012：78-79.
② 朱维铮.利玛窦中文著译集［M］.上海：复旦大学出版社，2012：77.
③ 朱维铮.利玛窦中文著译集［M］.上海：复旦大学出版社，2012：77.

在此，利玛窦将"天主"比作"父母"，属于"内人"而非"外人"，将"仁"之意义由"爱父母""爱子民"推进到"爱天主"的深度，进而得出"且夫仁德之厚，在远不在近"①的结论。此处的"远仁"实为"博爱"，即：

> 独至仁之君子，能施远爱，包覆天下万国，而无所不及焉。君子岂不知我一体、彼一体，此吾家吾国，彼异家异国？然以为皆天主上帝生养之民物，即分当兼切爱恤之，岂若小人但爱己之骨肉者哉！②

利玛窦号召天下的君子不分你国我国，不仅爱自己的骨肉亲人，而要爱上帝创造之万事万物，因为"上帝为至仁之原"③，这样，天主教教义在"仁"的内涵引申中得以传播。

利玛窦利用"仁"说驳斥"万物一体"说：

> 故曰为仁者，推己及人也；仁者以己及人也，义者人老老、长长也；俱要人己之殊。除人己之殊，则毕除仁义之理矣。设谓物都是己，则但以爱己、奉己为仁义，将小人惟知有己，不知有人，独得仁义乎？书言人己，非徒言形，乃兼言形性耳。④

利玛窦认为如果万物真为一体，那就不存在仁义之道了。因为要施行仁义，必须要由己推人，则人己有殊。如果万物都是己，那就变成爱自己、义自己，人只知有己，不知有他人了。所以古书上说的人己之分，不仅是指外表上的区别，还指人的心性之别。

---

① 朱维铮. 利玛窦中文著译集［M］. 上海：复旦大学出版社，2012：45.
② 朱维铮. 利玛窦中文著译集［M］. 上海：复旦大学出版社，2012：46.
③ 朱维铮. 利玛窦中文著译集［M］. 上海：复旦大学出版社，2012：70.
④ 朱维铮. 利玛窦中文著译集［M］. 上海：复旦大学出版社，2012：45.

第五节 《天主实义》的接受和影响

意大利马切拉塔大学哲学院博士徐艳东在其文中写到，针对利玛窦的"和儒辟佛"言论，明末知识分子通常以三种方式应之：第一，推崇并深信之，如徐光启、李之藻、杨廷筠、王征（作者按：应为王徵）、瞿太素、冯应京等；第二，起而奋击，如黄贞、徐昌治、许大受、密云圆悟、释通容、虞淳熙、费隐禅师等人以著书或口头辩论的形式向利氏发难；第三，坐观其变，其中坐观其变者占多数，坚定的支持者和反对者数量不多，但也形成了两股潮流，相互博弈。① 尽管利玛窦在《天主实义》一书中主要采取合儒、排佛的策略，但由于他崇古贬新，因此反对者中除佛教人士外，也不乏当时的儒家学者。

一、支持者的回应

《天主实义》在中国出版之后，受到了信徒和部分知识分子的欢迎。《利玛窦中国札记》中记载，"为了在很短的时间内把基督教的思想传播到整个帝国，这本书确实是很必要的，而且因为它只能轻轻地触及人们经常要问神父们的许多问题，所以作者插入了许多愉快轻松的笔法以激起读者的好奇心，结果使人读起来趣味盎然。由于同样的原因，这本书对于回答那些对基督教好像是仅只风闻过的人，也证明是极为令人满意的。"② 由此可见，不论是基督教的信众们，还是教外人士，都希望通过这本书来了解基督教教义。同样，作为基督教在中国的传播者，利玛窦也希望以中国人习惯的写作方式来传播基督教教义能够获得更好的效果。

《利玛窦中国札记》中还记载，利玛窦神父的这本书印了四版并在不同

---

① 徐艳东. 明末儒释道对西方生死观的审视与批判 [J]. 长江大学学报（社会科学版），2012（2）：158－159.

② ［意］利玛窦. 利玛窦中国札记 [M]. 何高济，王遵仲，李申，译. 北京：中华书局，1983：486.

的省份出版。其中冯应京为该书的出版和传播做出了很大贡献。他自己出资印了很多份，并把它交给神父们分发给他们的朋友。冯应京还在该书出版之时为其作序，从留传下来的文字来看，冯应京对利玛窦及《天主实义》均给予高度的评价，称"利子周游八万里，高测九天，深测九渊，皆不爽毫末。吾所未尝穷之形象，既已穷之有确据，则其神理，当有所受，不诬也""是书也，历引吾六经之语，以证其实，而深诋谭空之误，以西政西，以中化中"。在该文的最后，冯应京道出其刻印《天主实义》的目的"愚生也晚，足不遍阃域，识不越井天，第目击空谭之弊，而乐夫人之谭实也，谨题其端，与明达者共绎焉"。① 可见，冯应京有感于明末社会的空谈之风，期以此书之论改变当时的社会风气。该序文中并无对天主教教义的解读与阐释，仅就时事发表己见，并对利玛窦的个人修养表示赞叹，这也从侧面反映出当时的士人阶层，包括与利玛窦相交甚密的冯应京，更倾向于将《天主实义》看作是哲学伦理著作。

相比冯应京对时事的担忧，李之藻在其《天主实义重刻序》中对"天主之义"进行了简单的评述，"然则天主之义，不自利先生创矣"②。该文开篇引用古代儒家经典，证明"盖即知即事，事天事亲同一事，而天，其事之大原也"。又引《易经》论证"天主"即"上帝"的存在，"帝出乎震"，"而紫阳氏解之，以为帝者，天之主宰"。李之藻同样认为《天主实义》的目的是"训善坊恶"③，接着介绍了该书的主要观点来证明该书是劝人向善、防人作恶的。而"尝读其书，往往不类近儒，而与上古《素问》《周髀》《考工》、漆园诸编，默相勘印，顾粹然不诡于正"。因而得出"东海西海，心同理同"的感叹。④

二、反对者的批评

在利玛窦开创的"合儒""补儒"传教策略的促进下，耶稣会在华影响不断扩大，皈依天主教的中国人逐渐增多，文人士大夫也开始逐渐分化成

---

① 朱维铮. 利玛窦中文著译集 [M]. 上海：复旦大学出版社，2012：98.
② 朱维铮. 利玛窦中文著译集 [M]. 上海：复旦大学出版社，2012：99.
③ 朱维铮. 利玛窦中文著译集 [M]. 上海：复旦大学出版社，2012：99.
④ 朱维铮. 利玛窦中文著译集 [M]. 上海：复旦大学出版社，2012：100.

为正反两派。利玛窦死后，沈漼上疏万历皇帝，请求毁教堂、驱教士，万历皇帝遂颁谕禁教，并引发南京教案。后因徐光启等人的极力反对而草草收场。此后陆续有士人和僧人著文批判天主教，并汇集成为《破邪集》刊行，该书亦成为明末反教言论的汇编。① 明末的反教从总体上看仍停留在理论论争的层面上，规模和影响都不及护教者大，并未形成一场反教的运动，尤其没有得到最高统治者的大力支持。这也从一个侧面反映了利玛窦"合儒""补儒"策略在当时的巨大成效。

至清初，经历朝代更替，不少士人开始对耶稣会士所传天主教义有了进一步的认识，以杨光先为代表的坚持儒家道统的文人士大夫，再次对天主教及西学产生了质疑，并针对天主教与儒学的本质区别进行了深入分析，对天主教进行了批判。这一时期又分为两个阶段，前一阶段以杨光先发起的"历狱"为代表，后一阶段则以中西"礼仪之争"为代表，并最终导致康熙皇帝的禁教。与明末相比，这一时期反教者的政治地位更高、社会影响更广、涵盖范围更宽，不仅仅限于理论论争的层面，而且扩大成为一场影响士人阶层的重大政治运动，这既反映出天主教的壮大已经深刻影响到统治阶层，又说明清初士人对天主教义有了更加深刻的认识。

在明末反对天主教的声音中，《破邪集》是较有影响力的一部反教作品集。《破邪集》又名《圣朝破邪集》或《皇明圣朝破邪集》，崇祯十二年（1639）初刻于浙江，由徐昌治编辑整理。该书共八卷，十万余言，汇集了群臣、诸儒、众僧破邪卫道的作品，所辑著作基本代表了明末反教文人的主要观点，是明末反天主教的主要著作。其中，一、二卷主要是万历四十四年（1616）南京教案的有关记录，三至六卷主要是儒家反教文章的汇编，包括了朝廷官员和民间儒生的反教言论，七、八卷是佛教界反教文章的汇编。下文取其中的主要观点加以简单介绍。

（一）儒家学者的批判

儒家学者对利玛窦《天主实义》的批判主要围绕"万物一体""太极""理""偶像崇拜"及"伦理"展开。

其一是关于"万物一体"。黄贞在《请颜先生辟天主教书》中认为：

---

① 黄贞. 圣朝破邪集［M］. 1639 年浙江刻本. 香港：宜道出版社，1996.

"彼教独标生天生地、生人生物者曰'天主',谓其体无所不在,无所不知,无所不能。谓主赋畀灵魂于人,曰'性'。不可谓性即天,不可谓天即吾心。又谓'天地如宫殿,日月似灯笼,更不可谓天地即天主。天地也,天主也,人也,分为三物,不许合体。'以吾中国万物一体之说为不是,以王阳明先生良知生天、生地、生万物皆非也。此其坏乱天下万世学脉者,一也。"①

其二是关于"太极"。许大受在《圣朝佐辟自序》第四篇"辟贬儒"一文中对利玛窦提出了严厉的斥责:"斥击周易,累若干言。嗟嗟!甚矣夷人之敢于非圣,而刻其书者之敢背先师也,盖'易有太极,是生两仪,两仪生四象,四象生八卦。'然后化生万物,此乃画前原易。夷辈此言,如生盲人,宁见天日?"② 由此可见,许大受认为"太极生两仪"乃是《易传》原句,言之凿凿,出于圣人,不可有疑。利玛窦这个外来之士却轻易否定了经典,比之就如同盲人,怎么能看见天上的太阳。然而,许大受以古代经典来反驳,前提与结论均出于己,逻辑上是讲不通的。

其三是关于"理"。针对利玛窦所宣称的"理为依赖,不能自立,何能立它"的言论,许大受也作出了反驳。他说:"夫天地之性,人为贵,人禽之异,教为先。有人禽同贵,而仁义这先之理?彼敢遗禽兽而贱仁义,并贱太极,即比之仁内义外之说,更觉狈猖,岂不谓之丧心欤!"③ 这里许大受借人兽之别在于是否内具仁义来说明仁义五常的优先性和本体性,虽未明言,但已暗导出"理为自立体,自能立人"这一结论。同样在《尊儒亟镜叙》中,黄贞针对利玛窦引用孔子的关于"人能弘道,非道弘人"的解读作出反驳,认为孔子这样说并不意味着人高于"道"("理"),而且恰恰相反。他说:

予请畧言之,夫道者,人之体性,形之君也,本含弘而光大。人者,道之妙用,性之臣也。惟当率其性之固有,而满其本然之分量,

---

① 黄贞. 圣朝破邪集 [M]. 1639 年浙江刻本. 香港:宜道出版社,1996:150.
② 黄贞. 圣朝破邪集 [M]. 1639 年浙江刻本. 香港:宜道出版社,1996:204.
③ 黄贞. 圣朝破邪集 [M]. 1639 年浙江刻本. 香港:宜道出版社,1996:204–205.

以尽其妙用之职，此之谓"人能弘道"。非能出乎道外，而弘其道之所
本无也。故以致"良知""良能"之功用言之，言"人能弘道"也，
可若以"良知""良能"之本然言之，言"道能弘人"也，亦可。所
以知格物，尤贵知物格，吾且即问其人云，何而能弘道，所以能私者
为何物？则道为人之主宰也，不已彰明较著乎？但人不顺道、不率性，
是自违于道、自逆于性，自暴自弃矣。而道亦何能授扩充之柄于人乎？
故曰"非道弘人"，此仲尼望人率性修道之奥旨，反覆抑扬之微言也。①

其四是关于"偶像崇拜"。黄贞认为："（天主教将）佛、菩萨、神仙斥
之曰'魔鬼'，其言必入地狱。彼书云：'祭拜天地、日月、菩萨、神仙等
物，皆犯天主大戒，深得罪于天主也'。"对于"观音、菩萨、关圣帝君及
梓童帝君、魁星、吕祖帝君等像"，天主教"皆令彼奉教之徒送至彼所，悉
断其首，或置厕中，或投火内。"更令黄贞等人"毛发上指，心痛神伤"。
黄贞等人指责天主教"谤诬圣人、教人叛圣"。②

其五是关于"伦理"。在《圣朝佐辟·五辟反伦》中许大受着重论述了
天主教关于上帝面前人人平等的教义对儒家三纲五常的直接危害。他认为：
"君臣、父子、夫妇、昆弟、朋友，虽是总属人伦，而主敬、主恩、主别、
主序、主信，其间各有取义。非可以夷天等地，推亲作疏，阳反从阴，手
顾奉足，背公以植党，却野而于宗也。"③针对耶稣会士提出的"天主即天
父"的概念，许大受也对之进行了批判。陈侯光在《辨学刍言》中对利玛
窦解释的天主教伦理观念进行了批驳：

> 父兮生我，母兮鞠我，孝惟爱吾亲已矣。惟辟作福，惟辟作威，
> 忠惟吾君已矣。爱亲，仁也；敬长，义也，天性所自现也，岂索之幽
> 远哉？今玛窦独尊天主为世人大父、宇宙公君，必朝夕慕恋之、钦崇
> 之，是以亲为小而不足爱也，以君为私而不足敬下。率天下而为不忠

① 黄贞. 圣朝破邪集 [M]. 1639 年浙江刻本. 香港：宜道出版社，1996：163 - 164.
② 黄贞. 圣朝破邪集 [M]. 1639 年浙江刻本. 香港：宜道出版社，1996：167.
③ 黄贞. 圣朝破邪集 [M]. 1639 年浙江刻本. 香港：宜道出版社，1996：206.

不孝者，必此之言夫！①

他认为利玛窦不孝父母、不尊君上，是为不忠不孝之人。

（二）护佛人士的批判

佛教徒也对利氏关于"虚空不能生物，不物之源"的说法作出批判。首先，他们认为利玛窦对"空无"的理解有误，并以"实相尝往"之理论而反击。费隐（释）通容在其著作《原道辟邪说》第四篇"揭邪见以空无谤佛"中说："事事法法住于本位，则天住天位，地住地位，日住日位，月住月位，人住人位，物住物位，即各相往于本位，则本位即是无始无终实相尝住之本。……既都是尝住，则天地万物古今物理，皆一乘实相尝住之法也"，既然各相都住于本位，实相尝住，"则目前色色物岂从空出耶？若从空出，则终归于空，岂得谓之实相尝住乎？"② 总之，费隐通容认为，虽然物无自性，缘起性空，但物物就其一乘实相来说都是真实存在的，一乘实相真实不虚，且为世界万物的真实本体。虽然在解读的时候不应该执着于实相理论，否则就会着于"有"，但同样不能主"顽空"这另一极端。费隐通容认为利玛窦之所以陷入了"顽空"之境，是因为受到了两种误导：一是利玛窦未曾备览佛经，只是领会了小乘"偏计色空"的一些狭隘不圆融的佛教"空"论，而此论和一乘实相之法之真义相差甚远。二是利玛窦受到了朱熹的误导，费隐通容认为首先朱熹就不识佛教大乘实相之旨，不过"涉猫见闻，附会于其间，便以为然矣"。利玛窦竟然"据以为凭"，此种行径如"丑妇效颦，转见其丑"。费隐通容还认为，既然此空并非真空，那么利玛窦关于空无不能为物之作者、模者、质者、为者的说法则是"亡计为空无"，是"迷空情现"，是"不达不道这体人人本具，物物全真"，如果识得一乘实相之法，则此说法便不攻自破。

释如纯在《天学初辟》一文中批评利玛窦为"耳食之徒"，因其"承虚接响""循名起执"，而不知"妙无者不无，真空者不空，乃妙有真空，真空妙有"之真义。另外释如纯还认为利玛窦谓"空无为毫无所存之顽空"，

---

① 黄贞. 圣朝破邪集 [M]. 1639 年浙江刻本. 香港：宜道出版社，1996：246.

② 黄贞. 圣朝破邪集 [M]. 1639 年浙江刻本. 香港：宜道出版社，1996：380.

是"不明其旨，妄加诋訾"。他还认为如能识虚空之真义，便知虚空之贵，为此他引用了"无极而太极"以及孔子的"吾有知乎哉，无知也"这两句话作为证据，从而证明虚空之贵，并非利玛窦所认为的卑贱。①

儒者陈候光也起来应和佛道二家，他认为利玛窦"非惟不知儒，并不知佛老矣。佛氏云性色真空，性空真色；老氏云'有物混成，先天地生'岂性地毫无所窥哉？若玛窦之天主教，则妄想成魔，叩以性学，真门外汉也"②。

《天主实义》一书集中体现了利玛窦对儒家思想的适应，利玛窦认识到儒学在中国社会的重要地位后，便利用"合儒""补儒"策略试图调和天主教与儒学之间的差距。但自始至终，利玛窦对儒学都存有清醒的认识，深知二者之间存在的鸿沟，因此，其文化适应策略必然是有目的、有选择的适应。利玛窦在《天主实义》一书中偏向在古代儒家思想中寻找与天主教相通之处，而对新儒家思想持批判态度。利玛窦的文化适应策略使其作品能够被部分中国人所接受，但其选择性适应也为反对者提供了批判的理由。

①　黄贞. 圣朝破邪集［M］. 1639 年浙江刻本. 香港：宜道出版社，1996：396.
②　黄贞. 圣朝破邪集［M］. 1639 年浙江刻本. 香港：宜道出版社，1996：251.

第六章
《几何原本》译介中的文化适应策略研究

　　《几何原本》为古希腊数学家欧几里得在公元前三百年左右所著。利玛窦之译本所依版本为其在罗马学院学习时的讲义，由其恩师克拉维乌斯根据欧几里得的《几何原本》整理编纂而成。利玛窦初入中国时，传教事业发展不利，转求学术传教的路线，即以宣扬西方科技为手段，吸引中国人的兴趣，再伺机传播天主教的策略。利玛窦几次试图将《几何原本》翻译成中文，但因合译人员无法胜任或其他原因而中断。直到1606年与徐光启合作将该书正式翻译成中文，并在1607年完成。此后经多次校订，收入《天学初函》和《四库全书》，得以流传，成为中国人初识西洋数学之始，其中一些数学术语流传使用至今。因此利、徐等人对该书的翻译对中国数学研究的发展有着巨大的贡献。

第一节　《几何原本》研究综述

　　随着对利玛窦来华活动研究的深入，《几何原本》一书也受到了数学界和翻译界的重视。相关研究主要围绕译介过程、传播影响、术语翻译以及译介比较展开。

一、译介过程研究

　　早在1935年，博纳德（Bernard）在《利玛窦对中国科学的贡献》一书中便提到了《几何原本》的译介、传播及其对中国本土数学发展的影响。

对《几何原本》论述较为充分的是安国风（Peter M. Engelfriet）1998年出版的《欧几里得在中国：〈几何原本〉前六卷的汉译及其在明末清初中国的接受（1723年前）》。该书后由江苏人民出版社引进，译成中文，取名《欧几里得在中国——汉译〈几何原本〉的源流与影响》，对利玛窦组织翻译《几何原本》的过程进行了详细的介绍，并对译介后中国士人的接受情况进行了考察。①

对《几何原本》译介过程的介绍渐渐深入到译介背景的分析。2008年，广东外语外贸大学英文学院伍志伟在《中西文化研究》杂志英文撰文，介绍了利玛窦和徐光启合译《几何原本》的过程，同时从勒菲弗尔的操纵与改写理论视角分析了影响《几何原本》翻译的意识形态、赞助人和明末人文环境因素。该文提出三个主要问题：一是为什么徐光启与利玛窦选择翻译科技著作而非其他著作？二是为何在众多科技著作中，利、徐选择翻译《几何原本》？三是为何他们只译了前六卷？该文在结论中指出明末社会正统理学和王阳明心学走向衰落，启蒙思想的兴起为科技著作的翻译提供了人文环境。《几何原本》的译介得到明末士人的赞助，这是当时流行的出版体制，同时徐光启的个人兴趣也是推动译作诞生的重要动力。仅译前六卷主要是由当时的社会环境决定的，利玛窦无法确定译作的接受程度，因此只译出前六卷做出尝试。② 该文将《几何原本》的翻译与明末社会的思想和文化环境结合起来，从历史文化的语境探讨翻译问题，视角较独特，但其得到的结论仍有待商榷。

国内对《几何原本》译介的研究主要是从科学技术史的视角对其译介过程和影响进行反复的研究与订正，注重原始史料的发掘。目前形成了以内蒙古师范大学科学技术史研究院和上海交通大学科学史与科学文化研究院为主的两个研究阵地，主要研究者有杨泽忠、宋芝业和纪志刚等。

2005年，杨泽忠在《〈几何原本〉传入我国的过程》中对《几何原本》

---

① ［荷］安国风. 欧几里得在中国——汉译《几何原本》的源流与影响［M］. 纪志刚，等，译. 南京：江苏人民出版社，2009.

② WU Z W. Introducing a Western scientific work to China：Xu Guangqi and Matteo Ricci's translation of the Elements of Geometry［J］. Journal of Sino-Western cultural studies，2008，13：104－116.

在中国传播的三个阶段进行了梳理：宋元、明末及清朝时期。该书的译介前后经历了 600 多年，涉及人物众多。其翻译过程也不是一蹴而就的，先译了前六卷，过了 250 年才译出后九卷。杨泽忠认为，这个过程符合一般知识传播规律：先传播思想方法，后传播知识内容，最后才翻译相关著作。此外，这个过程尽管历时较长，过程曲折，但这都是相关的其他事件造成的，比如语言障碍、传教问题等。①

杨泽忠还探讨了《几何原本》的翻译过程和中止原因。在《利玛窦和徐光启译〈几何原本〉的过程》一文中，杨泽忠还原了利、徐二人合译该书的全过程。② 在其论文《利玛窦中止翻译〈几何原本〉的原因》③ 和《利玛窦中止翻译〈几何原本〉再析》中提出该书翻译的中止完全是历史的偶然。④ 而朱维铮先生却有不同的观点。朱维铮主编的《利玛窦中文著译集》中因篇幅原因虽未收录《几何原本》全文，但在简介中朱先生探讨了利玛窦翻译该书的动机，认为"利玛窦来华的目的是'归化'中国人成为基督徒"，而翻译只是其贯彻学术传教方针的手段。⑤ 2010 年，杨泽忠在《徐光启为什么不续译〈几何原本〉后九卷》中讨论了明末社会环境、利玛窦和徐光启的实际情况等方面，认为《几何原本》未译后九卷属于历史的偶然，驳斥了之前盛行的"阴谋论"。⑥

2013 年，纪志刚的《汉译〈几何原本〉的版本整理与翻译研究》一文在中西文化交流的背景下分析了《几何原本》整理与研究的历史意义，对《几何原本》进行了细致的版本梳理，揭示了主要版本的递变关系。⑦

从以上文献可见，《几何原本》的译介过程是利玛窦与中国士人共同推动的结果，几经尝试，最终由利玛窦和徐光启完成。译作背后是特殊历史时期中国人对西方数学知识的兴趣与学术传教策略的契合。

---

① 杨泽忠. 《几何原本》传入我国的过程 [J]. 自然辩证法通讯, 2005 (4)：87 – 91.
② 杨泽忠. 利玛窦和徐光启翻译《几何原本》的过程 [J]. 数学通报, 2004 (4)：36 – 38.
③ 杨泽忠. 利玛窦中止翻译《几何原本》的原因 [J]. 历史教学, 2004 (2)：70 – 72.
④ 杨泽忠. 利玛窦中止翻译《几何原本》再析 [J]. 历史教学问题, 2006 (2)：75 – 76.
⑤ 朱维铮. 利玛窦中文著译集 [M]. 上海：复旦大学出版社, 2012：297.
⑥ 杨泽忠. 徐光启为什么不续译《几何原本》后九卷 [J]. 历史教学, 2005 (10)：68 – 70.
⑦ 纪志刚. 汉译《几何原本》的版本整理与翻译研究 [J]. 上海交通大学学报（哲学社会科学版）, 2013 (3)：27 – 32, 72.

二、传播影响研究

1974 年，法国历史学家弗兰克·斯威兹（Frank Swetz）在其著作中提出 "1601 年西方传教士来到北京后，中国本土数学就停止了发展" 的观点①。但马兹洛夫（Jean-Claude Martzloff）在其论文《17 世纪中国数学的证明方法》中批判了弗兰克·斯威兹的观点，认为其结论过于简单，同时提出中国本土数学在未受到西方数学知识影响的情况下一直发展到 1900 年左右，可能还要更晚。该文提到利玛窦和徐光启翻译《几何原本》之后，中国人对几何的兴趣有所增加。一些中国学者如杜知耕、杨作枚、陈厚耀、方中通、梅文鼎等先后就几何学著书，欧几里得的证明方法在这些书中随处可见。但是他们著作的主要思想并不是 "欧几里得" 似的，一些基本论证常常缺失。该文指出了《几何原本》对中国几何学发展的影响是非常有限的。②

国内学者也对《几何原本》的译介过程进行了研究。2006 年，杨泽忠在《明末清初公理化方法未能在我国广泛传播的原因》中指出在西方盛行了近两千年的公理化方法并未受到国人的欢迎，主要有三个原因：一是《几何原本》生涩难读；二是 "西学中源" 说轻视西方科学；三是公理化方法传来的时候本身不完整。正是这三个原因造成了当时公理化方法传播的停滞。③

2011 年，香港大学数学系教授萧文强在《不平凡的 1607 年——第一部译成中文的数学著作〈几何原本〉》一文中详细地介绍了利玛窦与徐光启合作翻译《几何原本》前六卷的过程，并阐述了《几何原本》在中国的传播和影响。作者还特别介绍了徐光启在《译〈几何原本〉杂议》中阐述的主要观点，即他对西方科学的认知及远见。作者认为明末清初的科技翻译形

① SWETZ F. Mathematics education in China: its growth and development [M]. Cambridge: M. I. T. Press, 1974.

② MARTZLOFF J C. Proof techniques in seventeenth century Chinese mathematics [J]. Comparative civilizations review, 1981, 6 (6): 62–70.

③ 杨泽忠. 明末清初公理化方法未能在我国广泛传播的原因 [J]. 科学技术与辩证法, 2006 (5): 84–87.

成了西学东渐的第一次高潮，该浪潮的形成有其特殊的历史文化背景。①

三、术语翻译研究

该书中对于数学术语的翻译和界定早就引起了翻译界学者的注意。在国外研究方面，2011 年，日本学者山本小川在《徐光启与〈几何原本〉汉译》一文中从文化语境的角度探讨了《几何原本》中术语的翻译。该文首先回顾了利、徐合作翻译《几何原本》的过程，指出徐光启在翻译该书时小心谨慎地从中国固有词汇中选择适当的词汇来表达数学概念。作者接着对"届说""公论""题""论"等术语的翻译进行了具体分析，指出相对《几何原本》中的众多术语，如"点""线""面""角"等的广泛流传，其基本术语却被弃用。究其原因，作者认为徐光启在中文术语选择时，过度使用归化，因汉字的多义性易引起歧义，未能再现欧几里得的逻辑推理思想。② 该文是结合文化背景对《几何原本》的深入研究。

在国内研究方面，2010 年，宋芝业在《"几何"与"几何之学"的命名——从数学思想史的视角看徐光启与利玛窦对"几何"与"几何之学"的理解》一文中从数学思想出发，结合有关材料，认为"几何"一词取自于中国传统数学中求解某数量多少或大小这一含义，徐光启和利玛窦用它来表示西方逻辑学的数量范畴，它的基本含义是数或量，对应拉丁文词汇 Magnitudo 和 Quantitae；"几何之学"的学科含义则是西方的数学，它对应的拉丁文词汇是 Mathematicarum。作者进而探究了其背后的原因，从西方数学思想史出发，由于以量或空间形式为研究对象的几何学在西方 18 世纪以前一直是数学的主导学科，其后代数的威力才日渐明显，能与几何学争雄。我们所熟知的数学是关于现实世界空间形式和数量关系的科学这一说法，则是恩格斯时代的事。在中西方，数学、几何等词汇在其历史发展中，所代表的思想都是不断发生变化的，而明末清初这一时期，正是一个急剧变化的时期。18 世纪及以前，"数学"这一名称在多数场合下有占星术的含

---

① SIU M K. 1607, a year of（some）significance：translation of the first European text in mathematics—Elements—into Chinese［C］// History & epistemology in mathematics education. Vienna：Verlag Holzhausen，2011：573 - 589.

② OGAWA M. Xu Guangqi and the Chinese translation of Euclid's Elements［J］. Hersetec，2011，5（1）：13 - 33.

义，再加上耶稣会原则上对占星术的拒斥，利玛窦等耶稣会士自然不会选择"数学"一词。虽然中国表示数学学科的词汇很丰富，但也多与数术脱不了干系，与利玛窦的反"迷信"立场相矛盾。利玛窦想借西方数学严密推理和精确计算的新异特点打动中国人，以废旧立新，推广其宗教，他选择新名称以表示新数学，这种做法在情理之中。徐光启本着富民强国的目的，排斥当时理学的空疏学风，批判属于传统数学（或数术）的"妖妄之术"，他还提倡科技实学，推崇和敬重西人西学，特别是推崇和敬重利玛窦和《几何原本》，他排斥已有数学学科名称这一举动，选择"几何之学"一词来表示西方数学应该是顺理成章、水到渠成的。作者还认为这体现了中西数学思想在初次实质性相遇时，相互排斥、相互融合的复杂情形。当然，这一复杂情形在翻译之后的会通中体现得更为精彩。①

2011 年，宋芝业在《"几何"曾经不是几何学——明末"几何"及相关学科命名新探》一文中对已有关于"几何"中西来源及其含义的研究进行了梳理，进而对"几何"一词的来源、含义及相关的学术含义进行了辩证，从数学发展史上的术语词汇意义演变的视角进行了分析。文章认为"几何"一词取自中国传统数学中求解某数量多少或大小这一含义，对应的拉丁文词汇 Magnitudeo 和 Quantitae；"几何府"是西方逻辑学中的数量范畴；"几何家""几何之学""审形学""察几何之道"的学科含义则是西方的数学，它对应拉丁文词汇是 Mathematicarum；"量法家""度学"才是今天的几何学，它对应的拉丁文是 Geomitria。明末的"几何"并不是几何学。②

2017 年，纪志刚在《从拉丁语到古汉语——汉译〈几何原本〉卷一"界说"的翻译分析》一文中以汉译《几何原本》第一卷"界说"（定义）为例，从术语勘定、拉汉比照、语句解构、定义分析等方面，对 36 条"界说"进行全面释读。研究表明，无论是语义还是文体，汉译《几何原本》的"界说"基本上做到了用切近而自然的对等语再现了原文信息。利玛窦

---

① 宋芝业．"几何"与"几何之学"的命名——从数学思想史的视角看徐光启与利玛窦对"几何"与"几何之学"的理解 [C] // 第三届全国科技哲学暨交叉学科研究生论坛文集．北京，2010：262 - 269.

② 宋芝业．"几何"曾经不是几何学——明末"几何"及相关学科命名新探 [J]．科学文化评论，2011（1）：77 - 85.

和徐光启用古汉语重构了古典西方数学的逻辑推理和公理化体系，在中西文化交流史上具有重要的里程碑意义。①

冯天瑜在《利玛窦创译西洋术语及其引发的文化论争》一文中阐述了"几何"一词由疑问数词到数学术语的翻译过程和语义变化。② 屠国元在《论译者的译材选择与翻译策略取向——利玛窦翻译活动个案研究》中也以该书的翻译作为译者归化策略选择的例证。③ 向荣则从汉语词汇发展的角度，在《论利玛窦对汉语词汇发展的贡献》一文中提到了《几何原本》中术语的翻译对汉语附加式构词法发展的影响。④

四、译介比较研究

相关研究还涉及对《几何原本》的翻译比较。1572 至 1577 年间，利玛窦在意大利罗马学院求学，其数学老师为克里斯托弗·克拉维乌斯，即利玛窦所称之"丁先生"。因为 Clavius 在拉丁语中的意思为"钉子"，利玛窦取谐音，按照中国人称呼老师的方式，称其为"丁先生"。利玛窦对其恩师尊崇有加，在《译几何原本引》一文中说道："窦昔游西海，所过名邦，每遇专门名家，辄言后世不可知，若今世之前，则丁先生之于几何无两也。"⑤利玛窦与徐光启所译的《几何原本》即以丁先生编的 *Euclidis Elementorum Libri XV*（1574 年版）为底本。丁先生的《几何原本》并非欧几里得原著的翻译，而是改写本。正如《几何原本》英文版译者希斯所说："克莱维乌斯并未给出《几何原本》的翻译，而是改写了证明；在他认为需要之处，通过压缩或增添，使证明变得明白晓畅。"⑥ 因此，汉译《几何原本》不可避免地打上了丁先生的烙印：比如定义的个数、公理的选取、命题的表述与

---

① 纪志刚. 从拉丁语到古汉语——汉译《几何原本》卷一"界说"的翻译分析 [J]. 自然辩证法通讯, 2017（2）: 1 - 9.

② 冯天瑜. 利玛窦创译西洋术语及其引发的文化论争 [J]. 深圳大学学报, 2003（3）: 98 - 103.

③ 屠国元. 论译者的译材选择与翻译策略取向——利玛窦翻译活动个案研究 [J]. 中国翻译, 2005（2）: 20 - 25.

④ 向荣. 论利玛窦对汉语词汇发展的贡献 [J]. 株洲师范高等专科学校学报, 2005（6）: 99.

⑤ 朱维铮. 利玛窦中文著译集 [M]. 上海: 复旦大学出版社, 2012: 301.

⑥ HEALTH T L. The thirteen books of Euclid's Elements [M]. N. Y.: Columbia University Press, 1956.

其他各本有显著的不同。①

荷兰学者安国风在《欧几里得在中国——汉译〈几何原本〉的源流及影响》一书第二篇专论"翻译"，对利玛窦与徐光启所译的《几何原本》的定义、公理、公设和命题逐条分析，深具启发意义。② 但安国风所选版本分别为文渊阁四库全书《几何原本》及希斯的英文版 *Elements*，将两者对比，因而未能尽察翻译细节。

国内学者纪志刚以汉译《几何原本》与拉丁文底本进行了比对研究，就"界说"一部分进行了对比分析。他总结归纳了"界说"中所含术语，分析了这些术语的使用与中国传统数学之差异，指出利玛窦和徐光启并未囿于传统的几何名词，而是依据拉丁语名词，创用新的术语系统③，为中国传统数学注入了新的语汇，其中一些名词甚至沿用至今。通过对"界说"中语法结构的分析，纪志刚指出克拉维乌斯承袭了欧几里得概念定义的用法，对点、线、面采用描述性定义，其他几何概念则多用"属+种差"定义方法。这表明了古代汉语在表述异域文化中有着自身的活力和适应性。④最后作者还对"界说"的翻译进行了分析，认为由于几何概念的复杂性，加上拉丁语表述形式与汉语之本质差异，并不是所有的定义都能"顺句直译"，在这种情况下，必须要对原定义做适当增补、删改，甚至转译。⑤ 通过对术语、语法和句意等方面的分析，纪志刚认为在利玛窦和徐光启的努力下，汉译《几何原本》基本上做到了无论是语义还是文体，译文用切近而自然的古代汉语再现了拉丁语原文的基本信息。汉译《几何原本》用古代汉语重构了古典西方数学的逻辑推理和公理化体系，在中西文化交流史

---

① 纪志刚. 汉译《几何原本》的版本整理与翻译研究［J］. 上海交通大学学报（哲学社会科学版），2013（3）：30.

② ［荷］安国风著. 欧几里得在中国——汉译《几何原本》的源流与影响［M］. 纪志刚，等，译. 南京：江苏人民出版社，2009.

③ 纪志刚. 汉译《几何原本》的版本整理与翻译研究［J］. 上海交通大学学报（哲学社会科学版），2013（3）：30.

④ 纪志刚. 汉译《几何原本》的版本整理与翻译研究［J］. 上海交通大学学报（哲学社会科学版），2013（3）：30－31.

⑤ 纪志刚. 汉译《几何原本》的版本整理与翻译研究［J］. 上海交通大学学报（哲学社会科学版），2013（3）：31.

上具有重要的里程碑意义。①

由以上文献可见，国外对于《几何原本》的研究多集中于译介过程和传播接受，重点在历史和文化语境内研究《几何原本》译介的明末社会环境，以及哪些因素促成了该书的译介，为何明末只译了前六卷等问题。对《几何原本》术语的翻译仅有少量涉及。国内当前针对《几何原本》翻译的研究一般仅限于对相关翻译活动的过程和价值的泛泛论述，而少见对该书术语翻译的个案分析和系统研究。《几何原本》一书不仅具有重要的数学和科学价值，且具有同样重要的翻译研究价值。通过对其术语翻译原则和策略的研究，了解特殊历史条件对译者翻译策略选择的影响，可以为当代科技术语的翻译提供借鉴。

本文所依文本为上海古籍出版社于 2011 年出版的《几何原本》，由王红霞点校。该书是据 1611 年的再校本点校重排的，此版本曾收录在由朱维铮和李天纲主编的《徐光启著译集》中。该书采用古籍的装订方法，采用右侧装订竖排的方式，正文采用图在右文在左的形式。作者通过对《几何原本》文本的分析，试图厘清利玛窦等人的翻译策略，并探讨其译文对于汉语词汇发展的影响。

第二节　《几何原本》的译介传播

一、《几何原本》的译介过程

有文字记载的《几何原本》最早传入中国的时间是在元朝。据元代王士点和高企翁的《元秘书监制》第七卷"回回书籍"中记载"至元十年十月北司天台申本台合用文书"中有《兀忽列的四擘算法段数十五部》。据方豪的《中西交通史》，这里的"兀忽列的"就是"Euclid"，这里的"四擘"

---

① 纪志刚. 汉译《几何原本》的版本整理与翻译研究 [J]. 上海交通大学学报（哲学社会科学版），2013（3）：32.

就是阿拉伯文"Hisad"——"算学"。《几何原本》在阿拨斯王朝已经有了多个阿拉伯文译本，其中两个是全译本。虽然《兀忽列的四擘算法段数十五部》现在已经失传，但上述提到的是一套全译本是可以肯定的。据杨泽忠考证，这部书很可能是当时的波斯天文学家札马鲁丁（Jamal al-Din？—1290）从西方带来的。札马鲁丁是当时元上都为数不多的既识阿拉伯文又懂天文历算的人之一，是最有学问的数学家，因此，当时的《几何原本》应由他带入中国。虽然当时在元朝已有人对此进行了学习和研究，但《几何原本》并没有被翻译成汉语，这是很大的遗憾。

《几何原本》的汉译最早出现在明朝末年。利玛窦译介《几何原本》的底本是其入华时随身携带的由克拉维乌斯编订的欧几里得《几何原本》（*Euclidis Elementorum Libri XV*），也是利玛窦在罗马学院时期的数学课本，克拉维乌斯是利玛窦的恩师，在罗马学院讲授数学及天文知识。

利玛窦到达广东不久，就结识了他在中国的第一个学生瞿太素。瞿太素生于富贵之家，是高官之子，但其从小离经叛道、不学无术，依靠父亲故友的接济度日。1589 年他在广东肇庆结识了利玛窦，拜其为师。瞿太素对中国传统学术不热心，但对利玛窦带来的西方科技甚至对基督教义却是极为认真的。据《利玛窦中国札记》记载：

> 在结识之初，瞿太素并不流露他的主要兴趣是搞炼金术。有关神父们是用这种方法变出银子来的谣言和信念仍在流传着，但他们每天交往的结果倒使他放弃了这种邪术，而把他的天才用于严肃的和高尚的科学研究。他从研究算学开始，因欧洲人的算学要比中国的更简单和更有条理。……他接着从事研习丁先生的地球仪和欧几里得的原理，即欧氏的第一书。……当他把这些注释呈献给他的有学识的官员朋友时，他和他所归功的老师都赢得了普遍的、令人羡慕的声誉。①

这里提到的"欧氏第一书"即是欧几里得《几何原本》第一卷。由此

---

① ［意］利玛窦. 利玛窦中国札记［M］. 何高济，王遵仲，李申，译. 北京：中华书局，1983：246－247.

可见，这个时期（1592 年）已经有人开始尝试汉译《几何原本》了，这个急先锋便是瞿太素。

1598 年 6 月利玛窦携礼品进京，未获成功，次年返回南京。在南京期间，其广交朋友，宣扬基督教，传播西方天文学、地理学和数学等。由此，其声名鹊起，被誉为数学家。由于这个原因，也由于当时瞿太素的启发，向利玛窦学习数学的人开始多了起来。首先是当时著名学者李心斋的儿子，然后是他的两个学生，再然后是当时的翰林王肯堂的学生张养默。

对于张养默，利玛窦的评价甚高，认为他"比其他两个人都聪明"①。他之所以被派来，原因是：

> 经过长时期的研究之后，他（王肯堂）没有能发现任何明确的中国数学体系这样的东西；他枉然试图建立一个体系，作为一种方法论的科学，但最后放弃了这种努力。于是他把他的学生派来，带有一封给利玛窦神父的推荐信，请他收下这个学生代替他自己教导。②

利玛窦还提到：

> 这个学生性情有点傲慢，但不久就变得谦恭近人，他以毕达哥拉斯的一句格言"老师这样说的"作为座右铭。他无师自学了欧几里德的第一卷。他不断向利玛窦神父请教几何学问题，当他的老师告诉他不要占用别的学生的时间时，他就去工作和用中文印刷自己的教科书。在讲授过程中，利玛窦神父提到了传播基督的律法，这个特殊学生告诉他说，与偶像崇拜者进行辩论纯属浪费时间，他认为以教授数学来启迪中国人就足以达到他的目的了。③

---

① ［意］利玛窦. 利玛窦中国札记［M］. 何高济，王遵仲，李申，译. 北京：中华书局，1983：351.

② ［意］利玛窦. 利玛窦中国札记［M］. 何高济，王遵仲，李申，译. 北京：中华书局，1983：351.

③ ［意］利玛窦. 利玛窦中国札记［M］. 何高济，王遵仲，李申，译. 北京：中华书局，1983：351.

由此可见，张养默是继瞿太素之后学习欧几里得几何的又一人，他也曾尝试翻译过《几何原本》第一卷，并且很可能想继续翻译后面的内容，可惜他的要求被拒绝了。

1604 年，利玛窦遇到了进京赶考的徐光启。在与利玛窦交往的过程中，徐光启深感西方科学技术的先进和实用，随后向利玛窦学习。1605 年徐光启向利玛窦建议："既然已经印刷了有关信仰和道德的书籍，现在他们就应该印行一些有关欧洲科学的书籍，引导人们做进一步的研究，内容要新奇而有证明。"① 这个建议被利玛窦接受了，遂着手翻译《几何原本》。

当时之所以先翻译《几何原本》，据利玛窦讲是因为当时的中国人最喜欢的莫过于关于欧几里得的《几何原本》一书。原因或许是没有人比中国人更重视数学了，虽则他们的数学方法与欧洲的不同，他们提出了各种各样的命题，却都没有证明。这样的一种体系的结果是任何人都可以在数学上随意驰骋自己最狂诞的想象力而不必提供确切的证明。欧几里得则与之相反，其中承认某种不同的东西，亦即，命题是依序提出的，而且如此确切地加以证明，即使最固执的人也无法否认它们。②

一开始，徐光启委派了一个朋友来做这项工作，据德礼贤考证此人姓蒋，但名字无从证实。利玛窦记录的意大利文为 Ciangueinhi。他与徐光启同年中举，但并没有得到很高的职位。他住在教堂里，给庞迪我神父上中文课，并尝试与利玛窦翻译《几何原本》。但不久，利玛窦发现他们之间的合作并不顺利。于是向徐光启反映，要求派一个好一点的帮手。利玛窦认为除非是有天分的学者，没有人能承担这项任务并坚持到底。由此，徐光启开始亲自翻译。他们只合作了一年，到了次年春天，就译出了《几何原本》前六卷。

二、《几何原本》的版本整理与流传

作为早期重要西学典籍之一，汉译六卷《几何原本》的版本整理已有相当的先行工作。现有如《中国算学书目汇编》《中国古籍善本目录·子

---

① ［意］利玛窦. 利玛窦中国札记［M］. 何高济，王遵仲，李申，译. 北京：中华书局，1983：571.

② ［意］利玛窦. 利玛窦中国札记［M］. 何高济，王遵仲，李申，译. 北京：中华书局，1983：571.

部》等目录提要列出了相对完整的版本情形或早期善本的馆藏信息。另外亦有专门文献考述及此，其中以莫德《〈几何原本〉的流传及其版本研究》《对400年来我国出现的〈几何原本〉版本的研究》和郑诚《介绍国家科学院图书馆藏〈几何原本〉批校本兼论明刊〈原本〉之版本异同》为代表。以前述《中国算学书目汇编》为例，编者在书中给出了"几何原本六卷"的如下刊本：

明万历三十五年（1607）刊本六册

明万历三十五年（1607）刊本，第五卷一部分补写，共四册

明万历三十九年（1611）再校本四册

《天学初函》二编本

清道光二十七年（1847）《海山仙馆丛书》本四册或五册

清光绪二十三年（1897）小仓山房石印本二册

《四库全书》本

《徐光启著译集》影印再校本三册

《古今算学丛书》本

其第六种所述藏地为"小仓"，即日本早稻田大学"小仓文库"，所述版本特征亦与之相称，今检视其书，前有徐氏《题几何原本再校本》，显非万历三十五年初刊本。又《徐光启著译集》本所影印者，为上海图书馆与上海博物馆馆藏的明刊杨贞吉旧藏题跋本的合校本，既然前已著录原书，此处应予说明。另外，杨跋本是再校本还是《天学初函》本这个问题还需要进一步研讨。

纪志刚在《汉译〈几何原本〉的版本整理与翻译研究》一文中对现有版本梳理和标点整理中存在的问题进行思考，同时梳理出明译六卷《几何原本》版本流变的基本情况，具体如下。

明万历三十五年（1607）《几何原本》在北京初次刻印（此为"初刻本"），后经利玛窦手订，徐光启与庞迪我（Diego de Pantoja）、熊三拔（Sabatino de Ursis）等校阅重修，遂成明万历三十九年（1611）之"再校本"。崇祯初年，李之藻又将之辑入《天学初函》，作为"器编"十种之一（此为"初函本"）。明刊本之间的情形相对复杂，一时间无法得出准确定论，但总体上基本承用"初刻本"，具体内容特别是正文鲜有差异。入清

后，《几何原本》作为西方数学典籍被收入《钦定四库全书》。道光年间，有广东潘仕成《海山仙馆丛书》刊本。其后同治四年（1865），明译前六卷与伟烈亚力、李善兰合作续译的后九卷由金陵书局合并印行而遂成全帙，世称"局本"或"明清本"，本文称"金陵本"。之后各版本基本以此作为底本进行刻印或石印，其中刘铎以明刊本互校，并列示于各卷之后的《古今算学丛书》本较为精良。

清代以来《几何原本》的版本递变关系如下：

四库本：四库本《几何原本》系两江总督采进《天学初函》本，据《四库全书总目提要》称"今择其器编十种可资测算者，别著于录"。因四库本系抄录，故或因明刊本字迹漫漶致误抄，或继承明刊本的误文，或抄写新出讹漏，但是个别校勘颇具价值。

海山仙馆本：海山仙馆本《几何原本》校正了明刊本大多数错误，颇有贡献。但是，曾国藩谓其"近时广东海山仙馆刻本纰缪实多，不足贵重"，此评价似有失公允。其书不过制图随意手绘，略显粗陋。此外，该本既无四库本的新出讹误，又未吸收四库本的校正，故断定其未曾参见四库本。

金陵本：金陵本《几何原本》前六卷继承和吸收了海山仙馆本对明刊本的多数校正，但也承袭了海山仙馆本的讹误，并有新出讹误。但其也有少数新出校勘，如将第三卷第五界"杂圆"校正为"杂角"即是著名例证。

算学丛书本：该本前六卷并取初函本（明本）与金陵本（局本）校勘；未曾参考四库本；基本改正剩余讹误，但也有个别误校。

丛书集成本：近代《丛书集成初编》本据海山仙馆丛书本排印，所沿用的句读过频，亦非现代标点。

与版本梳理相比，《几何原本》的标点与校勘，尚未有全面而深入的工作。明刊《几何原本》虽有断句，但其与现代标点相去甚远，语义的连贯性和逻辑的相关性均需重新勘定。《几何原本》初刻本刊刻仓促，虽经利玛窦手订、徐光启勘定，但仍存有错误。此后各本递互抄录刊刻，或承旧谬，或生新误。如第一卷界说第三十一、三十二中"但非直角"，文渊阁四库本两处"但"字误为"俱"，安国风随误。[①]

---

① 纪志刚. 汉译《几何原本》的版本整理与翻译研究［J］. 上海交通大学学报（哲学社会科学版），2013（3）：27－32，72.

　　此外，2010 年上海古籍出版社作为《徐光启全集》之一的标点整理本，系据《徐光启著译集》影印的上海图书馆和上海博物馆藏的明刊杨贞吉跋本标点，但其校记只是抄录原书之墨校等内容，未能对过往版本讹误进行甄别。此外，此书标点使用亦有错误，如其卷一第七界"平面—面平，在界之内"便是误读。因此，上海交通大学科学史与科学文化研究院拟就明刊《几何原本》重做标点，对各种版本加以汇校，但尚未见最新成果出版。

第三节　《几何原本》的术语翻译策略

一、术语翻译的原则

（一）简洁的原则

　　和一般的科技翻译不同，《几何原本》一书中的数学术语全部采用已有的汉字进行表述，未有一处令人费解的音译，使得译文简洁清楚，便于流传。在其开篇"凡论几何，先从一点始，自点引之为线，线展为面，面积为体，是名'三度'"①。已可见其关键术语的翻译精准到位，便于识记。梁启超曾评价它为"字字精金美玉，是千古不朽的著作"②。在上海古籍出版社出版的《几何原本》点校本中，点校者王红霞评价该书"译本用词精确，意思表达完备，除叙述略有重复外，几乎无可挑剔"③。这一点也体现了古代汉语对外来概念强大的包容性和适应性。

（二）连贯的原则

　　首先，连贯性体现在翻译内容上，由浅入深，由易到难，逐步推理，再以例示之。《四库全书·几何原本》提要中介绍说"其书每卷有界说，有

---

① ［意］利玛窦，徐光启. 几何原本［M］. 王红霞，点校. 上海：上海古籍出版社，2011：15.

② 周振鹤. 字字精金美玉的著作［J］. 书城，2007（12）：74.

③ ［意］利玛窦，徐光启. 几何原本［M］. 王红霞，点校. 上海：上海古籍出版社，2011：13.

公论，有设题。界说者，先取所用名目解说之；公论者，举其不可疑之理，设题则据所欲言之理，次第设之。先其易者，次其难者，由浅而深，由简而繁，推之至于无以复加而后已。"①

再次，连贯性体现在《几何原本》的数学术语翻译中，使错综复杂的关系更加清晰。例如《几何原本》第一卷中提到的"线"，在后文中相继出现了"直线""曲线""垂线""平行线""对角线""交线""切线"等，用以表示"线"的各种形态。又如核心概念"角"，后文引申出"直角""锐角""钝角""内角""外角""等角""平角""直线角""曲线角""杂线角""对角"等术语。通过术语表述的连贯性，读者可以更加容易地将这些概念联系起来。

（三）归化的原则

利玛窦《几何原本》的翻译中采用归化的原则是与其翻译方式和翻译目的紧密联系的。该书的翻译是由利玛窦和徐光启等合作完成，由利玛窦口译，徐光启笔录、润色，并经几位传教士和中国士大夫修订，因此其术语的翻译以意译为主，选取已有的汉字，或保留原意，或赋予新意，但皆符合中文的表达习惯。《四库全书·几何原本》提要中指出"是书盖亦集诸家之成，故自始至终毫无疵类，加以光启反复推阐其文句，尤为明显，以是升冕西术不为过矣"②。可见，《四库全书》对该书译文的评价非常高，认为利、徐二人的翻译认真细致，无晦涩难懂之处，译文的质量提升了西学的价值。

利玛窦在《译几何原本引》一文中提到其翻译目的时，说到"窦自入中国，窃见为几何之学者，其人与书，信自不乏，独未睹有原本之论。既缺根基，遂难创造，即有斐然述作者，亦不能推明所以然之故"③。因为"遂有志翻译此书，质之当世贤人君子"④。由此可见其译本主要供中国士大

---

① ［意］利玛窦，徐光启．几何原本［M］//文渊阁藏《四库全书》子部天文算法类二卷（第798册）．台北：台湾商务印书馆，1983：563．

② ［意］利玛窦，徐光启．几何原本［M］//文渊阁藏《四库全书》子部天文算法类二卷（第798册）．台北：台湾商务印书馆，1983：563．

③ 朱维铮．利玛窦中文著译集［M］．上海：复旦大学出版社，2012：301．

④ 朱维铮．利玛窦中文著译集［M］．上海：复旦大学出版社，2012：301．

夫学习和研究使用，因此，归化的原则使得译本更易被中国人所接受。

《几何原本》作为首本译介入华的西方数学著作，其简洁、连贯、归化的翻译原则使该译本语言简练、表意准确、逻辑清晰、语义连贯。其术语翻译对西方数学在中国的传播有着重要的意义，也为当代科技术语翻译提供了借鉴。

二、术语翻译的方法

（一）借用已有汉字的字形和字义

汉语本身并不缺少表情达意的字和词，因此很多数学术语都可以用已有汉字的字形和字义来表达。比如"面"字，在古汉语中就有"平面；表面"之意。例如《图画》："其有舍体而取平面，而于平面之中仍含有体之感觉者，为图画。"①"形"字在古汉语中已有"形体；形状"之意。"弧"字在古汉语中有"弯曲"表形状之意。其他类似用法的术语还有"边""圆""倍""度"等。使用汉语中已有的字形和字义，最能体现译者的归化策略，并且也容易使译文为读者所接受。

（二）使用已有汉字的字形，赋予新义

当原语中的概念无法在汉语中找到相对应的表达方式时，利玛窦等译者大多采用此种译法，即使用汉语中已有的字形，但赋予其新的意义。这种手法体现在两个方面：一是转换词性；二是赋予相关联的意义。

如"切"字，在古汉语中常用作动词，表示"贴近；切近"，在《几何原本》的译本中，"切"除用作动词外，还常用作形容词，与"线""圆"等构成新词"切线""切圆"，还活用作名词，与"内"、"外"构成新词"内切"、"外切"。另一词"分"在古汉语中常用作动词，表"区分；分离"等义，但在《几何原本》第六卷讲比例时，"分"被用作名词，表示"一份"之义。②

书名中的"几何"二字，在古汉语中是个表示数量的词语，常表示

①　编写组．古汉语常用字字典［Z］．成都：四川大学出版社，2003：372.
②　［意］利玛窦，徐光启．几何原本［M］．王红霞，点校．上海：上海古籍出版社，2011：326.

"若干；多少"之义，如《诗经·小雅·巧言》中的"为犹将多，尔居徒几何?"① 利玛窦将其用在数学中，表达空间关系，一直被研究者称为妙语。类似的用法还有"点""线""底""角""比例"等，见表6-1。

表6-1 《几何原本》术语概念意义演变表

术语	古汉语意义	《几何原本》术语意义	举例②
点	小黑点；小的痕迹	没有长度、宽度、厚度，而只有位置的几何图形，两直线相交处或线段的两端都是点	"凡论几何，先从一点始，自点引之为线，线展为面，面积为体，是名'三度'。"
线	棉、毛、丝、麻、金属等材料制成的细缕	一点任意移动所构成的图形	同上
底	最低下的地方；物体最下的部位	三角形中两底角所夹的那条边	"三边形，恒以在下者为底，在上两边为腰。"
腰	身体胯上肋下的部分	三角形在"底"之上的另外两条边	同上
角	牛、羊、鹿等兽类头上长出的坚硬骨状物	从一点引出的两条直线所形成的，或从一条直线上展开的两个平面或从一点上展开的多个平面所形成的空间	"所谓角，止是两线相遇，不以线之大小较论。"
比例	比照事例、条例	两个同类数量之间的倍数关系	"比例者，两几何以几何相比之理。"

（三）使用已有汉字组合新词

当原语中的许多概念无法在已有的单音节汉字中找到相对应的表达时，

---

① 编写组.古汉语常用字字典［Z］.成都：四川大学出版社，2003：327.
② 此表中所有举例均出自：［意］利玛窦，徐光启.几何原本［M］.王红霞，点校.上海：上海古籍出版社，2011.

利玛窦等译者便将两个或多个汉字组合在一起，构成一个新词。这种方法在《几何原本》的翻译中随处可见。如利用已有汉字"形"构成的新词有"三边形""四边形""多边形""直角方形""平行方形""平行三角形""相似形""相视形"等。而"平"和"立"与多字搭配，形成"平方""立方""平圆""立圆""平面"等概念，具体见表6－2。

表6－2 《几何原本》新构词表

已有汉字	新词
线	直线、横直线、垂线、平行线、对角线
角	平角、直线角、直角、钝角、锐角、对角
圆	圆心、圆径、圆之界、半圆之界、半圆
形	直线形、直角方形、直角形、斜方形、长斜方形、方形
边	三边形、四边形、多边形、边线
平	平方、平圆、平面
立	立方、立圆

第四节 《几何原本》对汉语发展的影响

利玛窦对汉语语音发展的影响是受关注最早、研究也最深入的领域。中国学者对利玛窦《西字奇迹》的关注始自 19 世纪末，卢戆章、朱文熊、刘孟阳、刘继善等学者均对利玛窦创制的罗马字母为汉字注音的方法给予了评价，但在当时未引起较大的影响。① 在当代，黄笑山②、张莉③、卞浩宇④、董方峰⑤等在研究汉语拼音方案的历史演变中，均对利玛窦等早期来

---

① 张西平．百年利玛窦研究［J］．世界宗教研究，2010（3）：69－76.

② 黄笑山．利玛窦所记的明末官话声母系统［J］．新疆大学学报（哲学社会科学版），1996（3）：100－107.

③ 张莉．欧洲传教士、明清学人与汉语拼音的形成［J］．中州学刊，2010（4）：256－258.

④ 卞浩宇，严佳．从《葡汉词典》到《西儒耳目资》——来华耶稣会士与早期汉语拼音方案的历史演变［J］．科技信息，2010（1）：223－224.

⑤ 董方峰．传教士对中国语言学的影响［N］．中国社会科学报，2014－03－19（B06）.

华传教士的贡献予以肯定，但仅限于语音视角的研究。

利玛窦对汉语发展的总体贡献也是较早受到关注的选题。黄河清在《利玛窦对汉语的贡献》一文中作了较全面的论述，认为利玛窦主要利用偏正结构创造词语，给旧词赋予新义，并注重术语的统一性和系统性。① 向荣也认为利玛窦创译术语的主要贡献是推进了汉语复音化进程，促进了附加式构词方式的发展，给汉语旧词灌注了新义。② 二者的研究全景式地概括了利玛窦对汉语发展的贡献，可惜未有后续深入研究。白鸽从社会语言学的视角分析研究西方来华传教士对中国语言文字变革运动的影响，认为传教士的西学译介及创办华文报刊促进了中西语言的接触，成为我国语言文字变革的思想动力和近代白话文运动的先声，传教士学习汉语及汉语研究影响了汉语拼音方案的构建和历史比较语言学的形式，推动了汉语及语言学思想的发展演变。③ 其研究时间跨度较大，将明末至清末的传教士研究放在一起考察，且考察重点是清末，对利玛窦创译的术语研究在深度和广度上都有限。

另有学者就利玛窦创译新词的构词方式进行研究，如李瑾在《〈利玛窦中文著译集〉外来词研究》中分类归纳了利玛窦主要中文著译作品中的外来词，认为意译是主要的译介方式，而偏正式是主要的构词方式。④ 而黄铭石则在《利玛窦中文著译中的术语及专名研究》中指出利玛窦创译术语和专名的主要手段为西化汉词、借词和译词，其中意译词的构成方式主要为偏正式和联合式。⑤

从语义演变的视角研究利玛窦科技术语译介的成果并不多见，仅有相关研究。王芳姿在《外来词义演变对汉语词汇意义系统的影响》一文中认为有些外来词在译介时直接借用汉语的固有词汇，在音形不变的情况下，

① 黄河清. 利玛窦对汉语的贡献 [J]. 语文建设通讯, 2003 (74): 30 – 37.
② 向荣. 论利玛窦对汉语词汇发展的贡献 [J]. 株洲师范高等专科学校学报, 2005 (6): 98 – 100.
③ 白鸽. 西方来华传教士对中国语言文字变革运动影响研究 [D]. 西安: 陕西师范大学, 2013.
④ 李瑾. 《利玛窦中文著译集》外来词研究 [D]. 重庆: 重庆师范大学, 2010.
⑤ 黄铭石. 利玛窦中文著译中的术语及专名研究 [D]. 重庆: 四川外国语大学, 2013.

衍生出全新的义项。① 黄河清与向荣的研究中均提到利玛窦在译介术语时常借用汉语已有词汇，为其灌注新义，但未对新词义引申的方式和规律做更深入的分析。

从已有的文献看，关于利玛窦对汉语发展贡献的研究包括总体研究和具体研究两个方面，具体研究主要集中在语音发展贡献和新词构成方式，而较少关注汉语词汇语义演变方面。下文将在相关研究的基础上，聚焦利玛窦在《几何原本》中创译的科技术语，选取典型术语进行分析，深入探讨其对汉语词汇语义演变的发展和影响，揭示词义演变的规律。

利玛窦与徐光启在《几何原本》的翻译中所使用的术语，一方面体现了汉语表意功能的强大，另一方面，也扩展了汉语词汇的语义、推动了汉语多音节词的发展以及促进了汉语词汇的词缀化发展。

一、对汉语词汇构成方法的影响

（一）推动了汉语多音节词的发展

古代汉语中以单音节词为主，多音节词很少，大多由外域译介入汉语，并逐渐成为汉语标准词汇。连利玛窦也称："所有中国的字词无一例外都是单音字。我从未遇到过双音或多音字。"② 但单音节词因为发音和表意的特点，很容易引起误解。为了清楚地表达复杂的数学概念，利玛窦等人使用了大量的多音节词，如"圆分角""相似形""相视形""形内切圆""形外切圆"等。其中大多数都为创造性地使用，因此大大地丰富了汉语中的多音节词汇。

（二）促进了汉语词汇的词缀化发展

古汉语中的词缀非常之少，仅限于"子""头""儿""面"等几个字，因为相对于西方语言来说，汉语词汇的派生能力很弱。因此在翻译《几何原本》的过程中，利玛窦等使用"仿译"的手段，用汉语中附加式的构词法处理原文中的派生词，如"等腰""等高""等角""切线""切圆""内

---

① 王芳姿. 外来词词义演变对汉语词汇意义系统的影响 [J]. 现代语文，2014（7）：141 - 143.

② ［意］利玛窦. 利玛窦中国札记 [M]. 何高济，王遵仲，李申，译. 北京：中华书局，1983：27.

切""外切""内切圆""外切圆""内切形"等。虽然学者对此类词是属于"复合词"还是"派生词"仍有争议，但无可争辩的是其翻译是"仿译"了原文的词汇构成方式。一些词缀的使用也拓展到了其他领域，如"线"在《坤舆万国全图》中的应用有"地平线""经线""纬线"等。

二、对汉语词汇语义发展的影响

根据蒋绍愚的观点，引申是词汇语义发展和变化的主要途径。语义引申又可分为概念意义引申和色彩意义引申。① 概念意义引申包括语义扩大、语义缩小、语义转移和语义易位。色彩意义引申包括褒贬义变化，词义轻重变化等。现有关于利玛窦创译科技术语对汉语词汇语义发展的研究均基于该理论基础，如黄河清②、向荣③、黄铭石④、张莉⑤等的研究均指出利玛窦借用已有汉语词汇，赋予新义。事实上，新术语对原汉语词汇语义的发展不仅体现在语义的扩大、缩小和转移，而且经历了更复杂的语义演变，且体现了科技术语本身的特点。下文将从词义的扩展、词义的具体与抽象的转化、词义的泛指与特指的转化、词义的虚指与实指的转化三个方面进行探讨。

（一）扩展了汉语词汇的语义

《几何原本》的翻译对于汉语词汇发展的推动是显而易见的。其一，词性的转化使用更加明显，以动词活用为名词和形容词居多。其二，词义的所指更加明确。如"角"在古汉语中作名词，表示的意思有"兽角；形状像兽角的物体；号角"等表形状之意。因此《几何原本》中将其用来表示特定的图形概念，虽与原文有着一定的意义联系，但语义更加明确。其三，创造了新的汉语词义。比如"界"一字在古汉语中意为"边界；一定的范围"等意，而在《几何原本》的第一卷，译者便赋予了其新的定义："界

---

① 蒋绍愚. 词义的发展和变化 [J]. 语文研究，1985（2）：7–12.

② 黄河清. 利玛窦对汉语的贡献 [J]. 语文建设通讯，2003（74）：30–37.

③ 向荣. 论利玛窦对汉语词汇发展的贡献 [J]. 株洲师范高等专科学校学报，2005（6）：98–100.

④ 黄铭石. 利玛窦中文著译中的术语及专名研究 [D]. 重庆：四川外国语大学，2013.

⑤ 张莉. 欧洲传教士、明清学人与汉语拼音的形成 [J]. 中州学刊，2010（4）：256–258.

者，一物之始终。今所论有三界：点为线之界，线为面之界，面为体之界。体不可为界。"显而易见，此处之"界"已与其原义不同。

（二）词义具体与抽象的转化

"点""线""面""角"是利玛窦与徐光启合译《几何原本》中的重要术语，在被借用的过程中语义均发生了变化，具体见表6－3。

表6－3 《几何原本》术语语义变化表

术语	本义①	引申义	示例
点	小黑点或小的痕迹	两线相交处或线段的两端，没有长度、宽度、厚度，仅有位置	切点
线	用丝、棉、麻、金属等制成的细长可以任意曲折的东西	一个点任意移动所构成的图形	直线、曲线
面	头的前部；朝向，面对	线移动所生成的形迹，有长有宽没有厚的图形	平面、曲面
角	兽角，或像兽角的物体	从一点引出两条直线所夹成的平面部分	钝角、锐角

《几何原本》中首次使用的术语"切"的语义也发生了变化。"切"原用作动词，表示"用刀切"，② 在用作几何术语时，其词性转化为名词，指"直线与弧线或两弧线相接"，如"切点""内切""外切"等，词义由具体的动作转化为抽象的几何概念。

在利玛窦创译的科技术语中，大部分词汇的语义都有从具体到抽象的演变趋势，这与科技术语的概念特点有着密切的关系，赋予新词抽象意义，增加其科学色彩。

（三）词义泛指与特指的转化

1. 泛指向特指的转化

"体"是《几何原本》中的重要术语，特指具有长、阔、厚的几何形体。而在汉语中原泛指"事物的形状或形态"③。再如"圆规"原指"圆

---

① 此表中汉字本义均引自：谷衍奎. 汉字源流字典［Z］. 北京：语文出版社，2008.

② 谷衍奎. 汉字源流字典［Z］. 北京：语文出版社，2008：76.

③ 谷衍奎. 汉字源流字典［Z］. 北京：语文出版社，2008：448.

圈"，见宋沈括《梦溪笔谈·象数一》"每极星入窥管，别画为一图，图为一圆规，乃画极星于规中。"该词被利玛窦借用指两脚规，即用来画圆或圆弧的绘图仪器。"圆规"之义由"圆"引申为"作圆的工具"，词义变得更具体、更准确。

2. 特指向泛指的转化

在利玛窦创译的科技术语中，语义由特指向泛指转化的词汇不多见。其中比较典型的词是"形"，原意为"实体；身体"，以"身体"之义常见，[①] 如"形单影只"。在几何学中被利玛窦借用泛指各种"形状；样子"，如"三角形""四边形"等。

在利玛窦创译的科技术语中，语义由泛指向特指演变的倾向较为明显，原本意义较宽泛的义项在与其他义项组合成新词时，原有义项或丧失或减弱，因而演变为特指词汇。词义由泛指向特指的转化体现了科技术语的准确性，即一词一义，又体现了科技术语的系统性。

（四）词义实指与虚指的转化

1. 实指向虚指的转化

词义由具体向抽象转化的过程中，一般都会发生实指与虚指的转化，前述各例均属于此情况。例如，"盘"用作名词时，表示"盛放物品的扁而浅的用具"，[②] 如"茶盘""菜盘"，或者"形状像盘或有盘的功用的东西"，如"字盘""棋盘""算盘""磨盘"等。利玛窦在《坤舆万国全图》中提出了"天盘""地盘""盘心"的概念，其将天地喻为巨大之"盘"，以示天、地之形状。此处的"盘"已失去其实用功能之义，仅保留其形状之义，其义项在整个词中虚化。

2. 虚指向实指的转化

"几何"一词的翻译是词义由虚指向实指转化的典型。其他如"死海"被利玛窦首先使用，在其绘制的中文世界地图中用来指西亚的大盐湖，因湖水盐度高，水生植物及鱼类不能生存，沿岸草木也很少，故称"死海"。

---

① 谷衍奎. 汉字源流字典［Z］. 北京：语文出版社，2008：362.

② 谷衍奎. 汉字源流字典［Z］. 北京：语文出版社，2008：1280.

"死"原义指生命的消失，① 而"海"本身并不具有生命特征，从字面上看"死海"二字组合成词并不具有实际意义，但被利玛窦用来指代大盐湖后，词义发生了由虚到实的转变。

因受科技术语的科学性和准确性特征所限，利玛窦创译的术语在词义的虚实转化中体现并不典型，而在其译介的宗教和哲学术语中的体现更加明显。

第五节 《几何原本》对数学发展的影响

一、明清学者对《几何原本》的接受

《几何原本》的翻译揭启了中西数学文化交流的开篇大幕，一批与西方几何学相关的数学译著陆续问世，如《圜容较义》《测量法义》《测量全义》《大测》《比例规解》等。这些西方著作给中国古代数学输入了新鲜血液，引发了中国学者对几何学的探索，其人与书代代不乏。徐光启因推导阐释古勾股算法未有之义而作《勾股义》（1609），门生孙元化有《几何用法》（1608），其后李笃培《中西数学图说》（1631）、陈荩谟《度算解》（1640）等皆是。入清后又继有方中通《数度衍》（1661）、李子金《几何易简集》（1679）、杜知耕《数学论》（1681）、《几何论约》（1700）、王锡阐《圜解》、梅文鼎《几何通解》《几何补编》（1692）、庄亨阳《几何原本举要》等。其历史遗音亦不止于此，当时前六卷译毕，后徐光启"意方锐，欲竟之"，而利玛窦则希望"先传此"，而后"徐计其余"。但随后变故陡生，1607 年徐光启回乡守孝，三年期满而利玛窦病逝（1610 年）。万历三十九年（1611 年）徐光启再刊《几何原本》之时，手扶遗书而"不胜人琴之感"，并有"续成大业，未知何日，未知何人，书以俟焉"之慨叹。回响出现在二百五十年后的晚清咸丰七年（1857 年），李善兰（1811—1882）和

---

① 谷衍奎. 汉字源流字典［Z］. 北京：语文出版社，2008：243.

伟烈亚历（Alexander Wylie，1815—1887）续译成后九卷，方使《几何原本》得成全璧。

徐光启认为欧几里得的几何学是西方科学的基础，曾说"度数之宗"，不先学几何学"则他书俱不可得"。徐光启对《几何原本》做出了"四不必"和"四不得"的高度评价，即"此书有四不必：不必疑、不必揣、不必试、不必改；有四不可得，欲脱之下不可得，欲驳之不可得，欲减之不可得，欲前后更置之不可得"①。在徐光启看来《几何原本》"举世无一人不当学"②。但事实上，该书问世后，在明末传播之时却受到重重阻力，直到两个多世纪之后才迎来徐光启所期待的"人人习之"的局面。通过对明末历史文化背景的研究，可以发现《几何原本》在这一时期的际遇是有其深层原因的。

首先便是中国传统的夷夏观。中国古代对待其与外界的关系是以夷夏观念为基础的，这里的"夏"即中国，被认为居于世界的中心区域，而"夷"则是泛指中国四周处于"野蛮"状态的部族。自秦统一中国，古人的夷夏观念便随着历史的推移不断加强。中国是幅员辽阔的大陆国家，其地理环境使古代中国人主要集中于农林耕地区域，且长期稳定的自给自足的小农经济使古代中国人没有必要不断同外部世界打交道。再者，特殊的地形成为古人难以逾越的天然屏障，在步履维艰的古代，人们很难想象比这更广阔的空间。冯友兰曾指出：由于中国这一特殊的地理背景，"古代中国人认为，他们的国土就是世界"③。利玛窦也在其中国札记中写道："中国人把所有外国人都看作是没有知识的野蛮人，……他们甚至不屑从外国人手里学习任何东西……"④ 可见，不动摇这种根深蒂固的夷夏传统观念，西方的学术成果就很难引起中国人的足够重视。

在传统夷夏观念的影响下，中国人对初踏上中国土地的传教士充满敌意，这也使得传教士们带来的学术成果不可避免地遭到明末中国人的抵触

---

① 朱维铮. 利玛窦中文著译集［M］. 上海：复旦大学出版社，2012：305.
② 朱维铮. 利玛窦中文著译集［M］. 上海：复旦大学出版社，2012：305.
③ 冯友兰. 中国哲学史［M］. 北京：北京大学出版社，1986：22.
④ ［意］利玛窦. 利玛窦中国札记［M］. 何高济，王遵仲，李申，译. 北京：中华书局，1983：181.

和防范。早在罗明坚时代，当他还居留广州期间，就曾有中国人企图通过恶劣的手段敲诈他。1591 年初，利玛窦在韶州的住所遭到当地人的袭击。①利玛窦曾记录了 1592 年 7 月发生的事情，"午夜，神父和他们的仆人吃惊地发现约二十个手持菜刀、火棒和其他武器的入侵者，在混战中，两个仆人身受重伤……不能动弹的他大声喊叫试图惊醒邻居，可是没有人来救援。"②事后知县逮捕了施罪者并对他们判以重刑。尽管是因为利玛窦为这些罪犯求情才让他们得以从轻发落，可是"就在罪犯们被释放的第二天，两百多人前去见察院……要求提交驱逐耶稣会士的请愿书"③。由此可见，当地百姓对传教士的敌视情绪有多强烈。利玛窦因自己的遭遇也深受打击并感到痛苦，在其写给他的一位老师的信中这样说道，"因为这些人（中国人）我们在这里六七年中遭受的苦难将会比一封信的长度更长。"利玛窦在叙述别人对他的指控时称："有人控告他绑架儿童，一些人认为他是间谍……最大的苦难是在肇庆被驱逐……"④ 尽管后来传教士在明朝的际遇有所改善，但中国人对外夷的仇视心理依旧存在，自然也不会心平气和地接受这些外夷的西学。

其次是来华传教士的学术传教背景。传教士来华初期，学术传教的策略就逐渐被确定下来。西方的学术成果作为传教工具被推至重要的位置。像《几何原本》及世界地图等不仅可以破除中国人固有的夷夏观念，还可以取得中国士人对天主教的心理认可，进而拉拢一批渴求知识的中国士人。但围绕学术传教策略的争论在传教士中一直没有停止过。一些传教士认为学术传教这种迂回的传教方式会妨害天主教义的传播。事实上，确有一部分中国士人对西方科学的兴趣远高于加入天主教的兴趣。而自始至终，传教士来华的首要目的就是传播教义，他们自然不愿仅做科学知识的传播者。

---

① ［美］夏伯嘉. 利玛窦：紫禁城里的耶稣会士［M］. 向红艳，李春园，译. 上海：上海古籍出版社，2012：133.

② ［意］利玛窦. 利玛窦中国札记［M］. 何高济，王遵仲，李申，译. 北京：中华书局，1983：265.

③ ［美］夏伯嘉. 利玛窦：紫禁城里的耶稣会士［M］. 向红艳，李春园，译. 上海：上海古籍出版社，2012：133 - 142.

④ ［美］夏伯嘉. 利玛窦：紫禁城里的耶稣会士［M］. 向红艳，李春园，译. 上海：上海古籍出版社，2012：143 - 145.

早在 1615 年，担任耶稣会日本省区省会长的瓦伦狄姆·卡尔瓦罗（Valentim Carvalho）就曾在澳门颁布严厉的布告，禁止传教士使用利玛窦的学术传教方法。1629 年，担任中国与日本的巡按使班安德（Ameo）也曾对一些传教士热心地传播科学的行为表示了否定和谴责。尽管这些反对学术传教策略的通令日后被相继废除，但无疑使得传教士在华初期对于科学知识的传播犹豫再三。可以说，这种消极传授科学知识的态度在一定程度上也成为中国人与西学进一步接触的阻碍。

最后是《几何原本》自身知识体系的问题。虽然《几何原本》一经问世便在中国士人中赢得很大的名气，但解之者可谓甚少。清初数学家李子金就曾说："京师诸君子，即素所号为通人者，无人不望之而返走，否则掩卷不谈，或谈之也茫然而不得其解。"①

数学是我国古代较成熟的学科，从先秦经汉唐历千余年，形成了以"十部算经"为基本内容的较完整体系。但是我国古代数学以代数见长，例如高次方程解法先欧洲 800 年，多元高次方程组的消去法比欧洲早出现 500余年，联立一次同余式解法早 500 多年，高次内插法早出近 400 年……然而"在中国从未发展过理论几何学"②。

究其原因，首先中国古代数学以计算为中心，在实际应用中"如何做"的问题多于"为什么"的问题。《九章算术》作为古代数学著作的典型代表，以"问题集"的形式编撰成为直至 16 世纪中国数学书籍的参照。而欧几里得的《几何原本》是一部抽象的逻辑推理著作，与中国传统数学大相径庭。徐光启也认识到中国数学在这方面的不足，其在《测量法义》中谈到西方数学这种注重原理的形式逻辑结构恰能弥补中国数学这种重算轻理的不足。③ 这应该也是徐光启极力翻译《几何原本》的主要原因之一。其次，封建社会对数学是相当轻视的，认为"算术亦是六艺要事，自古儒士论天道定律者皆学通之，然可兼明，不可以专业。（《颜氏家训·杂艺》）"至明末，中国数学已落后于宋元时期，《周髀算经》《九章算术》少有人知。

---

① 李子金. 隐山鄙事：九卷 [M]. 北京：国家图书馆，1991.
② [英]李约瑟. 中国科学技术史：第三卷 [M]. 北京：科学技术出版社，1978：235.
③ 徐光启. 测量法义 [M]. 李天纲，点校. 上海：上海古籍出版社，2011：5.

由于明末科举考试废除了数学考试而采取八股取士，也就是说数学与进阶无关。加之明末知识分子自幼受到八股文这种形式死板内容空洞的文体束缚，思想日趋僵化，自然放弃了与数学相关科学的研究。再有，后世学者普遍认为徐光启与利玛窦合译的《几何原本》内容过于复杂冗长，以致读之者唯有望洋兴叹。杜知耕在其《几何论约》自序中就表达了这一观点。所以，为使更多的人读懂《几何原本》，陆续有数学家推出相关著作，如孙有元的《几何用法》、方中通的《几何约》、李子金的《几何易简集》以及梅文鼎的《几何摘要》《几何通解》等。

二、《几何原本》对数学著作的影响

《几何原本》被列入钦定四库全书子部天文算法类，其书目提要中写道："《几何原本》六卷西洋欧几里得撰，利玛窦译，而徐光启所笔受也。欧几里得未详何时人，其原书十三卷五百余题，利玛窦之师丁氏为之集解又续补二卷于后共为十五卷。今止六卷者，徐光启自谓译受是书此其最要者也。"① 该段文字介绍了利玛窦和徐光启合作翻译《几何原本》前六卷的情形，指出徐光启认为前六卷为重中之重。接着，提要中介绍了该书的内容和体例，最后评论道："光启序称其'穷方圆平直之情、尽规矩准绳之用'非虚语也，且此为欧罗巴算学专书，前作后述不绝于世，至欧几里得而为是书盖亦集诸家之成，故自始至终毫无疵类，加以光启反覆推阐其文句，尤为明显，以是升冕西术不为过矣。"② 在《几何原本》提要中，编校者强调了该书用途广泛，特别是在欧洲流传甚广，并称赞徐光启的翻译清楚无晦涩难懂之处，且翻译态度认真细致，认为译文质量提升了西学的价值。

在对《几何原本》进行论述的著作中，最知名的要数清代杜知耕的《几何论约》，该书也被列入《钦定四库全书》子部天文算法类中。杜知耕，字临甫，号伯瞿，清代柘城人。该书提要写道："是编取利玛窦与徐光启所

---

① ［意］利玛窦，徐光启. 几何原本［M］// 文渊阁藏《四库全书》子部天文算法类二卷（第798 册）. 台北：台湾商务印书馆，1983：563.

② ［意］利玛窦，徐光启. 几何原本［M］// 文渊阁藏《四库全书》子部天文算法类二卷（第789 册）. 台北：台湾商务印书馆，1983：564.

译《几何原本》，复加删削，故名曰'论约'。"① 编者引用徐光启《译〈几何原本〉引》，"此书有四不必：不必疑、不必揣、不必试、不必改；有四不可得，欲脱之下不可得，欲驳之不可得，欲减之不可得，欲前后更置之不可得。"② 接着编者陈述了杜知耕删繁举要的必要性。"知耕乃刊削其文似乎蹈光启之所戒，然读古人书者往往各有所会，心当其独契不必喻诸人，人并不必印诸著书之人。《几何原本》十五卷，光启取其六卷萨几里得（即欧几里得）以绝世之术传其国。遁校之秘法其果有九卷之冗赘待光启去取乎，亦各取其所欲取而已。知耕之取所欲取不足异也。梅文鼎算术造微而所著《几何摘要》亦有所去取于其间，且称知耕是书足以相证，则是书之删繁举要必非漫然矣。"③ 编者将杜知耕对《几何原本》的删减与徐光启选译《几何原本》前六卷以及梅文鼎的《几何摘要》相类比，以显示删繁举要的重要性和合理性。

杜知耕本人在《几何论约》一书的序言中也对利玛窦与徐光启翻译《几何原本》的过程、该书的内容以及在中国未传播甚广的原因进行了论述，进而阐述了该书的内容和目的。"几何原本者，西洋欧吉里斯（即欧几里得）之书，自利氏西来始传其学。元扈徐先生译以华文，历五载三易稿而后成其书。题题相因，由浅入深，似晦而实，显似难而实易，为人不可不读之书，亦人人能读之书。"④ 该文中提到的"历五载三易稿而后成其书"显然与事实不符，疑为杜知耕为显示该书的重要性而有夸大之词。杜知耕引用徐光启的话："徐公尝言曰百年之后，必人人习之，即又以为习之晚也。"⑤ 杜接着说出该书在中国的传播效果远不如徐光启所期待。"书成于万历丁未至今九十余年，而习者尚寥寥无几，其故何舆？盖以每题必先标

---

① 杜知耕．几何论约［M］//文渊阁藏《四库全书》子部天文算法类二卷（第802册）．台北：台湾商务印书馆，1983：1.
② 杜知耕．几何论约［M］//文渊阁藏《四库全书》子部天文算法类二卷（第802册）．台北：台湾商务印书馆，1983：2.
③ 杜知耕．几何论约［M］//文渊阁藏《四库全书》子部天文算法类二卷（第802册）．台北：台湾商务印书馆，1983：2.
④ 杜知耕．几何论约［M］//文渊阁藏《四库全书》子部天文算法类二卷（第802册）．台北：台湾商务印书馆，1983：4.
⑤ 杜知耕．几何论约［M］//文渊阁藏《四库全书》子部天文算法类二卷（第802册）．台北：台湾商务印书馆，1983：4.

大纲，继之以解，又继之以论，多者千言，少者亦不下百余言。一题必绘数图，一图必有数线，读者须凝精聚神，手记目顾方明其义。精神少懈，一题未竟已不知所言为何事。习者之寡不尽由此，而未必不由此也。"① 此处，杜知耕提出他的观点，《几何原本》未在中国传播开来，其主要原因是该书内容繁杂，不够简洁。接着他提出了本书的内容及目的。"若使一题之蕴数语辄尽，简而能明，约而能该，篇幅既短，精神易括，一目了然如指诸掌，吾知人人习之恐晚矣。或语余曰子盍约之？余曰未易也，以一语当数语，聪颖者所难，而况鲁钝如余者乎？虽然试为之，于是就其原文，因其次第论可约者约之，别有可发者以己意附之解，已尽者节其论题，自明者併节其解，务简者文句期合题意而止又惟义，比类复缀数条于末以广其余意，既毕事爱授之梓，以就正四方，倘摘其谬，删其繁，补其遗漏，尤余所厚望焉。"② 由此可见，该书并未对《几何原本》的内容和顺序进行更改，而更多的是以中国数学家的语言对原文进行了解释，对错误之处进行了订正，"删其繁，补其遗"，以推动欧几里得的几何之学在中国的传播。

吴学颢在为《几何论约》所作的序中，评价《几何原本》的内容和重要性时，写道："其书囊括万象，包罗诸有"。③ 进而谈到了中西天文历算之不同，强调《几何论约》的广泛用途："则数以象明，理因数类，涣然冰释，无往不合，即推而广之。凡量高测远授土工治河渠，以及百工技艺之巧，日用居室之微无一之可离者。然则此书诚格致之要论，艺学之津梁也。"④ 进而指出杜知耕的《几何论约》与其《数学论》相得益彰，"皆洁净精实，几于不能损益一字。语不云乎'言之无文，行之不远'，吾以为言之不简不可为文，简而不该不可为简。请以此语替两书读之者既得其简即

---

① 杜知耕. 几何论约［M］// 文渊阁藏《四库全书》子部天文算法类二卷（第802册）. 台北：台湾商务印书馆，1983：4.
② 杜知耕. 几何论约［M］// 文渊阁藏《四库全书》子部天文算法类二卷（第802册）. 台北：台湾商务印书馆，1983：5.
③ 吴学颢.《几何论约》序［M］// 文渊阁藏《四库全书》子部天文算法类二卷（第802册）. 台北：台湾商务印书馆，1983：3.
④ 吴学颢.《几何论约》序［M］// 文渊阁藏《四库全书》子部天文算法类二卷（第802册）. 台北：台湾商务印书馆，1983：3.

得其该。"①

方中通，字位伯，清代桐城人，明翰林方以智之子，承其家学，博览群书，兼通算数，著有《数度衍》24卷，附1卷。《钦定四库全书》提要中对其内容介绍道："是书有数原、律衍、几何约、珠算、笔算、筹算、尺算诸法，复条列古九章名目引、御制数理精蕴法，推阐其义。"② 其中提到"其《几何约篇》本前明徐光启译本"，是利玛窦与徐光启合译的《几何原本》一书的节本。

《几何原本》的译介是由偶然触发的动机引发的翻译传播活动，中国学者徐光启的努力是推动其得以译介并在中国传播的重要原因。利、徐二人合译的《几何原本》是首部介绍西洋几何学的著作，对中国数学著作产生了较深远影响。同时，其适应中国语言文字的翻译策略选择推动了汉语词汇构成方式的丰富和词义的演变。

---

① 吴学颢. 《几何论约》序［M］// 文渊阁藏《四库全书》子部天文算法类二卷（第802册）. 台北：台湾商务印书馆，1983：4.

② 方中通. 数度衍［M］// 文渊阁藏《四库全书》子部天文算法类二卷（第802册）. 台北：台湾商务印书馆，1983：233.

结　语

利玛窦西学汉译中的文化适应策略深受其传教策略影响，也是利玛窦学术传教路线的重要体现。本研究以利玛窦在华期间著译的作品"中文世界地图"、《交友论》《天主实义》和《几何原本》为研究对象，分别对其科技、宗教和伦理作品译介中的文化适应策略进行研究，分析其在译作中的表现，并深入挖掘背后的机制，旨在探讨文化适应策略与其著译作品传播效果之间的关系，为当代中西文化交流和文明互鉴提供参考。

一、研究发现

研究发现可概括为以下五点：

第一，文化适应策略贯穿利玛窦西学汉译活动之中，主要体现在对传统儒学观点、中国传统地理文化、汉语文化的适应。通过对利玛窦中文世界地图译介的研究发现，为了使"世界"的概念为中国人所接受，利玛窦在绘制中文世界地图时做了很多改动。比如，修改了子午线的位置，使中国处于世界地图的中心；在标注汉语地名时，中国周边国家和地区的名称沿用中国人对地名的习惯称谓；在采用音译策略时也充分考虑了中国人对文字的审美观念。《几何原本》虽为数学著作，但利玛窦和徐光启在为术语定名时仍采用了文化适应策略，即尽可能采用汉语中已有的术语，或直接借用，或赋予新意，或组合新词。术语的翻译体现了译者对汉字文化的适应，也更符合中国人的传统认知。《天主实义》中的文化适应主要体现在耶儒调和上，该书采取"合儒""补儒"的策略，从传统儒家经典中寻找耶儒的契合点，对儒家传统命题如忠、孝、仁、礼等进行论述，借以阐释天主教义。《交友论》成书过程中，利玛窦一方面从传统儒家典籍中寻找有关友谊的论述，借用其表述形式传递西方的友谊观，另一方面从晚明阳明学的友谊观中获得借鉴，将友伦提升到五伦之首，以凸显友谊在中西文化中的重要性。通过对上述四部代表性中文著译作品的研究，可发现文化适应策略贯穿于利玛窦西学汉译的始终，无论是科技、宗教还是伦理作品，都可见该策略的运用。

第二，利玛窦西学汉译中的文化适应策略是利玛窦"学术传教"路线的重要体现。学术传教是利玛窦在华的一项开创性策略，体现了其对中国儒学传统的尊重和效仿。在明末中国社会，虽然各种思潮涌动，但儒家思想仍然占主流。儒士通过著书立说赢得社会地位或获取官职，成为士大夫阶层。利玛窦来华后不久便确立了针对上层社会的传教路线。在他看来，只有获得北京最高统治者皇帝的认可，才有可能在中国顺利传教。因此，走上层路线一直是利玛窦努力的方向，而"学术"是其打开上层社会大门的重要手段。像儒士一样用中文著书立说，与其他各界人士论辩，扩大学说的影响力是重要的也是最快捷的方法。要使完全陌生的西学在中国社会被接受，文化适应策略是衡量利弊后的结果。

第三，文化适应策略的形成是主观认知与客观环境共同作用的结果，经历了"模仿—适应—自觉"的发展过程。利玛窦初入中国时，以"西僧"形象示人，但他很快认识到僧人在中国社会中地位低下，转而以"西儒"身份自居，著书立说，结交上层社会人士。在这一过程中，利玛窦不断尝试，以最适合的身份和方式留在中国。如果说最初的转变是为应对客观环境做出的主动适应，那么随着他对中国社会和文化的理解不断加深，他对中国文化的适应更倾向于一种文化自觉行为。明末社会虽然开放外国人来华定居，但作为"西夷"的利玛窦等人，仍然被视为"异类"，从他早期在广东肇庆和韶关生活的情况可略知一二。转机发生在他定居南昌之后，接触到社会的上流人士，开始了著书立说之路，《交友论》和《天主实义》都完成于该时期。利玛窦等人后来在北京获得万历皇帝的接见、赏赐，生活的稳定促成了更多著译作品的诞生，包括《几何原本》在内的大量科技作品都在此时期完成。他所采用的文化适应策略是其对中国社会认识不断加深，以及谋求在华稳定生活和传教事业发展的双重作用结果。

第四，文化适应策略在西学与中学之间构建起沟通的桥梁，客观上促进了利玛窦中文著译作品在华的传播与接受。明末清初时期，中西两大文明首次正面相遇，必然经历相互吸引、交流、碰撞、冲突、融合的过程。在此过程中，利玛窦的西学汉译活动成为沟通中学与西学的桥梁，尤其是文化适应策略的运用，使中学和西学在各自的体系中寻找到契合点，实现会通，进而达到"中学西学，心同理同"的效果。利玛窦的西学汉译活动奠定和巩固了他作为"西儒"的身份和地位，为其在华生活和传教事业都带来了重要影响。同时，随着他在中国不断接近权力中心，生活越稳定，其西学汉译成果也越丰富。二者形成良性的互动，同时促进这些作品在华的传播与接受。

第五，文化适应策略始终为其传教策略服务，难免会出现"文化错位"的现象，存在历史局限性。虽然利玛窦的文化适应策略及其西学汉译活动为中西文化交流产生了重要的推动作用，但由于其传教士身份和传教的目的，其文化适应策略在具体的运用中难免存在选择性适应，甚至是"文化错位"的现象，难免存在历史局限性。利玛窦的文化适应策略是有选择的适应，即为了阐释自己的观点，选择对自己有利的儒学观点，有时也对其进行改造或篡改，其文化适应策略也从最初的"合儒"发展到"补儒"和"超儒"。

二、创新之处

本研究的创新之处主要体现在以下几个方面：

第一，从翻译和传播的视角对利玛窦西学汉译作品进行系统研究，是对以往宗教学、地理学、文化传播学、语言文字学等研究视角的补充。现有研究多关注利玛窦在华传教经历及其文化适应的意义和影响，对其西学汉译作品的关注以《天主实义》为主，对其他作品的关注较少。从翻译和传播的视角探讨其西学汉译作品，在丰富其研究视角的同时，也为明末清初翻译史和翻译作品的传播史研究带来新的启示。

第二，以"文化适应策略"为核心，对利玛窦主要西学汉译作品进行深入分析，梳理文化适应策略的表现、发生机制及对传播效果的影响，观点明确，内容聚焦。针对利玛窦文化适应的研究多关注其传教策略，本书通过文本分析探讨文化适应策略的体现，并结合明末清初传教士来华的背景，分析其西学汉译作品中文化适应策略的应用动机，是对利玛窦文化适应策略研究的重要补充。

第三，通过史料挖掘，对利玛窦主要西学汉译作品在华的传播和接受情况进行了较全面的分析，弥补了对明末清初来华传教士翻译效果研究的不足。研究中对利玛窦的主要西学汉译作品在华传播情况进行了史料梳理，通过查找四库全书、相关书目的序、跋文献等，分析中国士人阶层对其作品的接受和批判，有助于全面了解利玛窦西学汉译作品在华的传播效果。

第四，本研究所引用的国内外文献以及对利玛窦年谱的整理可为其他后续研究提供重要参考。本书末附加利玛窦年谱，列出了有史料记载的利玛窦生平大事，可为耶稣会传教史、汉籍外译史以及中西文化交流史研究提供参考。

三、研究启示

作为利玛窦西学汉译的重要手段，文化适应策略深刻地影响了利玛窦翻译的内容、策略和形式，同时也影响着其西学汉译作品在华接受的情况。在华期间，利玛窦不仅将西学著作译成中文传播，同时也将中国的儒家经典"四书"译介到欧洲，成为最早在欧洲传播的中国古代典籍。在当代中国加强软实力建设，对外传播优秀传统文化的背景下，文化适应策略为当今中西文化交流提供了历史参照。要增进世界对中国的了解，不仅要讲述中国故事，还要体现中国故事背后的精神力量，只有在文化上实现互通，才能真正实现中西文化的融合、中西文明的会通。

（一）中西合作译介模式

利玛窦西学汉译的形式呈现多样化的特点，包括独译、合译、转译、著译等多种形式。他与中国士大夫的合作翻译形成了大量的翻译成果，也产生了深远的影响。在数学方面，利玛窦与徐光启和李之藻合作翻译了多部作品。利玛窦与徐光启合译了《几何原本》（前六卷）及《测量法义》一卷。利玛窦与李之藻合译的《圜容较义》，对圆的内接和外接进行了专门的论述。笔算重新开始在中国普及始自利、李二人合作编译的《同文指算》。中西译者合作的译介模式，保证了译作质量的同时，也使译作语言更符合汉语的表达习惯。例如在创建术语时，尽可能采用已有汉字，降低新知的陌生感。中西译者合作译介为当代中国文化外译提供了理想译者模式。中国文化外译不仅要依靠国内译者，更要重视国外译者的重要作用，二者合作既能保证中国文化不被曲解，也能保证语言表达的准确、通顺。国外译者的参与更有利于译作在海外市场的流传和接受，正如莫言小说的国际推介离不开译者葛浩文的努力。译者是翻译环节的主体，译者的选择直接影响翻译质量，利玛窦的合作翻译模式值得当代从事翻译活动的人员借鉴。

（二）受众导向译介内容

在译本选择的问题上，译者利玛窦根据受众需求采取不同的译介形式和内容，总体上呈现从节译到全译，从零星翻译到结集或全集性译介的趋势。利玛窦在译介《交友论》时，从西方各种论述友谊的著作中选取格言76则，用拉丁文和汉语对照的形式编写成册，赠予建安王，后经多次刊刻，流传甚广。利玛窦在与徐光启合译《几何原本》时，只译到了前六卷，翻译工作就停止了。徐光启希望能够全部译完，但利玛窦以几何学较难，先看看大家学习的情况为理由而拒绝。其真实目的在《利玛窦中国札记》中有记述，即学术翻译活动是为其传教事业服务的，就其影响力而言，目的已经达到。由此可见，利玛窦在选择译介内容时具有极强的目的性，即根据受众期待采用灵活的译介方式。中国文化走出去也要充分考虑受众的期待，针对普通受众、专业受众和核心受众的不同特点，选择适合的传播内容。对于普通受众，重点是达到认识和了解的目的；专业受众则能够对接收的信息进行评价和解读；核心受众则能将接收的信息与个人生活联系起来，对其生活产生影响。传播者所传达的信息必须与接受者所固有的信息具有类似或相关内容，才易于为传播受众所接受。

（三）多元渠道译介路径

著书立说是利玛窦西学汉译的重要译介路径，除此之外，他还充分利用与中国士人交往的机会，传播西方的科学、宗教、伦理等知识。《利玛窦中国札记》中记录了他在中国与雪浪大师、李贽、章潢等人的论辩情况，论辩内容涉及广泛，其中部分论辩过程被他写进《天主实义》和《畸人十篇》中。利玛窦还借用从西方带来的或自制的器物传播西学，如地球仪、日晷、世界地图等，正是送给广东肇庆知府王泮的世界地图，促成了首张中文世界地图的诞生，也正是送给建安王的日晷上刻了关于友谊的箴言，才有了《交友论》的编写刻印。多元的译介路径相互交错，形成互利的影响，促进了西学在明末中国的传播。中国文化走向世界也要充分利用各种媒介，尤其是新媒介手段，在图书译介之外，影视节目、网站、社交媒体、视频媒体等都给中国文化带来立体化的译介路径。在融媒体的今天，更要充分利用各媒体的优势，相互补充，加强中国文化对外传播的影响。

（四）分层评价译介效果

利玛窦的西学汉译作品在明末中国社会传播后，一方面受到士大夫阶层的接受，发出"中学西学，心同理同"的感慨，另一方面受到明末部分学者的猛烈抨击，支持者和反对者的声音同时存在。在明末时期，人们似乎并未认识到中文世界地图、《几何原本》《同文算指》等科技著作对中国社会的真正影响。直到近代，当人们开始重新审视明末清初这段特殊的历史时期时，才发现这一场西学汉译活动在中西文化交流史上的重要地位。由于受传教士身份所限，利玛窦著译的宗教作品尽管采用了文化适应策略，但仍无法改变其传播天主教目的的事实。但因学术传教路线而产生的大量科技作品的译介则带来重要影响。这给翻译传播的效果评价带来启示，即译介效果并非单一层次、非黑即白的简单判断的结果，而是充分考量其积极效果和消极效果后的综合评价。不能由于存在某种局限，就否定整个译介效果，也不能由于影响重大，而忽略其不足。同时，译介效果评价需要从短期、中期和长期不同的视角来看待，不同视角下得出的结论并不相同。从 16 世纪末利玛窦译介"四书"开始，中国文化走出去已经走过了四个多世纪，将来也必然是漫长的过程，因此对于译介效果的评价更应多元、多层、多视角。

四、研究不足与展望

为了使研究更加聚焦以及受作者学术视野、史料文献等所限，本研究存在以下几点不足。

首先，在某种程度上简化了研究对象。本研究仅对利玛窦西学汉译的四部代表性作品进行了分析，研究对象虽具有代表性，但未能覆盖更多西学汉译作品。其次，对一些问题的研究还有待深入。文中提及利玛窦的中文语言水平，但未对其学习汉语的过程及相关的著述进行介绍，使得相关部分的论述缺少了背景的交代。此外，对文化适应策略形成的过程、原因及内容和表现仍需进一步挖掘。再次，由于语言差异和史料欠缺，对个别作品的研究仅停留在翻译传播活动的层面，未深入到文本分析层面。如《交友论》原文由中文和拉丁文双语写作而成，此处无法对其拉丁文原文一一加以考证，并对拉丁文—中文的对译质量进行分析。

针对以上不足，未来相关研究可从以下三个方面展开：首先，将"文化适应"的研究推及利玛窦其他中文著译作品研究，以期进一步证明利玛窦在华著译作品中的"文化适应策略"存在的普遍性，同时探讨"文化适应策略"指导下的具体翻译实践；其次，将进一步挖掘史料，特别是中文史料，进一步完善相关作品的传播史和接受情况；最后，采用多种研究方法，如语料库方法、情感分析方法等对文本进行深入分析。

参考文献

一、普通图书

[1] ［意］艾儒略. 合校本大西西泰利先生行迹［M］. 北平：上智编译馆，1947.

[2] ［荷］安国风. 欧几里得在中国——汉译《几何原本》的源流与影响［M］. 纪志刚，等，译. 南京：江苏人民出版社，2009.

[3] 曹婉如，等. 中国古代地图集（明代）［M］. 北京：文物出版社，1995.

[4] 方豪. 方豪六十自定稿［M］. 台北：学生书局，1969.

[5] 方豪. 中西交通史［M］. 台北：文化大学出版社，1983.

[6] ［法］费赖之. 在华耶稣会士列传及书目（上、下）［M］. 冯承钧，译. 北京：中华书局，1995.

[7] 冯友兰. 中国哲学史［M］. 北京：北京大学出版社，1986.

[8] 何俊. 西学与晚明思想的裂变［M］. 上海：上海人民出版社，1998.

[9] 洪业. 洪业论学集［M］. 北京：中华书局，1981.

[10] 黄时鉴，龚缨晏. 利玛窦世界地图研究［M］. 上海：上海古籍出版社，2004.

[11] 黄贞. 圣朝破邪集［M］. 1639 年浙江刻本. 香港：宜道出版社，1996.

[12] ［意］利玛窦. 利玛窦中国传教史［M］. 刘俊余，王玉川，译. 台北：光启与辅仁大学出版社，1986.

[13] ［意］利玛窦. 利玛窦中国书信集［M］. 罗渔，译. 台北：光启与辅仁

大学出版社，1986.

[14] [意] 利玛窦. 利玛窦中国札记 [M]. 何高济，王遵仲，李申，译. 北京：中华书局，1983.

[15] [意] 利玛窦，[法] 金尼阁. 耶稣会与天主教进入中国史 [M]. 文铮，译. 北京：商务印书馆，2014.

[16] [意] 利玛窦，徐光启. 几何原本 [M]. 王红霞，点校. 上海：上海古籍出版社，2011.

[17] [意] 利玛窦. 天主实义今注 [M]. [法] 梅谦立，注. 北京：商务印书馆，2014.

[18] 李孝聪. 欧洲收藏部分中文古地图叙录 [M]. 北京：国际文化出版公司，1996.

[19] [英] 李约瑟. 中国科学技术史 [M]. 北京：科学技术出版社，1978.

[20] 李贽. 李贽文集·焚书·续焚书 [M]. 北京：燕山出版社，1998.

[21] 林金水. 利玛窦与中国 [M]. 北京：中国社会科学出版社，1996.

[22] 刘梦溪. 中国现代学术经典·洪业、杨联陞卷 [M]. 石家庄：河北教育出版社，1996.

[23] 马祖毅. 中国翻译简史——五四以前部分 [M]. 北京：中国对外翻译出版公司，1997.

[24] [法] 裴化行. 利玛窦评传 [M]. 管震湖，译. 北京：商务印书馆，1993.

[25] [法] 裴化行. 利玛窦司铎和当代中国社会 [M]. 王昌社，译. 上海：东方学艺社，1943.

[26] [日] 平川祐弘. 利玛窦传 [M]. 刘岸伟，徐一平，译. 北京：光明日报出版社，1999.

[27] 孙尚扬. 基督教与明末儒学 [M]. 北京：东方出版社，1994.

[28] 孙尚扬. 明末天主教与儒学的交流和冲突 [M]. 台北：文津出版社，1992.

[29] 王肯堂. 郁冈斋笔尘·交友 [M]. 明万历刻本. 南京：南京大学图书馆藏.

[30] [法] 谢和耐. 中国与基督教 [M]. 耿昇，译. 北京：商务印书馆，

2013.

[31] 徐光启. 测量法义 [M]. 李天纲, 点校. 上海: 上海古籍出版社, 2011.

[32] 徐宗泽. 明清间耶稣会士译著提要 [M]. 上海: 上海世纪出版集团, 2010.

[33] [美] 夏伯嘉. 利玛窦: 紫禁城里的耶稣会士 [M]. 向红艳, 李春园, 译. 上海: 上海古籍出版社, 2012.

[34] [希] 亚里士多德. 工具论 [M]. 刘叶涛, 等, 译. 上海: 上海人民出版社, 2018.

[35] 叶德禄. 合校本《交友论》[M]. 北平: 上智编译馆, 1948.

[36] 张尔歧. 蒿庵闲话 [M]. 台北: 商务印书馆, 1976.

[37] 张西平. 跟随利玛窦到中国 [M]. 北京: 五洲传播出版社, 2006.

[38] 张晓林. 天主实义与中国学统: 文化互动与诠释 [M]. 上海: 学林出版社, 2005.

[39] 赵荣, 杨正泰. 中国地理学史(清代)[M]. 北京: 商务印书馆, 1998.

[40] 朱维铮. 利玛窦中文著译集 [M]. 上海: 复旦大学出版社, 2012.

[41] ANDREOTTI G. Un gesuita in Cina (1552—1610): Matteo Ricci dall' Italia a pechino [M]. Milano: Rizzoli, 2001.

[42] D'ELLA P M. Il mappa-mondo Cinese del P. Matteo Ricci [M]. Roma: Biblioteca Apostoliea Vaticana, 1938.

[43] D'ELIA P, RICCI P M. Storia dell' introduzione del cristianesimo in Cina [M]. Roma: Libreria dello Stato, 1949.

[44] FONTANA M. Matteo Ricci: a Jesuit in the Ming court [M]. Metcalf, Paul (tr.). Plymouth: Rowman & Littlefield Publishers, Inc., 2011.

[45] HEALTH T L. The thirteen books of Euclid's Elements [M]. N. Y.: Columbia University Press, 1956.

[46] RICCI P M. On friendship: one hundred maxims for a Chinese prince [M]. Timothy Billings (tr.). N. Y.: Columbia University Press, 2009.

[47] RICCI P M, VENTURI P T. Opere storiche del P. Matteo Ricci S. I.

［M］. Macerata：F. Giogett, 1911 – 1913.

［48］SPENCE J D. The memory palace of Matteo Ricci［M］. N. Y.：Viking Penguin Inc. , 1984.

［49］SWETZ F. Mathematics education in China：its growth and development ［M］. Cambridge：M. I. T. Press, 1974.

二、论文集、会议录

［1］陈声柏. 宗教对话与和谐社会：第三辑［C］. 北京：宗教文化出版社, 2012.

［2］编委会. 纪念利玛窦来华四百周年中西文化交流国际学术会议论文集 ［C］. 台北：辅仁大学出版社, 1983.

［3］辽宁省博物馆. 辽宁省博物馆学术论文集：第一辑［C］. 沈阳：辽宁 省博物馆, 1981.

［4］罗常培. 罗常培语言学论文集［C］. 北京：商务印书馆, 2004.

［5］田浩. 文化与历史的追索：余英时教授八秩寿庆论文集［C］. 台北：联 经出版社, 2009.

［6］中国社会科学院历史研究所明史研究室. 明史资料丛刊：第二辑［C］. 南京：江苏人民出版社, 1982.

［7］中国自然辩证法研究会. 第三届全国科技哲学暨交叉学科研究生论坛文 集［C］. 北京：中国自然辩证法研究会, 2010.

［8］周康燮. 利玛窦研究论集［C］. 高雄：崇文书店, 1971.

三、学位论文

［1］白鸽. 西方来华传教士对中国语言文字变革运动影响研究［D］. 西安： 陕西师范大学, 2013.

［2］陈新. 明清之际中西文化交流有效性研究——以利玛窦《天主实义》 文本分析为例［D］. 西安：西安外国语大学, 2011.

［3］黄铭石. 利玛窦中文著译中的术语及专名研究［D］. 重庆：四川外国 语大学, 2013.

［4］李瑾.《利玛窦中文著译集》外来词研究［D］. 重庆：重庆师范大学,

2010.

［5］李新德．明清时期西方传教士笔下的中国佛教形象研究［D］．上海：
上海师范大学，2005.

［6］李向敏．利玛窦《天主实义》"特殊词组"调查研究［D］．重庆：四
川外国语大学，2017.

［7］廖峥妍．利玛窦、花之安对儒家"仁"、"孝"思想的解读［D］．南
京：南京大学，2013.

［8］刘华云．论利玛窦的友爱观——以《交友论》为中心［D］．南昌：江
西师范大学，2012.

［9］任祖泰．明末利玛窦《交友论》研究［D］．台北：台北大学，2007.

［10］王志平．从利玛窦两次易服看耶稣会士对异质文化的适应［D］．杭
州：浙江大学，2007.

［11］向懿．明末清初耶佛对话探析［D］．上海：华东师范大学，2014.

［12］张冉．文化自觉论［D］．武汉：华中科技大学，2010.

［13］张晓林．文化互动与诠释——《天主实义》与中国学说［D］．香港：
香港中文大学，2002.

四、著作中析出的文献

［1］杜知耕．几何论约［M］//永瑢，纪昀，等．文渊阁藏《四库全书》
子部天文算法类二卷（第802册）．台北：台湾商务印书馆，1983.

［2］方中通．数度衍［M］//永瑢，纪昀，等．文渊阁藏《四库全书》子
部天文算法类二卷（第802册）．台北：台湾商务印书馆，1983.

［3］［意］利玛窦．天主实义［M］//永瑢，纪昀，等．四库全书总目卷
125子部（第35册）．台北：艺文印书馆，1974.

［4］［意］利玛窦，徐光启．几何原本［M］//永瑢，纪昀，等．文渊阁藏
《四库全书》子部天文算法类二卷（第798册）．台北：台湾商务印书
馆，1983.

［5］［意］卫匡国．述友篇［M］//艾儒略．天主教东传文献三编．台北：
学生书局，1972.

［6］吴学颢．《几何论约》序［M］//永瑢，纪昀，等．文渊阁藏《四库全

书》子部天文算法类二卷（第 802 册）. 台北：台湾商务印书馆，1983.

［7］姚旅. 露书［M］//《续修四库全书》编辑委员会编. 续修四库全书：卷九. 上海：上海古籍出版社，1995.

［8］章潢. 图书编［M］//永瑢，纪昀，等. 文渊阁四库全书（第972 册）. 上海：上海古籍出版社，2003.

［9］SIU M K. 1607, a year of（some）significance：translation of the first European text in mathematics—Elements—into Chinese［C］// History & epistemology in mathematics education. Vienna：Verlag Holzhausen，2011.

五、期刊论文

［1］白虹. 利玛窦对阿奎那人学思想的中国化诠释——以《天主实义》"论人魂不灭大异禽兽"篇为例［J］. 北京行政学院学报，2018（2）.

［2］包丽丽. "似非而是"还是"似是而非"——《天主实义》与《畸人十篇》的一个比较［J］. 甘肃社会科学，2006（6）.

［3］卞浩宇，严佳. 从《葡汉词典》到《西儒耳目资》——来华耶稣会士与早期汉语拼音方案的历史演变［J］. 科技信息，2010（1）.

［4］曹进，丁瑶.《丰乳肥臀》英译本可接受性的调查研究——以美国田纳西州读者的抽样调查为例［J］. 中国翻译，2017（6）.

［5］陈戎女. 耶儒之间的文化转换——利玛窦《天主实义》分析［J］. 中国文化研究，2001（2）.

［6］［日］船越昭生.《坤舆万国全图》与锁国日本［J］. 东方学报，1970（41）.

［7］［日］船越昭生. 利玛窦世界地图在朝鲜的影响［J］. 人文地理，1971（3）.

［8］代国庆.《天主实义》的今注与新评——读《天主实义今注》［J］. 国际汉学，2017（3）.

［9］杜江. 从利玛窦的《交友论》看今日教会的福传［J］. 中国天主教，2010（4）.

［10］樊学梅. 以《天主实义》为例——看利玛窦对儒学的阐释［J］. 湖北

文理学院学报，2015（1）.

［11］费孝通. 反思·对话·文化自觉［J］. 北京大学学报（哲社科版），
　　　1997（3）.

［12］冯天瑜. 晚明西学译词的文化转型意义——以"脑囊""几何""地
　　　球""契丹即中国"为例［J］. 武汉大学学报（人文科学版），2003
　　　（6）.

［13］高胜兵. 颠覆儒家"忠孝"根本——论《天主实义》对《圣经》中
　　　的"Deus"和"diligere"的翻译［J］. 中国比较文学，2015（2）.

［14］耿强. 中国文学走出去政府译介模式效果探讨——以"熊猫丛书"为
　　　个案［J］. 中国比较文学，2014（1）.

［15］龚缨晏，梁杰龙. 新发现的《坤舆万国全图》及其学术价值［J］. 海
　　　交史研究，2017（1）.

［16］郝贵远. 从利玛窦《交友论》说起［J］. 世界历史，1994（5）.

［17］胡超. 中西文化天使利玛窦与跨文化适应［J］. 宁波大学学报（人文
　　　科学版），2011（2）.

［18］黄河清. 利玛窦对汉语的贡献［J］. 语文建设通讯，2003（74）.

［19］黄时鉴. 利玛窦世界地图研究百年回顾［J］. 暨南学报（哲学社会科
　　　学版），2006（2）.

［20］黄文树. 李贽与利玛窦的友谊及其《友论》之比较［J］. 玄奘佛学研
　　　究，2006（5）.

［21］黄笑山. 利玛窦所记的明末官话声母系统［J］. 新疆大学学报（哲学
　　　社会科学版），1996（3）.

［22］计翔翔. 关于利玛窦衣儒服的研究［J］. 世界宗教研究，2001（3）.

［23］纪志刚. 汉译《几何原本》的版本整理与翻译研究［J］. 上海交通大
　　　学学报（哲学社会科学版），2013（3）.

［24］纪志刚. 从拉丁语到古汉语——汉译《几何原本》卷一"界说"的
　　　翻译分析［J］. 自然辩证法通讯，2017（2）.

［25］贾庆军. 利玛窦对儒家本原思想之批判及其矛盾——以《天主实义》
　　　为例［J］. 西南大学学报（社会科学版），2010（2）.

［26］江慧敏. 论意识形态对翻译的影响——以利玛窦的翻译实践活动为个

案［J］.燕山大学学报（哲学社会科学版），2010（3）.

［27］江璐.利玛窦《天主实义》中"人性善"一说的经院学背景［J］.现代哲学，2016（4）.

［28］蒋绍愚.词义的发展和变化［J］.语文研究，1985（2）.

［29］江晓原.天文学史上的水晶球体系［J］.天文学报，1987（4）.

［30］鞠玉梅.解析亚里士多德的"修辞术是辩证法的对应物"［J］.当代修辞学，2014（1）.

［31］康志杰.论《论语》与《友论》的人伦思想——兼说孔子与利玛窦人伦观之异同［J］.韩山师范学院学报，2001（4）.

［32］李树兴.利玛窦的"友道"与"天道"［J］.中国天主教，2011（2）.

［33］李新德.从西僧到西儒——从《天主实录》看早期耶稣会士在华身份的困境［J］.上海师范大学学报（哲社科版），2005（1）.

［34］李兆良.明代中国人环球测绘《坤舆万国全图》——兼论《坤舆万国全图》的作者不是利玛窦［J］.测绘科学，2016（7）.

［35］李韦，李华伟.天主教和儒家孝论的冲突与对话——以《天主实义》为中心的考察［J］.河北师范大学学报（哲学社会科学版），2010（2）.

［36］连凡.黄宗羲的魂魄说及其与耶教思想之比较——以《破邪论》与《天主实义》为中心［J］.基督宗教研究，2018（1）.

［37］林金水，代国庆.利玛窦研究三十年［J］.世界宗教研究，2010（6）.

［38］刘秉虎，王可芬.试论《天主实义》对朝鲜实学的形成所产生的影响［J］.大连大学学报，2013（1）.

［39］刘聪.明代天主教对阳明学的融摄——以利玛窦的《交友论》为中心［J］.求索，2011（6）.

［40］刘聪.利玛窦《交友论》与阳明学友谊观之关系［J］.湖南科技学院学报，2012（1）.

［41］刘祥清.论音译字的选择［J］.中国科技翻译，2014（1）.

［42］罗易.论利玛窦《交友论》的历史地位［J］.佛山科学技术学院学报，2016（1）.

［43］［法］梅谦立，汪聂才.《中国哲学家孔夫子》中所谈利玛窦宣教策略译评［J］.国际汉学，2014（1）.

［44］梅晓娟，周晓光．利玛窦传播西学的文化适应策略——以《坤舆万国全图》为中心［J］．安徽师范大学学报（人文社会科学版），2007（6）．

［45］［日］鲇泽信太郎．关于利玛窦的世界地图［J］．历史教育，1936，11（7）．

［46］［日］鲇泽信太郎．关于利玛窦世界地图的历史研究［J］．横滨市立大学纪要，1953（18）．

［47］戚印平，何先月．再论利玛窦的易服与范礼安的"文化适应政策"［J］．浙江大学学报（人文社科版），2013（3）．

［48］［日］青枫生．簡略說明（關於坤輿萬國全圖）［J］．歷史地理，1905，7（1）．

［49］［日］青枫生．說明補遺（關於坤輿萬國全圖）［J］．歷史地理，1905，7（2）．

［50］沈毓元．交友论——寻觅知音者必读［J］．文化译丛，1993（2）．

［51］石衡潭．从合儒、补儒到超儒——利玛窦《交友论》与卫匡国《述友篇》试论［J］．世界宗教研究，2016（5）．

［52］疏仁华．利玛窦与儒学的会通和冲突［J］．山东科技大学学报（社会科学版），2006（2）．

［53］疏仁华．略论利玛窦与儒学［J］．池州师专学报，2002（1）．

［54］宋黎明．中国地图：罗明坚和利玛窦［J］．北京行政学院学报，2013（3）．

［55］宋荣培．利玛窦的《天主实义》与儒学的融合和困境［J］．世界宗教研究，1999（1）．

［56］宋旭红．文化互视与自我镜像——利玛窦译名政策背后的中西文化互释［J］．黑龙江社会科学，2006（1）．

［57］宋芝业．"几何"曾经不是几何学——明末"几何"及相关学科命名新探［J］．科学文化评论，2011（1）．

［58］孙尚扬．从利玛窦对儒学的批判看儒耶之别［J］．哲学研究，1991（9）．

［59］谭杰．《天主实义》之成书过程再考辨［J］．北京行政学院学报，

2013（4）.

[60] 屠国元，王飞虹．论译者的译材选择与翻译策略取向——利玛窦翻译活动个案研究［J］．中国翻译，2005（2）.

[61] 王芳姿．外来词词义演变对汉语词汇意义系统的影响［J］．现代语文，2014（7）.

[62] 王吉会．特殊历史条件下开启的明末清初科技翻译高潮［J］．中国科技翻译，2013（3）.

[63] 王锦厚．利玛窦《坤舆万国全图》和《两仪玄览图》的比较研究［J］．辽海文物学刊，1995（1）.

[64] 王铭宇．明末天主教文献所见汉语基督教词汇考述［J］．汉语学报，2013（4）.

[65] 王苏娜．利玛窦对儒学的理解及其对儒家经典的使用——以《畸人十篇》为例［J］．太原师范学院学报（社会科学版），2011（2）.

[66] 吴根友．利玛窦与李贽的交友观及其异同［J］．当代中国价值观研究，2016（4）.

[67] 吴强华．晚明排斥天主教思潮论析［J］．学术月刊，1999（4）.

[68] 吴青，陈文源．明代士宦祝世禄与利玛窦交游述略［J］．广西民族学院学报（哲学社会科学版），2005（4）.

[69] 向荣．论利玛窦对汉语词汇发展的贡献［J］．株洲师范高等专科学校学报，2005（6）.

[70] 徐宏英．利玛窦与《几何原本》的翻译［J］．青岛大学师范学院学报，2008（2）.

[71] 徐曼．论西方伦理学在中国早期传播的特点及影响［J］．河南大学学报（社会科学版），2008（5）.

[72] 徐明德．论明末来华耶稣会士对"交友"原则的阐释［J］．浙江学刊，2010（4）.

[73] 徐艳东．《畸人十篇》与《天主实义》比较研究［J］．中国天主教，2014（2）.

[74] 徐艳东．明末儒释道对西方生死观的审视与批判［J］．长江大学学报（社会科学版），2012（2）.

［75］杨泽忠．利玛窦和徐光启翻译《几何原本》的过程［J］．数学通报，2004（4）．

［76］杨泽忠．利玛窦中止翻译《几何原本》的原因［J］．历史教学，2004（2）．

［77］杨泽忠．利玛窦中止翻译《几何原本》再析［J］．历史教学问题，2006（2）．

［78］杨泽忠．《几何原本》传入我国的过程［J］．自然辩证法通讯，2005（4）．

［79］杨泽忠．徐光启为什么不续译《几何原本》后九卷［J］．历史教学，2005（10）．

［80］杨泽忠．明末清初公理化方法未能在我国广泛传播的原因［J］．科学技术与辩证法，2006（5）．

［81］姚小平．日本人眼里的第一位世界公民——《利玛窦传》略评［J］．外语教学与研究，2000（1）．

［82］张莉．欧洲传教士、明清学人与汉语拼音的形成［J］．中州学刊，2010（4）．

［83］张梅贞．从文化适应理论看明朝利玛窦的跨文化传播［J］．理论界，2008（2）．

［84］张西平．百年利玛窦研究［J］．世界宗教研究，2010（3）．

［85］张西平．利玛窦的《天主教教义》初探［J］．中国文化研究，2005（夏卷）．

［86］张晓林．戴震的"讳言"——论《天主实义》与《孟子字义疏证》之关系［J］．华东师范大学学报（哲学社会科学版），2002（4）．

［87］张晓林．《天主实义》的天佛（道）对话［J］．西北师范大学学报（哲社科版），2002（4）．

［88］周韬，刘辉．原语主义与译语主义——中日早期天主教术语翻译问题探析［J］．学理论，2009（18）．

［89］周振鹤．字字精金美玉的著作［J］．书城，2007（12）．

［90］朱志瑜．《天主实义》：利玛窦天主教词汇的翻译策略［J］．中国翻译，2008（6）．

［91］邹振环. 利玛窦《交友论》的译刊与传播［J］. 复旦学报（社会科学版），2001（3）.

［92］邹振环. 神和乃囿：利玛窦世界地图的在华传播及其本土化［J］. 安徽史学，2016（5）.

［93］BADDELEY J F. Father Matteo Ricci's Chinese world maps, 1584—1603［J］. Geographical journal, 1917, 50.

［94］D'ELIA P M. Recent discoveries and new studies on the world map in Chinese of Father Matteo Ricci（1938—1960）［J］. Monumenta serica, 1961, 20.

［95］GILES L. Translations from the Chinese world map of Father Ricci［J］. Geographical journal, 1919, 53.

［96］HEAWOOD E. The relationships of the Ricci maps［J］. Geographical journal, 1917, 50.

［97］MAGNAGHI A. Il P. Matteo Ricci e la sua opera geografica sulla Cina［J］. Rivista geografica Italiana, 1904, 12（2/3）.

［98］MARTZLOFF J C. Proof techniques in seventeenth century Chinese mathematics［J］. Comparative civilizations review, 1981, 6（6）.

［99］OGAWA M. Xu Guangqi and the Chinese translation of Euclid's Elements［J］. Hersetec, 2011, 5（1）.

［100］OLLE M. The Jesuit portrayals of China between 1583—1590［J］. BPJS, 2008, 16.

［101］WU Z W. Introducing a Western scientific work to China：Xu Guangqi and Matteo Ricci's translation of the Elements of Geometry［J］. Journal of Sino-Western cultural studies, 2008, 13.

六、报纸

［1］包光潜. 利玛窦与《交友论》［N］. 中国档案报，2010 - 01 - 08（2）.

［2］董方峰. 传教士对中国语言学的影响［N］. 中国社会科学报，2014 - 03 - 19（B06）.

［3］刘耘华. "明末清初中西文化对话论"质疑［N］. 光明日报，2005 - 07 - 19（8）.

七、电子资源

［1］宋应星. 谈天［M］// 四库全书子部杂论［EB/OL］.［2022 – 08 – 03］. guoxuedashi. net/a/4883/. al/84414b. html.

［2］张雍敬. 定历玉衡［EB/OL］.［2017 – 07 – 31］. http：//www. guoxuedashi. com/guji/173593i/.

八、其他

［1］编写组. 古汉语常用字字典［Z］. 成都：四川大学出版社，2003.

［2］谷衍奎. 汉字源流字典［Z］. 北京：语文出版社，2008.

［3］黄河清. 近现代辞源［Z］. 上海：上海辞书出版社，2010.

附录
利玛窦年谱

1552 年 10 月 6 日	生于意大利安科纳州马切拉塔城
1561 年	进入马切拉塔耶稣会学院
1568 年	到罗马学习法律
1571 年 8 月 15 日	申请加入耶稣会，成为见习生
1572 年 1 月	被派到立誓神父室，从事低级的院务工作
1572 年 5 月	发信仰誓言，前往托斯卡纳一所耶稣会学校
1572 年 9 月 17 日	正式开始在罗马学院的学习
1577 年 5 月 18 日	启程赴葡萄牙里斯本
1577 年	进入葡萄牙科英布拉大学学习神学
1578 年 3 月 24 日	从里斯本港乘圣路易斯号启程赴印度
1578 年 9 月 13 日	抵达印度果阿
1578 年	进入圣保罗学院学习
1582 年 4 月 26 日	从果阿启程赴澳门
1582 年 8 月 7 日	抵达澳门
1583 年 9 月 10 日	抵达广东肇庆
1583 年 9 月 14 日	定居肇庆
1583 年至 1588 年	与罗明坚一起编写《葡华字典》
1584 年	刻《畸人十篇》于肇庆
1584 年 11 月	刻第一幅中文世界地图《山海舆地图》于肇庆
1585 年	刻《天主实录》于肇庆，与罗明坚合作完成
1589 年	结识瞿汝夔

1589 年	译介格里高利历（公元纪年法）
1589 年 8 月 26 日	迁至广东韶州
1591 年	为瞿汝夔受洗
1592 年 2 月	前往广东南雄为信徒施洗
1592 年 12 月	应范礼安召唤返回澳门参加会议
1593 年 2 月	返回广东韶州
1593 年	学习儒学经典、应范礼安的命令，将"四书"翻译成拉丁文
1594 年	南京礼部尚书王忠铭在韶州拜访利玛窦
1594 年	易僧服为儒服
1594 年 11 月	到澳门拜访范礼安，获得正式许可改变耶稣会士在中国的身份
1594 年至 1596 年	完成《天主实义》
1595 年 4 月 18 日	启程前往广东南雄
1595 年 4 月 29 日	抵达江西南昌
1595 年 5 月 31 日	初抵南京
1595 年 6 月 16 日	启程离开南京
1595 年 6 月 28 日	再次抵达江西南昌
1595 年	正式易儒服
1595 年	刻《世界图志》于南昌
1595 年 12 月	应建安王要求编译《交友论》
1595 年	冯应京刻《交友论》于安徽凤阳
1595 年	刻《西国记法》于南昌，应陆万垓的请求而作
1596 年	重刻《舆地山海全图》于南昌
1596 年至 1598 年	赵可怀重刻《山海舆地全图》于苏州
1596 年 10 月	完成《天主实义》初稿
1596 年	刻《交友论》于南昌
1597 年 8 月	被聘为耶稣会中国区负责人
1598 年 6 月 25 日	离开南昌
1598 年 7 月	再抵南京

1598 年 9 月 7 日	初抵北京
1598 年 11 月	离开北京
1598 年	重刻《舆地山海全图》
1599 年 2 月	定居南京
1599 年	重刻《交友论》于南京
1599 年	刻《乾坤体义》于南京
1599 年	写作《二十五言》
1600 年	吴中明增刻《山海舆地全图》于南京
1600 年 5 月 19 日	启程二次进京
1600 年 8 月	辗转至天津
1601 年 1 月 24 日	受皇帝召唤入京
1601 年 1 月 27 日	呈《奏疏》，献皇帝礼物，获批定居北京
1601 年	作《西琴八曲》
1601 年	与李之藻合译《浑盖通宪图说》二卷
1601 年	冯应京重刻《乾坤体义》于北京
1601 年	冯应京刻《舆地全图》于北京
1601 年	冯应京重刻《交友论》于北京
1602 年	李之藻刻《坤舆万国全图》于北京
1603 年	刻《天主实义》于北京
1603 年	刻《两仪玄览图》于北京
1603 年	重刻《交友论》于北京
1604 年	重刻《天主实义》于北京
1604 年	刻《二十五言》于北京
1604 年	郭子章缩刻吴中明本《山海舆地全图》于贵州
1605 年	重刻《天主实义》于杭州
1605 年	刻《西字奇迹》一卷于北京
1607 年	刻《几何原本》六卷，与徐光启合译
1607 年	完成《测量法义》一卷，又《测量异同》一卷，《勾股义》一卷，徐光启笔述
1608 年	重刻《畸人十篇》二卷于北京，《西琴八曲》（《西琴曲意》）一卷，附于后。

1608 年	开始写作《利玛窦中国札记》（又作《利玛窦中国传教史》）
1608 年	宫廷摹绘李之藻本《坤舆万国全图》于北京
1608 年	完成《同文算指》十一卷于北京，李之藻笔述，于 1614 年正式刻印
1608 年	完成《圜容较义》一卷于北京，李之藻笔述，于 1614 年正式刻印
1609 年	重刻《畸人十篇》二卷于南京
1609 年	重刻《畸人十篇》二卷于南昌
1609 年	刻《辩学遗牍》一卷于北京
1609 年	刻《斋旨》一卷于北京，后附《司铎化人九要》一篇
时间不详	完成《理法器撮要》手稿
1610 年 5 月 11 日	因病逝于北京
1610 年 6 月 19 日	万历皇帝批准墓地葬于北京
1611 年 4 月 22 日	遗体被运往滕公栅栏墓地
1611 年 11 月 1 日	入土安葬
1613 年 2 月 9 日	金尼阁带着利玛窦的手稿回到罗马
1615 年 9 月至 10 月	手稿第一卷由金尼阁翻译并补充完成
1622 年	《利玛窦中国札记》（又作《利玛窦中国传教史》）正式在意大利出版

后　记

　　初识利玛窦是 2003 年来长沙求学的第一个冬天。马祖毅先生《中国翻译简史——五四以前部分》里浅浅的几句介绍，"明末清初""耶稣会士""罗明坚""利玛窦"，这些关键词引领我进入明末清初来华传教士的翻译史研究领域，以此为主题完成了硕士论文的写作。当时，关于利玛窦研究大多从文化交流的视角展开，翻译史及翻译文本研究鲜少有人涉及。该选题在当时得到了开题答辩专家的肯定，被认为是一个可以继续开展研究，甚至可以做博士论文的选题。

　　硕士毕业后，来到湖南第一师范学院工作。其间以利玛窦西学汉译研究为主题，立项了湖南省社科基金项目 2 项、湖南省教育厅项目 1 项、校级课题 1 项，发表相关学术论文 10 余篇。2016 年 5 月，在完成一篇利玛窦中文世界地图译介研究的论文后，与同事一行去南京考察，利用乘高铁前的 3 个多小时空闲时间，匆忙赶往南京博物院，只为寻找该馆收藏的临摹版利玛窦《坤舆万国全图》。在博物院明清展厅遍寻未果，就在准备抱憾离开之时，经人指点才辗转找到航海展厅。一路奔跑至展厅尽头，一幅巨大的世界地图展现在眼前，我的眼泪毫无征兆地倾泻而下。这是第一次如此近距离地观察利玛窦时代留下的作品，那一刻时光仿佛倒流回了大明王朝的紫禁城。回到长沙后，我将论文投到《中国翻译》杂志，经过修改有幸在 2017 年第 1 期发表。课题立项和论文发表给了我莫大的鼓励，坚定了继续做利玛窦翻译研究的决心。

　　2017 年下半年，我受学校委派到美国得克萨斯大学大河谷分校做访问学者。访学是在教育学院，跟随导师进行阅读教学研究。一次偶然的机会，在该校的图书馆里发现了意大利学者米歇尔·芳塔娜（Michela Fontana）的《利玛窦：明朝的耶稣会士》（*Matteo Ricci：A Jesuit in the Ming Court*）一书，顿感十分亲切，熟悉的感觉扑面而来。该校国际交流处的一位老师来自意大利，当他了解到我在中国从事利玛窦研究时，十分惊喜，表示愿意为我提供力所能及的帮助。在异国他乡，我们因利玛窦结缘，倍感温暖。访学期间，我尽可能地收集了关于利玛窦研究的英文文献，为本书的撰写做准备。

访学归来后，我便开始本书的写作，主体于 2019 年年初完成。后有幸重回湖南师范大学外国语学院攻读博士学位，博士期间转向典籍新媒介翻译传播研究，利玛窦研究被暂时搁置。2022 年 5 月博士学位论文答辩后，立刻着手书稿的修改。经过博士学位论文的训练，书稿的修改更加顺畅、高效，这才有了本书的出版。

2003 年至 2023 年，二十年的时间里，我先后对利玛窦西学汉译策略及其影响因素、利玛窦西学汉译中的儒学观、利玛窦科技语翻译及其对汉语的影响等方面进行了研究，相关的重要文献始终摆在书架上伸手可得的位置，本书是对之前利玛窦西学汉译研究的总结。其间也多次参加学术会议，参与学术交流。每当因学业和工作没有进展而陷入焦虑困苦时，便不禁去想利玛窦当年是如何克服语言障碍、融入中国社会的，心情便会沉静下来。于我而言，在某种意义上，利玛窦已不仅是一位研究对象，更像是一位跨越时空的朋友。

在本书即将出版之际，衷心感谢湖南师范大学出版社各位老师的辛勤付出，尤其感谢编辑部主任李阳博士的耐心指导，感谢湖南第一师范学院对本书出版给予的资助，感谢家人、导师、同学、同事的关心和支持。

王佳娣

2023 年 8 月 30 日

于长沙梅溪湖畔